행복한 부부의
웰에이징 레시피
Well-aging recipe

행복한 부부의 웰에이징 레시피

발행일	2025년 6월 18일			
지은이	건양대학교 웰다잉 융합연구소			
펴낸이	손형국			
펴낸곳	(주)북랩			
편집인	선일영	편집	김현아, 배진용, 김다빈, 김부경
디자인	이현수, 김민하, 임진형, 안유경	제작	박기성, 구성우, 이창영, 배상진
마케팅	김회란, 박진관			
출판등록	2004. 12. 1(제2012-000051호)			
주소	서울특별시 금천구 가산디지털 1로 168, 우림라이온스밸리 B동 B111호, B113~115호			
홈페이지	www.book.co.kr			
전화번호	(02)2026-5777	팩스	(02)3159-9637	
ISBN	979-11-7224-690-7 03590 (종이책)		979-11-7224-691-4 05590 (전자책)	

잘못된 책은 구입한 곳에서 교환해드립니다.
이 책은 저작권법에 따라 보호받는 저작물이므로 무단 전재와 복제를 금합니다.
이 책은 (주)북랩이 보유한 리코 장비로 인쇄되었습니다.

(주)북랩 성공출판의 파트너

북랩 홈페이지와 패밀리 사이트에서 다양한 출판 솔루션을 만나 보세요!

홈페이지 book.co.kr • **블로그** blog.naver.com/essaybook • **출판문의** text@book.co.kr

---

작가 연락처 문의 ▶ ask.book.co.kr

작가 연락처는 개인정보이므로 북랩에서 알려드릴 수 없습니다.

이 저서는 2020년 대한민국 교육부와 한국연구재단의 지원을 받아 수행된 연구임
(NRF-2020S1A5C2A04092504)

사랑과 신뢰로 완성하는 부부 맞춤형 웰에이징 전략

행복한 부부의
웰에이징 레시피

Well-aging recipe

건양대학교 웰다잉 융합연구소

북랩

서문

　통계청 조사 결과, 2024년 1년 동안 우리나라에서 이루어진 혼인 건수는 모두 22만 2천여 건에 달한다. 하지만 이혼 건수도 9만 1천여 건으로, 한 해 동안의 이혼율이 41.2%에 이른다. 이혼한 부부의 평균 결혼 유지 기간은 약 17년 정도로, 이혼 당시에 자식들이 딸려 있을 가능성이 크다. 누구보다도 이혼하는 당사자의 정신적 고통이 큰 것은 당연한 일이지만, 정서적 감수성이 높은 시기에 있을 자식들의 심리적 불안 또한 만만치 않을 것이다. 가정을 깨뜨리는 이혼이 건강한 사회 분위기나 발전에 좋지 않은 영향을 미칠 가능성이 큰 것은 당연하다. 가정이 건강하게 관리되어야 하는 것은 가족 구성원의 행복은 물론, 전체 사회의 건강을 위해서도 중요하다. 한 사회를 구성하는 세포조직과 같은 가정 조직이 건강하고, 그 구성원들이 행복할수록 사회적 안녕도 보장될 가능성이 크다.

　부부의 결혼 시점으로 되돌아가 보자. '이 사람이 아니면 안 된다'라는 마음의 결심이 섰기에 서로가 평생을 아끼고 사랑하리라는 맹세하에 결혼하게 되었을 것이다. 그러나 그 맹세가 무색하게 많은 부부가 갈등 속에서 살아가거나, 혹은 도중에 이혼하기도 한다. 어떤 부부는 이혼 과정에서 재산 분할이나 자녀 양육의 문제로 몇 년씩 법정 다툼을 벌이기도 한다. 행복을 누리기 위해서 한 결혼이 갈등과 미움의 도가니로 변하여 불행한 이혼으로 끝나게 되는 원인은 과연 무엇인가? 가정의 핵심 구성 요소인 부부가 행복하게 나이를 먹어 가야 할 이유는, 아내나 남편 그리고 개인적으로나 가정 조직의 차원에서 또한 국가적 안녕과 건강의 차원에서 고려할 때 너무 많고 중요하다.

건양대학교 웰다잉 융합연구소는 이와 같은 문제의식하에 지난 10여 년 동안 쌓아 온 연구와 현장 연계 활동 역량을 기반으로 건강하고 행복한 부부 관계를 유지·발전시킬 수 있는 지침을 만들기로 기획했다. 연구의 구체화를 통한 대안 마련의 하나로 한국여론리서치와 공동으로 전국에 거주하는 19세 이상 89세 미만의 기혼 남녀를 대상으로 관련 설문 문항을 구성하고 설문 조사를 실시했다. 우리 연구소가 이처럼 심도 있는 노력을 통해 부부 웰에이징의 지침이 될 수 있는 연구보고서를 펴내고자 한 이유는 분명하다. 한 나라를 구성하는 기초 단위 조직이 가정이고, 가정을 구성하는 기본 요소는 바로 부부이기 때문이다. 모든 가정의 부부관계가 건강하고 행복하다면 가정이 발전하고, 가족 구성원의 행복이 보장될 것이며, 그 결과 사회의 건강과 안녕도 담보할 수 있을 것이다. 따라서, 부부가 건강하고 행복한 여생을 보내는 가운데 자식들도 훌륭하게 길러 내면서 자긍심을 갖고 늙고 죽어 갈 수 있는지, 그 조건과 방법을 찾아내는 일은 사회 통합과 발전을 위해서 중요한 일이 아닐 수 없다.

　이러한 목적에서 서술된 이 연구서의 내용은 모두 4개 장으로 구성되어 있다. 1장에서는 부부란 과연 무엇인지, 그 개념을 전통적 관점, 서양적 관점 및 현대적 관점에서 파악하고자 했다. 2장에서는 '배우자의 선택과 결혼'이라는 주제로 결혼을 위한 마음의 준비, 웰에이징을 위한 배우자 선택의 조건, 결혼의 준비와 절차, 부부로서의 출발에서 죽음에 이르기까지의 과정을 설명하고 있다. 3장에서는 부부 관계를 불행하게 만드는 원인을 찾아 연구하고 기술했다. 주요 내용으로 경제적 문제, 자녀 교육의 어려움, 소통의 문제, 건강 문제, 배우자의 외도와 불륜 및 도박과 재정 문제 등을 다루고 있다. 결론부인 4장에서는 부부의 웰에이징을 위한 구체적 지침을 제공하고자 했다. 주요 내용은 상호 존중과 신뢰 쌓기, 균형감 갖추기, 품격 지키기, 경제적 자유의 확보, 부부 간 건강 지켜주기 및 존엄한 죽음의 준비 등이다.

　이 연구서는 한국연구재단의 재정 지원을 받아서 제작되었다. 현장 조사와 통계 처리는 한국여론리서치를 통해 객관적으로 이루어졌으며, 양적 조사 결과의 한계를 극복하기 위해 관련 분야 교수들이 전문적인 통찰을 더하여 연구서 내용의 질적 수준을 높이고자 했다. 따라서, 이 책은 우리 사회의 부부들이 행복하고 건강한 가정을 만들면서 나이를 먹어 가는 데 충분히 도움을 줄 수 있을 것으로 기대한다. 초고령 시대에 접어들어 새롭고 참신한 시각으로 사회 발전에 기여할 수 있는 연구서를 펴낼 수 있도록 지원을 아끼지 않은 한국연구재단에 깊은 감사를 드린다.

2025년 6월

건양대학교 웰다잉 융합연구소

차례

서문 ... 6

1장 부부란 무엇인가

부부의 의의 ... 15
한국 전통사회의 부부 ... 20
서양 사회의 부부 ... 24
현대 사회의 부부 ... 29

2장 배우자의 선택과 결혼

결혼과 부부 웰에이징 ... 37
결혼을 위한 마음의 준비 ... 43
배우자의 선택과 결혼 생활 ... 49
웰에이징을 위한 배우자 선택의 조건 ... 52
결혼 준비와 절차 ... 60
부부로서의 출발 ... 65
죽음에 대한 준비 ... 70

3장 부부를 불행하게 만드는 요인들

경제적 문제	81
자녀 교육의 어려움	93
부부 및 가족 간 소통의 문제	101
시댁 및 처가와의 소통 문제	115
건강 문제	124
배우자의 외도와 불륜	136
배우자의 도박과 재정 문제	151

4장 부부 웰에이징을 위한 지침

상호 존중과 신뢰 쌓기	169
균형감 갖기	175
품격 지키기	182
경제적 자유의 확보	205
부부 간 건강 지켜 주기	222
존엄한 죽음의 준비	260

참고문헌   277

1장

부부란 무엇인가

부부의 의의

 사전적 의미에서 부부(夫婦, a married couple)란 결혼한 남녀로 남편과 아내를 말한다. 영어로는 보통 'a married couple'이라고 하는데, 이것은 결혼한 한 쌍의 남녀를 말한다. 순수한 한국어로는 '가시버시'라는 말이 있는데, 이것은 부부를 낮추어 부르는 말이다. '가시'는 아내를 가리키는 말로, '각시'에서 온 말이고, '버시'는 조선시대에 밖에서 일하는 남편을 지칭하던 '밧'에서 변형된 말로 전해진다. 과거 권위주의적 시대에 손윗사람에게 자기 부부를 소개할 때 이 말을 썼던 것으로 전해진다. 지금도 '가시버시'라는 말은 소설이나 시의 주제나 제목으로 종종 쓰이기도 한다. 대중으로부터 많은 사랑을 받는 가수 나훈아의 〈가시버시〉라는 노래도 있는데, 가사 내용을 보면 다음과 같다.

 난 당신을 사랑해

당신 전부를 사랑해

당신이 너무 좋아
당신 있으면 행복해

　대중가요는 그 시대를 살아가는 대중의 욕구나 정서를 반영한다는 점에서 볼 때 부부 관계란 서로 하늘땅만큼 최고로 사랑해야 하고, 또 영원히 함께해야 할 관계로 이해된다. 이처럼 부부란 서로의 인생과 행복에 가장 중요한 역할을 하며, 동시에 사회 안정에도 중요한 요소가 되는 제도적 동반자다. 이러한 부부 관계는 고정불변의 것이라기보다는 역사적으로 사회·경제적, 종교적·시대적 상황에 따라 변해 왔다.
　부부가 기초 단위인 가정 조직은 인류 역사에서 농업사회가 시작되면서 형성되었다. 이후 가정은 인류사회를 지탱하는 가장 중요한 사회적 단위가 되었다. 부부는 가족의 중심이고, 가정은 사회와 국가 안정의 근간이 되었다. 이러한 부부 및 부부 관계는 사회적·시대적·문화적 맥락에 따라 다양한 관점에서 인식할 수 있다.
　첫째, 사회적 관점에서 부부는 가족의 중심이자 근간으로, 자녀 출산과 양육을 통해 사회를 유지하는 역할을 한다. 전통사회에서 부부는 가문 계승과 공동체 안정의 중심이었다. 현대 사회에서도 부부는 자녀 양육과 정서적 지지를 통해 사회적 연속성을 유지하는 데 기여한다. 따라서 가정은 여전히 사회적 안정의 기반이며, 부부는 정서 안정과 경제적 협력을 통해 사회의 안전망을 제공한다.
　둘째, 법적·제도적 관점에서 부부는 법적 권리와 의무를 가진다.

부부는 예로부터 법률상 동반자로서 법적 관계를 통해 서로에 대한 권리와 의무를 보장받는다. 법률적 혼인 관계는 공동 재산 형성, 상속권, 의료적 의사 결정 권한 등 다양한 법적 보장과 의무를 수반한다. 남녀 평등사상이 강하게 자리 잡은 현대 사회에서 부부 관계는 상호 동등한 법적 동반자로 인식된다.

셋째, 심리적·정서적 관점이다. 부부는 심리적 안정에 큰 도움을 준다. 부부 관계는 남편과 아내 상호 간 사랑과 존중과 신뢰를 기반으로 이루어지는 것이며, 이는 개인에게 심리적 안정감을 제공한다. 어려운 상황에 처하게 되었을 때 감정적 지지와 위안을 주는 관계다. 당연히 부부는 상호 간 정서 교류가 중요하다. 부부는 서로의 삶을 공유하며, 상호 존중과 배려를 통해 깊은 신뢰와 유대감을 형성하도록 해야 한다.

넷째, 경제적 관점에서 부부는 신뢰와 유대감을 기반으로 긴밀한 경제적 협력을 이루는 관계다. 부부는 가족 구성원의 생계 유지를 책임지는 것으로부터 지속적인 자산 형성, 소비 및 재산 관리 등 경제 생활 전반에 걸쳐 협력하면서 가정의 경제적 기반을 강화한다. 오늘날 증가하고 있는 맞벌이 부부 가정은 경제력도 높아져서 가족 구성원들이 생활의 질을 높이는 데도 기여하고 있다. 또한 부부 간의 경제적 유대와 협력 관계는 부부의 상호 돌봄과 부양을 강화함으로 전 생애를 걸쳐 웰에이징을 보장받고자 한다. 부부는 경제적 공동체로서 노년기까지 서로 부양하고 돌보는 동반자 역할을 한다. 우리나라 민법 판례에서도 부부를 정신적·육체적·경제적으로 결합된 생활·경제공동체로 인정하고 있다.

다섯째, 문화적 관점에서 부부는 당 시대의 사회적 규범에 따라 부부 관계를 지속한다. 전통사회에서는 부부가 가족 내에서 핵심적인 역할과 책임을 수행하면서도 부부유별 등의 도리를 실천하는 관계로 여겨졌다. 또한 부부는 가정 안에서 자녀에게 가문의 전통과 문화를 이어가도록 하는 역할 수행자들이었다. 이런 의미에서 가정은 전통문화를 계승해 가는 장(場)이기도 했다. 그러나 현대 사회에서 가정은 전통을 계승하기보다는 개인의 행복을 중시하는 장이 되어야 한다고 인식되고 있다. 즉, 암묵적으로 가정이 전통문화를 계승한다는 규범적 측면은 오늘날 많이 약화되었다.

여섯째, 철학적·종교적 관점에서 부부는 두 개인이 하나의 공동체를 이룬다는 연대감으로 서로의 삶을 완성하는 데 기여하는 동반자가 되기를 권한다. 부부가 서로 지지하고 매사에 협력하면 강한 연대감을 형성할 수 있으며, 이는 부부 관계를 더욱 풍요롭게 만든다. 하지만 남편과 아내로서의 자아 수용과 공동체 의식이 부족하면 어느 한쪽은 소외감을 느끼게 된다. 이것을 방지하기 위해서 부부는 언제나 상대방을 존중해야 하며, 의견을 귀담아듣는 것을 습관화해야 한다. 한편, 기독교에서는 부부가 결혼을 통해 사랑과 헌신을 실천하며, '한 몸'으로 묶인 신성한 관계라고 여긴다. 불교는 부부가 깊은 인연의 결과로 맺어진 관계로 살아가면서 함께 수행하며 삶의 고난을 극복하는 동반자로 이해한다. 철학적 관점에서는 남녀가 부부 관계를 통해 자신을 확장하고, 자신의 부족한 부분을 채워 가는 삶의 완성 과정을 함께 하면서 서로 돕기를 권한다.

현대 사회에서 부부를 볼 때, 인생의 행복을 추구하는 동반자라는 관점을 중시한다. 부부는 가정에서의 전통적 역할 수행이나 인격의 성숙이라는 측면보다 삶의 동반자로서 상호 평등하고 독립적인 관계 속에서 자기 행복 추구가 가능하도록 서로 협조해야 한다는 인식이 강하다. 하지만, 최근에는 재혼 가정이 늘어나고, 동성 부부, 사실혼 관계 등 부부 형태가 다양해지면서 부부 관계가 전통적 정의를 넘어 다양한 개념으로 확대되고 있다. 이에 따라 사회 구성원들이 다양한 형태의 부부 관계를 합법적으로 인정하도록 요구하는 추세이다. 이처럼 부부는 전통적 가치와 현대 사회의 변화 속에서 법적·경제적·정서적·문화적 측면에서 지속적으로 변화하고 있고, 앞으로도 새로운 변화를 겪어 나갈 것이다. 부부의 의의와 부부 관계가 역사적으로 다양한 변화 과정을 거치고 있지만 부부 관계에서 변함없이 가장 중요한 핵심은 사랑에 기반한 신뢰와 존경이라고 해야 할 것이다.

부부가 서로 사랑하는 마음이 넘칠 때는 물론이고, 갈등이 생기게 되더라도 비난보다는 격려와 공감을 중심으로 용서와 화해를 할 수 있는 역량이 있어야 한다. 이를 기반으로 서로의 감정과 생각을 경청하는 태도와 솔직한 대화를 통해 효과적인 의사소통으로 갈등을 해결하면서 안정적인 가정 환경을 만들어 가야 한다. 서로 믿고 의지할 수 있는 정서적 안정 관계를 쌓아 가면서 약속과 기대를 충실히 이행하려는 노력이 필요하다. 이러한 가운데 각자의 꿈과 목표를 응원하며, 배우자의 강점과 성취를 인정하고 존중하면서 개인적인 성장과 함께 부부로서의 성장을 추구해 나감으로써 웰에이징에 가까워질 수 있을 것이다.

한국 전통사회의 부부

한국 전통사회에서의 부부 생활은 대부분 유교적 가부장제와 농경사회 속에서 형성된 대가족 제도와 밀접하게 관련되어 있다. 부부의 역할과 관계는 유교적 가치관과 대가족 제도에 기반으로 유지되고 형성되었다. 이처럼 한국의 전통적 부부 관계와 생활에는 유교가 큰 영향을 끼쳤다. 부부는 애정의 관계보다는 가정에서의 의무와 책임 관계를 중시했다. 이에 기반한 가장 핵심 관념은 '부부유별(夫婦有別)'이다. 부부 간에는 역할이 구분되어야 한다는 원칙이다. 남편은 집안의 가장으로서 권위와 책임을 지니며, 외부 활동을 통해 가족의 생계를 책임졌다. 아내는 집안 살림과 자녀 양육, 시부모 봉양 등의 역할을 맡았다. 남편은 가장(家長)으로 인식되면서 남성이 가족의 중심으로서 절대적 권위를 가지는 가부장제가 지배적이었다. 이것은 남성 중심으로 가족 구조가 형성되고 운영된다는 것을 의미한다. 특히, 일제강점기에는 호주제가 제정됨으로써 한국 사회의 부부 관계에 대단히 큰 인식 변화를 가져왔다. 호주제에 따르면 남편은 가족의 법적 대표로 인정받으며, 아내와 자녀는 남편의 지위에 속한 사람이 되었다. 여성은 남편의 가족에 '들어온 사람'으로 여겨졌고, 특히 시댁의 통제와 간섭을 많이 받는 것을 당연시했다. 아내는 남편뿐 아니라 시부모에게도 복종해야 했으며, 이를 부녀자의 도리로 간주했다.

그렇다고 조선시대의 혼인 제도가 일방적으로 남성 중심적인 것은 아니었다. 남자 가정은 여성 가족에게 육례(六禮)를 통해 합당한 예의 절차에 따라 부부 관계를 맺어야 했다. 또한 여성의 사회적 가정적 지위가 존중되었다. 여성은 남자 형제와 동일한 경제 상속권이 있었고, 집안 가사 처리에 주도적이었다. 심지어 친정 부모의 제사권도 있었다. 조선 숙종 때 문인이자 석학으로 알려진 박세체가 지은 책 『육례의집(六禮疑輯)』에 보면, 육례란 혼인 절차를 정한 것으로 납채, 문명, 납길, 납징, 청기 및 친영 등 여섯 가지를 말한다. 첫 번째 절차인 '납채'는 중매인을 통한 신랑 측의 혼인 의사를 신부 측에서 받아들임으로써 이루어진다. 납채의 '채(采)'는 채택의 뜻이므로 '납채'란 채택함을 받아들인다는 뜻이다. 두 번째 절차인 '문명'은 신랑 측에서 신부 어머니의 성명을 묻는 절차다. 이는 신부 외가 쪽의 가계나 전통을 알기 위함이다. 세 번째 절차인 '납길' 이란 혼인의 길흉을 점쳐서 길함을 얻으면 그 결과를 신부 측에 알리는 것이다. 네 번째 절차인 '납징'은 혼인이 이루어짐을 표시하는 절차이다. 납징의 징(徵)은 이루어짐(成)을 뜻한다. 납길을 통하여 실질적인 혼인이 이루어졌기 때문에 폐물(幣物)을 주게 된다. 징은 표시의 뜻이 있으며, 따라서 납징은 혼인이 이루어진 표시로서 금이나 진주 같은 폐물을 주는 절차이다. 다섯 번째 절차인 '청기'는 신랑 측에서 신부 측에 혼인 날짜를 정해 줄 것을 요구하는 것을 말한다. 마지막 여섯 번째 절차로 '친영'은 신랑이 직접 신부 집에 가서 신부를 맞이하는 의식으로, 오늘날 결혼 예식에 해당한다. 이처럼 조선시대에는 집안의 안주인을 모시기 위해서 복잡한 절차를 거쳐야 했다. 그러나 임진왜란 이후 17세기에 남성 중심의 가부장제가 강화되었고, 그에 따라 상대적으로 여성의 사회적 위상은 약화되었다.

혼인은 대부분 가문 간의 결합으로 인식되었으며, 혼인의 유형은 절대적으로 중매혼이었다. 개인의 사랑이나 감정보다는 집안의 결속과 가문 관계의 지속성이 우선되었다. 따라서 남녀 개인의 의사와는 무관하게 집안 어른이 정한 배우자와 결혼하는 것이 일반적이었다. 또한 사회적으로 남성 중심의 족보(族譜)가 계승되었다. 이러한 족보의 계승에서 특히 아들을 통한 가문의 대(代)를 잇는 것이 결혼의 주요 목적 중 하나였다. 아내가 아들을 낳지 못하면 첩을 두거나 이혼의 사유가 되기도 했다.

가정생활에서 아내는 정해진 역할이 있었고, 권리는 제한되었다. 아내는 가사 노동과 자녀 양육을 전담하면서 집안 살림을 책임졌다. 또한 아내는 결혼하면서 시가에 소속되었고, 시부모 봉양과 가족 내의 각종 종속적 지위를 받아들여야 했다. 법적·사회적으로 여성은 법적, 경제적 독립성이 없었으며, 남편이나 시가의 보호 아래 생활해야 하는 것으로 인식되었다. 따라서 부부 관계는 애정보다는 의무를 중심으로 관계가 지속되었고, 감정적 유대를 기대하기는 어려웠다. 남편과 아내가 공적인 자리에서 함께 있는 경우는 드물었으며, 부부 간의 정서적 교류는 제한적이었다.

부부 간에 갈등이 일어날 경우, 갈등은 가족 내부에서 해결하려는 경향이 강했다. 여성은 남편의 폭력이나 부당한 대우에도 참는 것만이 미덕으로 여겨졌다. 이혼은 사회적으로 거의 금기시되었으며, 여성은 이혼 후 친정으로 돌아가기도 어려웠다. 시댁을 벗어나더라도 혼자서 생계를 유지하기가 쉽지 않았기 때문에 인내하면서 결혼을 유지하려는 경향이 강했다.

이처럼 한국 전통사회에서 부부 생활은 유교적 가르침과 대가족 제도라는 생활 여건에 따라 남녀의 역할을 엄격히 구분됐다. 남성 중심의 가족 제도와 여성의 순종이라는 가치관 속에서 부부 관계가 이루어졌다. 또한 부부 간의 관계는 가족과 가문 우선의 집단적 가치가 개인의 행복보다 우선시되는 풍토 속에서 애정이나 사랑보다는 책임과 의무에 중점을 두었다. 이와 같은 전통은 아직도 우리 사회에서 부부 생활을 지배하고 있는데, 그 좋은 예로 서양의 젊은 이들은 결혼을 약속한 사이 정도가 되면 부모 앞에서도 서로 애정 표현을 하는 것을 당연한 것으로 여기지만, 한국 사회에서 그와 같은 행동은 가문의 체통을 떨어뜨리거나 경망스러운 행동으로 여겨진다.

서양 사회의 부부

서양 사회에서의 부부 관계와 가정생활은 역사적·문화적·종교적 변화를 거치며 변화하고 있다. 시대에 따라 부부의 역할, 가족 구조, 성평등에 대한 인식 등 다양한 측면에서 변화가 거듭되고 있다. 고려대학교 심리학과 한성열 명예교수에 따르면, 서양의 가족 관계는 남편과 부인을 중심축으로 한다. 이것은 서양에서 부부지간은 남자와 여자, 즉 이성 간의 관계로 인식되고 성인 이성을 맺어 주는 가장 강력한 힘은 성적인 매력이라는 것이다. 따라서 서양의 가족 관계는 성욕 성의 특징을 지닌다고 한다. 다시 말해, 서양의 가족 관계는 성을 기반으로 하기 때문에 부부 두 사람이 사용하는 침실은 '신성불가침'의 성역이고, 어린 자녀라도 가능하면 일찍 다른 방을 사용하도록 교육받는다. 이 침실에서 부부는 아무런 방해도 없이 서로의 성적 매력을 즐기고 또 서로 사랑을 확인한다. 오늘날 이와 같은 서양의 부부 관계도 처음부터 그랬던 것은 아니다. 역사적 흐름 속에서 변화를 겪으면서 사랑과 애정을 중심으로 한 부부 관계로 정립되었다.

고대 그리스와 로마 시대에 부부 관계는 경제적·사회적 계약으로 간주되었고, 사랑보다는 가문의 명예와 재산의 유지가 그 중심이었다. 남성은 가족의 수장으로서 절대 권위를 가졌고, 여성은 자녀 출산과 가사 관리의 역할에 국한되었다. 그리스의 가부장 제도와 그 문화를 이어받은 로마에서는 결혼이 법적 계약으로 규정되었고, 이혼도 허용되었지만, 여성과 비교하여 남성은 압도적 우위에 있었다. 왕족이나 귀족의 결혼은 대부분 남녀의 사랑보다는 가족 간의 정치적·경제적 동맹을 강화하는 수단으로 여겨졌다.

중세 사회에서는 결혼과 부부 생활에서 종교적 의미가 중시되었다. 기독교가 유럽 사회의 중심 가치로 자리 잡으면서 결혼은 신성한 계약으로 간주되었다. 교회는 결혼을 신의 축복을 받는 제도로 보고, 이혼을 금지하거나 매우 제한적으로만 허용했다. 또한 농업 사회에서 남녀의 역할을 분리하여 남성은 외부에서 생계를 책임지고, 여성은 가정에서 자녀를 양육하고 남편에게 봉사하는 역할을 하도록 교육되었다. 여성의 지위는 남성에 종속적이었으며, 종교적 규범이 여성에게 부인으로서의 도덕성이 강조했다.

서양에서 남녀 간의 사랑과 결혼이 개인적 이상으로 자리하게 된 것은 르네상스 시대를 지나와 계몽주의 시대에 들어오면서부터이다. 르네상스 시대에 남녀 간의 사랑에 대한 이상이 점차 고조되기는 했지만, 여전히 부부 관계는 가문의 경제적 이익에 따라 결정되는 경우가 많았다. 심지어는 복종하지 않는 아내에게 내리는 벌의 종류도 많았다. 르네상스 시대에 살던 사람들은 중세 1,000년 동안 억눌려 왔던 문화적·학문적·과학적 발전은 경험했지만, 당시 여성들은 중세보다 권한이 더 축소되고 성적 자유의 상실과 문화적 역할의 상실을 겪었다. 개인의 권리와 자유가 강조되며, 결혼의 개인적 의미가 강화된 계몽주의 시대에 들어와서야 여성들의 지위도 비로소 향상되기 시작했다. 18세기에 계몽주의 사상의 핵심은 이전 시대의 비합리적이고 불평등한 사고방식을 타파하는 것이었다. 이와 같은 풍조 속에서 사회 전반에 남녀평등 사상이 공고해졌다. 유럽은 계몽주의와 혁명의 시대를 맞아 자유와 평등의 이념이 분출하고 있었다. 그러나 모든 인간이 이성을 가진 자유롭고 평등한 존재라고 주장하는 계몽주의 사상가들조차도 여성은 남성을 위해 태어난 존재라는 당대의 폐쇄적 인식에서 벗어나지 못했다. 그 대표적인 사상가가 루소인데, 그는 "우리 남성들을 기쁘게 하고 우리에게 유익한 존재가 되는 것"이 여성의 의무라고 말할 정도였다(『Redian』, 2011). 여성들이 남성과의 평등을 찾게 된 것은 당시 메리 울스턴크래프트(Mary Wollstonecraft) 같은 여성 운동가들의 혁명적 저항에 의해서이다. 그녀는 여성의 정신이 남성의 정신과 조금도 다르지 않으며, 따라서 여성도 이성을 지닌 온전한 인격체로서 평등한 교육과 정치 참여의 기회를 제공받아야 한다고 주장했다. 여성들이 처한 모순을 섬세하고도 예리하게 분석하고, 여성 교육 개선을 비롯해 여성을 독립적인 개인으로 길러 내기 위한 길을 모색한 여성 해방 운동가였다. 그녀는 '근대 페미니즘의 어머니'라는 칭호를 부여받았다.

　서양이 농업 중심의 농경사회에서 산업혁명을 거치면서 산업사회로 발전하는 과정에서 가정과 부부 생활의 양상이 크게 바뀌게 되었다. 농경사회에서 가정은 경제적 생산 단위였지만, 산업사회에서 가정은 소비와 재생산의 단위로 변했다. 특히 산업혁명은 가정생활에 큰 변화를 가져왔다. 남성은 공장이나 일터에 출근해서 일하면서 생계를 책임지고, 여성은 가정에서 안식처 역할을 맡았다. 중산층 가정에서는 여성의 가사 노동과 도덕적 역할이 강조되었다. 계몽주의 시대를 거치면서 이론적으로는 사랑과 동반자 관계로서의 부부상이 확산하긴 했지만, 가정에서의 부부간의 성 역할은 여전히 엄격히 구분되었다. 또한 여성의 경제적 독립이 어려웠기 때문에 남성에 대한 종속적인 관계도 지속되었다.

20세기에 들어와 각종 전쟁과 경제, 사회적 격변 속에서 여성의 사회적 위상과 가정에서 역할이 크게 달라졌다. 서양은 두 차례의 세계 대전을 겪으며 여성들이 노동시장에 진출하기 시작했다. 그로 인하여 전통적인 부부 관계와 가정생활에도 큰 변화가 일어났다. 전쟁 중에 일터로 나갔던 여성들이 전쟁이 끝나면서 가정으로 복귀했고 역할의 환원도 있었지만, 세계대전 후에 여성들의 경제 참여는 꾸준히 증가했다. 또한 1960년대 이후, 여성들은 페미니즘과 성평등 운동을 확산하면서 전통적인 남성 중심의 가정 구조에 도전했다. 그 결과, 이혼이 사회적으로 용인되었고, 동등한 부부 관계에 대한 요구는 더욱 커졌다. 이와 같은 여성운동의 결과, 현대 서양 사회에서 부부 관계와 가정생활의 중심은 평등한 파트너십이다. 부부 관계도 상호 존중과 평등을 기반으로 한 동반자 관계로 자리 잡았다. 여성의 고등교육 참여와 고소득 직업 증가로 가사와 육아는 남성과 여성이 분담하는 방향으로 전환되었다. 특히 부부 관계에서 개인의 행복과 자아실현이 중요한 요소로 인식되었고, 결혼은 더 이상 의무나 사회적 관습이 아니라 개인의 자유의지에 의한 선택으로 여겨지고 있다.

성평등 의식은 지속적으로 확산하여 서양 사회의 부부 관계는 세계적으로 성평등과 개인의 권리를 더욱 강조하는 방향을 선도하고 있다. 특히 출산휴가의 확대, 육아휴직, 유연 근무제 등 여성과 육아를 위한 각종 제도의 보완 및 강화를 통해 가정 내 여성의 역할 강화나 부부 간 역할 분담이 평등의 방향으로 변화하고 있다. 성평등과 아울러 다양한 가족 형태 요구가 커지면서 전통적 결혼 개념도 변화 및 확장되고 있다. 동거, 동성 결혼, 비혼 가정 등 다양한 형태의 가족 구조가 합법적으로 인정되고 있다. 2015년 미국에서 동성 결혼이 합법화된 것은 이러한 변화의 상징적인 사례라고 할 수 있다.

이처럼 서양 사회에서 부부 관계와 부부 생활 역시 한국을 비롯한 동양과 마찬가지로 전통적 가부장제에서 시작하여 오랫동안 지속한 것을 알 수 있다. 그러다 산업사회에서 여성 노동력의 위상 변화, 제1차·제2차 세계대전 중 여성의 전쟁물자 생산 및 전쟁 참여, 20세기 이후의 성평등 운동 전개 등의 시련을 거쳐 현대 사회의 개인 존엄성과 다양성 존중의 시대로 발전해 왔다. 이러한 변화 추세의 근저에는 남녀를 불문한 모든 개인의 행복과 평등한 동반자 관계를 중시하는 가치관이 자리하고 있다고 보겠다.

현대 사회의 부부

한국 사회에서 부부 관계는 지난 100여 년에 걸쳐 변화를 거듭해 왔으며, 그것은 시대적·사회적·문화적 상황 변화를 반영하고 있다. 오랜 세월 동안 부부 관계에 대한 이념과 실행을 크게 지배한 남녀 간의 불평등 문제와 그 해결 과정에서도 다양한 양상을 보였다. 하지만 20세기 이전은 물론 그 이후에도 남녀 불평등 요인은 사회 제도 곳곳에 잔재하고 있다. 심지어 21세기에 들어와서도 가정 내 불평등 문화가 여러 측면에서 잔존하고 있는 것이 사실이다. 하지만 지난 100여 년간 불평등이 꾸준하게 개선되었듯이, 앞으로도 평등의 방향으로 변화되고 개선되어 갈 것이라는 점은 분명해 보인다.

한국 사회에서 부부 생활이 변화한 양상을 보면, 20세기까지 전통적 가부장제 속에서 여성의 권리가 억압되거나 경시되었다. 이때 불평등 요인의 핵심은 가부장적 문화라고 해야 할 것이다. 가정이 유교적 가부장제를 기반으로 남성 중심의 가족 구조로 운영되면서 남성은 가정에서 가장으로서의 권위를 가져야 한다고 믿었고, 그 결과 부부 생활에서 남성의 평등에 대한 의식은 특히 약했다. 대신에 여성은 집안에서 가사와 육아를 책임지는 역할을 전담해야 하는 것으로 인식되었고, 경제적·사회적 활동에서 크게 제약을 받았다. 남성과 비교하여 여성의 교육 기회는 매우 부족하였고, 교육 참여율 또한 낮았다. 남성 중심의 호주제 시행으로 여성의 법적 지위는 결혼하기 전에는 아버지의 호적에 입적되어 있다가 시집을 가면 다시 남편을 호주로 한 호적의 일원으로 변경되었다.

한국사에서 1950~1970년대는 6·25 전쟁과 산업화 시대를 겪으면서 경제 재건을 위한 산업화가 본격화한 시기이다. 이 시점에서 여성 노동력이 서서히 산업 현장에 유입되기 시작했다. 그러나 사회 전반에서 남성은 생계를 책임지고, 여성은 남편 내조나 육아 담당이라는 가사 우선의 역할 분담이라는 가치관은 그대로 유지되었다. 여성의 경제 활동은 보조 역할 정도로 생각했다. 1970년대 초반까지도 남성 중심의 호주제로 가족법상 여성의 권리는 제한적이었으며, 남아선호사상은 굳건했다. 교육 기회는 확대되고 있었지만 여전히 남성 중심의 교육이 우선되었고, 여성의 교육 기회는 제한적이었다. 딸아이가 아들보다 공부를 더 잘해도 딸을 대학에 진학시키려는 부모들의 의지는 약했다. 직장에서도 여성의 역할은 남성의 업무를 보조하는 일이 대부분이었다. 1960년대 이후 한국 사회에서도 여성운동이 시작되었으며, 여성의 법적 권리 강화를 주장하는 목소리가 확대되었다. 1973년도에 국내 67개 여성단체가 통합하여 '범여성가족법촉진회'를 구성하고, 남성 중심의 호주제 폐지를 강력히 추진했다. 그 결과, 1977년 12월, 개정된 가족법이 국회를 통과했다. 그 개정 내용은 그동안 아버지만이 행사할 수 있는 친권을 아버지와 어머니가 공동으로 행사할 수 있도록 하고, 남녀 간에 차별을 두었던 상속분을 아들과 딸에게 동등하게 상속하도록 하는 것이었다. 하지만 남성 중심의 호주제는 2005년이 되어서야 가족법에서 폐지되었다. 한국 사회에서 진정한 법적·제도적 남녀평등은 이때부터 시작되었다고 보아야 할 것이다. 국내 여성 운동가들도 가족법에서 호주제의 청산으로 우리 사회가 부부 평등을 핵심으로 하는 민주적 부부 관계로 이행되기 시작한 것으로 보고 있다.

1980~1990년대에 한국 사회는 여러 가지 면에서 많은 변화가 일어났다. 군사정권을 규탄하는 민주화 운동이 강하게 일어났고, 이에 따라 여성운동도 무르익어 가면서 여성의 권리 신장이 중요한 사회적 이슈로 부상했다. 이 시기에 여성의 교육 기회와 그 수준이 급격하게 향상되었고, 대학을 졸업한 여성들의 경제활동이 급격히 증가하면서 전반적인 노동 수준도 높아지기 시작했다. 또한 여성 단체 활동이 조직화하고 활발해지면서 여성 권리 향상을 위한 여러 가지 법·제도 개혁을 요구하는 목소리가 고조되었다. 그 결과, 요구 사항의 많은 부분이 법 개정이나 제도의 개선을 통해 반영되었다. 그러나 여전히 육아를 비롯한 가사 노동은 여성의 책임이라는 사회적 인식이 강했으며, 직장 내 성차별도 사라지지 못했다.

2000년대 이후에는 두 가지 측면에서 가정 내 부부 관계가 변화하고 있다고 보아야 할 것이다. 첫 번째, 부부 간의 책임과 의무보다 사랑과 행복을 더욱 중시하는 방향으로 변하고 있다. 사회적으로 유교적 가치관이 쇠퇴하는 가운데 의무론적 윤리에서 공리론적 가치관으로 변한 것이다. 이에 따라 개인의 윤리의식은 의무와 책임을 중시하는 인식에서 자기 행복과 권리를 중시하는 방향으로 강화되고 있다. 두 번째, 사회적으로 남녀 간 관계에 있어서 성의 평등과 다양성을 인정하는 방향으로 변하고 있다. 점점 여성의 사회적 지위와 경제 참여율이 크게 높아지면서 직장 안에서는 물론이고 가정 내 부부 생활에도 평등 관계를 지향하는 경향이 뚜렷해졌다. 맞벌이 가정이 증가하면서 부부 간 공평한 역할 분담에 대한 논의가 본격화되었다. 또한 양성평등기본법 제정, 육아휴직의 확대 등 성평등을 지향하는 법과 정책들이 개발 및 확대되고 있다. 개인의 가치관과 사회 인식이 변화하면서 남편의 가사 및 육아 분담과 여성의 리더십 역할 증가, 가사의 경제 기여도 인식 제고, 미투 운동 등으로 여성의 목소리가 사회 전반의 운영에 반영되고 있다고 볼 수 있다. 그럼에도 여성 입장에서 볼 때는 직장과 사회에 드리워져 있는 유리 천장, 경력 단절, 임금 격차 등 구조적 차별이 여전히 잔존하고 있다는 목소리가 높다. 또한 돌봄 노동이 여성에게 집중되고 있다. 한국에서 아동이나 노인, 장애인을 돌보는 노동 인구는 약 110만 명에 이르고 있는데 이들은 다른 노동자들의 평균 임금에 비해 절반 정도의 저임금을 받고 있다. 돌봄 노동 인구의 94.9%가 60세에 가까운 여성들인 것으로 나타났다(『한국일보』, 2021. 11. 10). 이런 현상에 대하여 국내 관련 시민·사회단체와 여성 운동가들은 그동안 여성들이 가정에서 행해 왔던 무급의 노동이 가정 밖으로 확대된 것으로 그 설움이 예전과 크게 다르지 않다고 주장한다. 오늘날 돌봄 노동은 여전히 여성의 일로 남아 양질의 일자리나 성차별 완화보다는 저임금, 불안정한 고용 형태, 인권 침해의 전형이라는 것이다.

하지만, 앞으로의 사회는 평등과 다양성 측면의 변화 요구 및 반영 추세가 더욱 강해질 것이다. 가정에서 성평등 의식이 확대되면서 가사 노동 분담이 당연시되고, 사회적으로 성평등과 일·가정 양립을 지원하는 정책이 강화되고, 그것은 문화로 정착될 것이다. 육아·돌봄 노동에 대한 사회 지원은 확대될 수밖에 없고, 남성의 육아 참여 및 담당도 자연스러운 것으로 받아들이게 될 것이다. 동시에 성별 역할의 고정관념 해체가 가속화되면서 결혼과 부부 생활에 대한 인식도 전통 관념에서 벗어나 동거, 비혼, 동성 부부 등 다양한 가족 형태가 확대될 것이다. 이러한 상황 변화에 따라 법·제도 변화가 수반되고, 사회적 인식에도 많은 변화가 있을 것이다.

부부 관계나 부부의 가정생활에 있어서 개인의 자아실현과 행복 추구가 중요시되면서 부부 관계에 대한 평가도 과거와 달라지고 있다. 이러한 변화에 따라서 부부 관계가 긍정적으로 발전하는 부분도 있지만, 이혼이 증가하는 것 같은 부작용도 뒤따르고 있다. 이는 단순히 개인적인 문제라기보다는 사회적 현상으로 받아들여지고 있다. 오늘날 증가하고 있는 이혼의 사유를 보면 주로 의사소통의 문제, 경제적 문제, 배우자의 외도, 성격 차이 및 가치관의 차이 등이다. 세대별 이혼을 연구한 결과에 따르면, 베이비부머 세대의 이혼은 주로 경제적인 문제와 배우자의 외도 때문이고, X세대의 이혼은 성격 차이와 가사 분담의 문제가 그 원인이며, 밀레니엄 세대의 이혼 사유는 가치관의 차이나 의사소통 문제인 것으로 나타나고 있다(박성연, 2018). 이와 같은 사실은 부부 관계가 남녀평등이나 애정이나 사랑의 마음으로만 원만하게 유지될 수 없다는 숙제를 던져 준다. 부부가 결혼하여 죽을 때까지 함께 건강하고 행복한 삶을 살아가기 위해서는 결혼 전부터 철저한 사전 준비를 해야 하며, 부부로 살아가는 내내 부부 웰에이징을 위한 학습이 필요하다는 사실은 부인하기 어렵다.

2장

배우자의 선택과 결혼

결혼과 부부 웰에이징

사람에게 있어서 결혼이란 무엇인가? 철학자들이 결혼의 진정한 의미를 찾기 위해서 고민한 결과라는 것에는 '결혼이란 해도 후회하고, 하지 않아도 후회한다.'라는 말부터 '결혼은 인생의 무덤'이라는 부정적인 격언까지 다양하다. 심지어 성경에도 '다투며 성내는 여인과 함께 사는 것보다 광야에서 혼자 사는 것이 더 낫다'라는 말이 있을 정도다(잠언 12:19). 옛날부터 원만한 결혼 생활이 쉬운 일이 아니었다는 것을 엿볼 수 있다. 시대가 많이 변했지만, 아직도 많은 사람은 결혼을 살아가면서 반드시 해야 할 일이라든지, 또는 더 큰 행복을 위한 수단으로 여기는 것 같다. 한국사회보건연구원 조사 결과에 따르면, 한국 사회에서 남성은 절반 이상인 56.3%가 결혼의 필요성에 대하여 긍정적으로 답했다. 하지만 여성은 35.5%만이 긍정적이라고 응답했다. 또한, 남성은 결혼에 대하여 41.3%가 부정적으로 생각하고 있는 것에 비하여 여성은 62.8%나 결혼에 대하여 부정적으로 생각하고 있는 것으로 나타났다(KBS, 2022. 7. 5.). 이 조사 결과만으로 볼 때 현대 한국인의 결혼에 대한 인식도가 그리 썩 좋은 것만은 아니라는 것을 알 수 있다.

남녀가 공히 결혼을 위한 조건으로 고려하고 있는 것은 사랑과 신뢰로 나타났다. 부부가 결혼 생활을 지속하기 위한 기본적인 조건은 서로 사랑하고 신뢰하는 것임을 알 수 있다. 이것은 매우 정신적인 영역이다. 우리 연구소와 한국여론리서치가 공동으로 한국에 거주하는 19~69세의 기혼 남녀 1,200명을 대상으로 결혼 생활 전반에 대하여 설문조사를 실시한 결과 응답자의 70.9%가 서로에게 정신적 의지가 되기를 원한다고 응답하였다. 하지만, 끝없이 사랑할 것만 같은 배우자를 만났다는 마음으로 결혼하고 나서도 적지 않은 부부들은 결혼에 실패하고 헤어진다. 연간 평균 이혼율은 40%를 넘는다. 그 이유는 행복을 너무나 먼 곳에서, 또는 너무나 큰 것에서 찾기 때문이 아닐까? '가장 평범한 것이 가장 행복한 것'이라는 명제를 생각해 보면, 보통 시민들의 평범한 결혼 생활에서도 마음먹기에 따라 얼마든지 큰 행복을 찾아낼 수는 있을 것이다.

생물학적이나 사회학적 측면에서 볼 때 인간에게 있어서 결혼이란 본능적이며, 전통적으로 전해 내려오는 사회적 행위이다. 결혼은 사회적으로 가장 소규모의 조직인 가정을 이루는 출발점이며, 가정은 사람으로 태어나 사회 구성원으로서 상호 작용하고 성장하는 토대가 된다. 미국에서도 결혼은 인간의 행복과 가장 밀접하게 연결된 요소이고, 더 나은 재정적 안녕과 더 나은 건강과 직결되어 있으며, 성인과 어린이 모두에게 수많은 긍정적 효과를 미친다는 의식이 잘 확립되어 있는 것으로 조사되었다(Daily iNSIGHT, 2024. 1. 15.). 이와 같은 결혼으로 이루어진 가정의 중심에는 부부가 있다. 결혼한 부부는 안정적인 가정환경을 조성하고, 사랑의 감정을 통해 태어난 자녀의 성장에 책임을 지며, 부부의 정신적 안녕과 사회경제적 안정을 위해서도 노력을 기울인다. 이처럼 가정은 인간의 탄생과 성장을 책임지는 소우주로써 앞으로 사회적 역할을 담당하게 될 인격체를 창조하고 길러 내야 하는 사회적 책임은 막중하다. 그 이유는 사회 발전에 공헌하는 인재나 사회에 해악을 끼치는 악인, 이들 모두의 뿌리는 부부가 중심인 가정에 내리고 있기 때문이다. 앞의 조사 결과에 따르면, 우리나라 남성의 71.2%는 자식이 있으면 행복할 것으로 응답했고, 여성은 64.3%가 그렇다고 응답한 것으로 나타났다. 요즘 한국 사회에서 아이를 키우는 일이 여간 어려운 것이 아님에도 불구하고, 결혼하여 자식을 낳고 잘 기르는 일이 결혼한 부부들에게 행복을 안겨다 주는 과업임을 부정하기 어렵다. 하지만, 자식을 낳기만 하면 그냥 훌륭하게 자라는 것일까? 그렇지 못한 경우도 많다. 자녀 양육은 큰 액수의 경제적 비용이 수반되는 일이다. 어떤 부부에게는 애써 얻은 자식이 자랑이 되기보다는 평생 골칫거리가 되는 경우도 있다. 이처럼 결혼은 한 인간에게 일생일대의 매우 중요한 사건이며, 그 목적을 달성하기 위해서는 반드시 사전 준비와 교육이 필요하다고 하겠다.

사람들 대부분은 총각이나 처녀로 혼자 지낼 때보다 더 행복해지기 위해 결혼할 것이다. 그렇다면 정녕 결혼이란 인간에게 행복을 가져다주는 마술과도 같은 일인가? 많이 알려진 사실이지만 결혼은 혼자 살 때보다는 더 좋은 건강을 가져다주는 것으로 조사되었다. 그 이유는 배우자로부터 경험하는 정서적 지지와 상호 윈-윈 하는 경제적 협력과 그에 따른 경제력 향상은 건강한 생활 습관을 갖게 해 준다. 또한 사회적으로 겪어야 할 스트레스를 관리하는 데 도 도움을 주기 때문이라고 전문가들은 진단한다. 그러나 그것은 부부가 서로 지지해 주고 공통의 목표를 향하여 힘을 합쳐 나갈 때 라는 조건이 붙는다. 부부가 서로 배려하고 힘을 모아 일을 처리한 다면 단점보다는 얻는 것이 더 많겠지만, 소통이 잘 안 되거나 갈 등을 잘 관리하지 못한다면 함께하는 것 자체가 건강을 해치는 스 트레스로 작용할 가능성도 크다.

하지만 우리 주변에는 거창한 그 무엇보다는 소박한 것들로 사 랑을 주고받으면서 행복을 누리는 부부들도 꽤 많다. 앞의 연구에 서 응답자의 57.8%가 결혼 생활에서 나쁜 점보다는 좋은 점이 더 많다고 응답했다. 보통이라는 응답은 28.3%, 나쁜 점이 더 많다는 응답은 13.9%로 나타났다. 확실히, 결혼은 나쁜 점보다는 좋은 점 이 더 많은 선택지임이 분명하다. 한국보건사회연구원 조사에서 도 한국의 기혼자와 미혼자 공히 결혼의 가장 큰 이점으로 배우자 에게 정신적으로 기댈 수 있는 것을 들고 있다. 이점의 주요 내용 을 보면, 정신적으로 의지할 수 있는 것이 44.5%, 사랑하는 사람과 같이 있을 수 있는 응답은 31.4%를 차지했다(한겨레신문, 2020. 5. 10.).

결혼이 다 장점만 있는 것은 아닐 것이다. 단점이 장점보다 더 두렵다고 생각해서 결혼하지 않는 사람들도 있다. 같은 조사에서 한국의 49세 미만의 미혼자들 41.6%는 혼자 즐길 수 있는 삶이 축 소되는 것이 결혼의 단점으로 응답했다. 이런 의식은 미국 사회에서도 유사하게 형성되고 있다. 매년 실시하는 '미국가족조사(American Family Survey)'에 따르면, 많은 미국인이 결혼은 더욱 강한 가족을 형성하고, 자녀의 더 나은 복지와 연결된다는 사실을 모르거나 혹은 동의하지 않는 것으로 나타났다. 이는 오늘날, 미국 아동의 거의 절반이 어린 시절의 일정 기간을 '불완전한' 가정에서 보내고 있기 때문이다. 실제로 미국 가족 조사에서 응답자의 54%는 '더 많은 사람들이 결혼해야 사회가 더 좋아진다'라는 것에 동의하지 않았다. 응답자의 19%만이 더 좋아진다고 응답했고, 35.0%는 잘 모르겠다고 응답한 것으로 나타났다. 또한, 가족의 안정성 여부를 묻는 것에 대해 48%는 '결혼이 더 강한 가족을 만들기 위해 필요하다'라는 것에 동의하지 않았고, 46%는 '결혼이 가족과 아이들을 경제적으로 더 잘 살게 한다'라는 것에도 동의하지도 않았다(Daily iNSIGHT, 2024. 1. 15.). 이 조사만으로 볼 때, 한국인에 비하여 미국인의 결혼관이 더 비관적이라는 사실을 알 수 있고, 그것은 어린 시절에 겪는 부모의 이혼 영향인 것으로 풀이된다. 부모가 이혼하지 않고 자식들에게 일관되게 사랑을 가지고 대하는 것은 개인에게는 행운일 뿐만 아니라 사회적으로 선한 사람을 만들어 배출하는 위대한 과업이라고 할 수 있다.

 이처럼 결혼은 한 개인에게 있어서 행복감이나 불행감과 같은 삶의 가치를 판가름하게 만드는 인생의 중요한 전환점이다. 흔히 우리는 결혼을 앞두고 일생일대의 중요한 선택의 기로에 서 있다고 말하곤 한다. 그 이유는 선택의 결과에 따라 행복한 앞날이 전개될 수도 있지만, 엄연히 그 반대의 경우도 있을 수 있기 때문이다. 배우자의 선택이 매우 성공적이면 삶이 웰에이징의 방향으로 나아갈 수 있을 것이고, 성공적이지 못하면 삶의 복지가 떨어지고 불행한 쪽으로 갈 수도 있다.

　이 연구서가 지향하는 바는 결혼한 부부가 웰에이징의 결혼 생활을 잘 수행함으로써 인생이 행복한 가운데 건강한 노년을 보내고 행복하게 인생을 마감할 수 있도록 도움을 주는 데 있다. 따라서 수년째 개인의 웰에이징과 사회적 건강을 연구하고 있는 전문가들의 논리적 의견 개진과 함께 현장의 실증적인 사례를 더 함으로써 반드시 부부의 웰에이징에 지침(指針)이 되고자 한다. 물론, 결혼한 부부들은 저마다 모두 특별한 상황 속에서 결혼 생활을 하고 있다. 제2장에서 제시하는 결혼 준비기와 과정에 대한 전문가들의 웰에이징 의견이 모든 부부에게 맞춤식 정답이 되기는 어려울 수 있다. 하지만, 보다 더 내실 있는 결혼 생활을 만들어 갈 수 있는 안내를 하는 데는 손색이 없을 것이다.

결혼을 위한 마음의 준비

　결혼을 전제로 만나기 시작한 청춘남녀가 연애하는 과정에서 상대가 자신의 적합한 배우자감으로 인정되거나 혹은 확신이 서면 서로 결혼할 결심을 하게 된다. 결혼이라는 것도 한 개인이 기나긴 인생을 살아가는 과정에서 겪게 되는 하나의 결정적인 선택이다. 선택에는 그 결과로써 긍정과 후회의 평가가 따르게 되기 마련이다. 부부가 모두 웰에이징의 삶을 살기 위해서는 배우자 선택부터 후회를 최소화할 수 있는 의사 결정을 할 수 있어야겠다. 하지만, 인간은 신이 아닌 이상 100% 완벽한 선택을 하기 어렵다. 많은 청춘남녀가 결혼 전 첫눈에 반하여 결혼하기도 하고, 첫눈에 차지 않았더라도 사귀다 보니 마음이 끌려서 결혼하기도 한다. 하지만, 연애 시절에는 서로 결혼하면 더할 나위 없이 행복할 것만 같던 만남이 함께 살다 보면 여러 가지 측면에서 어긋나서 서로 싸우기도 하고, 심지어는 이혼을 하기도 한다. 이혼은 그 당시에는 부부 누구에게든지 커다란 충격이고 불행임에 틀림이 없다. 혹시 자식들이 있다면, 그 아이들에겐 씻을 수 없는 심리적 충격을 주기도 한다. 미국 국민들이 결혼의 효용성에 대해 부정적 생각을 더 많이 가지고 있는데, 그 가장 큰 이유가 부모의 이혼 후 겪게 되는 정신적 혼란 때문이라고 한다. 결국 결혼을 잘못했다고 후회하는 배우자 각자에게 이혼은 평생 씻어 내기 어려운 마음의 상처가 될 수 있고, 또 큰 비용의 낭비임에 틀림이 없다. 결혼을 결정하고 준비하기 전에 반드시 상대와 부부가 되어 정말 행복하게 살 수 있는지를 차근차근 점검하는 일은 부부 웰에이징을 위해 정녕 지혜로운 행동이 될 것이다.

우리가 인생을 살아가면서 당면하는 각종 문제 해결을 위해서 의사 결정을 할 때, 반드시 요구되는 모든 정보를 확보한다는 것은 불가능하다. 이런저런 제약 때문에 인간에게 100% 정확한 선택은 도대체 불가능한 일이다. 결혼이라는 사건도 마찬가지다. 오죽하면, 과거 현자들은 '결혼은 해도 후회하고, 하지 않아도 후회한다'는 그런 애매모호한 격언을 남겼을까? 그렇다면 어떻게 해야 결혼하고 나서 후회를 최소화할 수 있을까?

주어진 상황에서 최대한의 노력을 통하여 '그래도 만족스러운 선택을 했다'고 믿을 수 있는 의사 결정을 할 수밖에 없다. 결혼할 배우자의 선택에 도움이 되는 필터링 수단으로는 부모님이나 가족, 친구들의 시각과 의견이 있을 수 있다. 그들은 자녀나 친구, 조카들을 위해 가장 바람직한 의사 결정을 할 수 있는 조언을 하려고 할 것이다. 이러한 필터링 과정을 통하여 의사 결정자는 상대방의 건강 여부로부터 시작하여 생김새는 마음에 드는지, 성격은 잘 맞는지, 경제력은 갖추고 있는지, 참을성이 있는지, 상대방의 부모님 성격은 원만하신지 등 주위의 의견 내지는 평가에 직면하게 된다. 현대 첨단 IT 시대 속에서 어떤 사람들은 AI를 이용하여 궁합을 보기도 한다. MBTI 성격 검사를 통하여 배우자감이 내 성격과 잘 융화될 수 있는지를 점검하기도 한다. 이런 일들 역시 행복한 결혼 생활을 보장받기 위한 노력의 일환이다.

요즘 개성 존중의 시대 속에서 '결혼에 다른 사람들 의견이 왜 필요한가? 당사자들이 좋으면 그만이지.' 하는 의견도 많다. 하지만, 결혼을 앞두고 당사자들은 이러한 질문과 함께 그것에 대한 가족이나 친한 친구들의 의견에 대하여 귀를 기울일 필요가 있다. 왜냐하면, 결혼하여 살다가 보면 '그때 그것을 간과한 것이 이런 잘못된 결과를 초래하는구나!' 하고 후회할 가능성은 얼마든지 있기 때문이다. 하지만 주변의 의견은 결정에 대한 참고용이지 그것이 결정적인 요인이 되어서는 곤란하다. 성인이 되어서 결혼하는 마당에 나중에 발생할 수 있는 후회의 책임을 남에게 전가해 봐야 모두 부질없는 일이기 때문이다. 모든 결정은 결국 내 책임이라는 의식을 갖고 신중하게 접근하는 자세가 중요하다. 또한, 기쁨과 사랑의 마음으로 가득 차서 결혼하기에 앞서서 자신의 내면세계를 정확히 들여다보고, 결혼을 결심하도록 자신을 이끄는 동인(動因)이 과연 무엇인지를 짚어 내는 것도 필요하다. 자신의 마음 깊숙한 곳에 숨어 있는 애정이나 사랑에 대한 결핍을 충족시키기 위해서 결혼하는 것은 아닌지 살펴보아야 한다. 왜냐하면 많은 사람들이 결혼 전에 이른바 눈에 콩깍지가 씌어서 결혼까지 한 것이 결국엔 잘못된 일이었다고 후회하기도 하기 때문이다. 일반적으로 결혼 대상자의 선택은 상대방이 가장 잘나 보이고, 그 누구보다도 유능하고 최고라는 생각이 들기 때문이다. 하지만 상대에 대한 과도한 기대는 깊은 실망을 가져올 가능성도 크다. 대중의 정서에 호소하는 유행가 가사에도 '사랑은 주는 것'이라고 했다. 실제로 잔뜩 채우기 위한 결혼은 더 큰 아픔을 가져오는 수가 많으니 유의해야 할 일이다.

그렇다면 행복한 결혼을 위한 이성적인 마음의 준비에는 어떤 것들이 있을까?

첫 번째는, 나와 100% 딱 맞는 사람은 없다는 사실을 진심으로 받아들이는 것이다. 결혼 전에 상대방은 분명히 나의 부족한 점을 다 메워 줄 것이라는 환상에서 벗어나야 한다. 오히려 상대를 진심으로 사랑하는 자세는 상대방의 나와 다른 점은 무엇인지를 찾아내고, 그것에 대하여 이해하도록 애쓰는 것이라고 전문가들은 조언한다. 그러한 태도가 결혼 생활을 더 행복하게 만들 가능성이 크다는 것이다.

두 번째는, 결혼을 통해 내가 상대로부터 무엇을 얻을 수 있는지를 생각하기보다는 내가 상대방에게 무엇을 채워 주는 행복을 맛볼 것인지를 생각하는 자세가 필요하다. 그것이 쌓여서 배우자를 배려하는 마음이 커지고, 부부 간에 행복을 키워 나갈 수 있는 토양이 되기 때문이다.

세 번째는, 결혼하여 상대방이 내 소유라는 생각은 매우 위험하다. 그것은 상대에 대한 집착과 통제로 이어지기 때문이다. 가끔 결혼하거나 결혼할 상대를 자신의 소유로 생각하여 갈등을 빚거나, 심지어는 위해를 가하는 뉴스는 종종 있다. 결혼이란 피 한 방울 섞이지 않은 사람끼리 만나는 것이다. 따라서 이혼하고 나서 자식들은 피붙이기 때문에 부모와 갈라놓기가 쉽지 않다. 그러나 부부는 이혼하면 완전히 남이 될 수 있다. 결혼해서 한 이불을 덮고 사는 부부니까 모든 일에서 나와 같이 생각하고 행동해야 한다는 신념은 큰 실망과 갈등을 낳을 가능성이 크다. 부부라는 이유만으로 모든 것을 함께할 수는 없다. 상대방을 소중한 인격체로 보고 존중하는 자세가 필요하다.

네 번째는, 결혼하는 상대를 위해 양보나 희생을 할 수 있다는 각오가 되어 있어야 한다. 부부가 살다 보면 어느 한쪽이 반드시 양보하거나 희생해야 일이 해결되는 경우가 종종 있다. 이때 양쪽이 모두 자기 생각이나 의견을 굽히지 않으면 어떻게 될까? 그것은 한국에서 진보와 보수 정치인들이 자기주장을 굽히지 않아서 초래하는 충돌의 결과와 아주 유사한 양상을 가져올 것이다. 배려와 양보의 경계선이 모호하긴 하지만 결혼 생활에서 양보보다 더 중요한 것이 배려다. 양보는 사건 이후에 다른 사람의 입장을 고려하여 나의 주장이나 권리를 굽히거나 희생하는 것이다. 이에 반해, 배려는 상대방에게 미리 마음을 써서 살펴보고 이해하여 어려움을 해결해 주고 지원하려는 노력이다. 부부 간에 양보와 배려가 웰에이징을 위한 기반이라는 것은 충분히 알 수 있다.

이솝 우화에 양보와 배려에 관한 여우와 두루미 이야기가 있다. 그 내용을 보면, 여우가 두루미를 식사에 초대해 놓고 수프를 접시에 담아 주었다. 당연히 주둥이가 얇고 긴 두루미가 그 수프를 잘 먹을 리 없다. 이에 두루미도 질세라 여우를 식사에 초대하여 목이 좁고 긴 병에 맞난 음식을 담아 주었다. 여우 역시 하나도 먹을 수 없었다. 두루미는 여우로부터 조롱을 당했다고 생각하여 똑같이 되갚아 준 것이다. 이 이야기에서 짚어 볼 점은, 여우가 선의로 수프를 접시에 담아 주었다고 하더라도 두루미에게는 수치와 조롱으로 인식될 수 있다는 것이다. 상호 이해를 통하여 오해를 풀지 않는 한 앞으로 이들 둘은 서로 적대적으로 대하거나 다시는 쳐다보지 않으려고 할 것이다. 부부가 살아가면서 얼마나 양보하고 배려해야 행복을 잡아 둘 수 있는지를 가늠할 수 있다.

배우자의 선택과 결혼 생활

　한국 사회에서 갈수록 결혼 시기는 점점 늦추어지고 있다. 여러 가지 이유로 비혼자들이 늘어가는 것도 현실이다. 2024년도 통계청 자료에 의하면 초혼 평균 나이가 남자는 34.0세, 여자는 31.5세로 10년 전에 비해 남녀 공히 두 살 정도 높아졌다. 늦은 결혼이라고 하더라도 가족의 중심에는 부부가 있고, 가정은 사회를 구성하고 지탱하기 위한 출발점이라는 점에는 변화가 없다. 가정이 무너지고 파괴되는데 사회가 온전할 리 없다. 미국의 가곡 중에 〈즐거운 나의 집(Home, Sweet Home)〉이라는 제목의 노래가 있다. 이 노래가 전달하는 뜻은 가정이란 물리적으로 집이 있고 가재도구가 잘 갖춰져야 하는 물리적 조건보다는 그것이 주는 따뜻함, 안락함 그리고 정서적 안정감을 갖추고 있어야 한다는 것이다. 이러한 'Sweet Home'을 만들기 위해서는 가장 먼저 부부 사이가 금실이 좋고, 부부를 비롯한 가족 구성원들이 행복감을 느끼면서 살아가는 것이다.

결혼 생활이 행복하기 위해서는 결혼 이후의 삶을 잘 운영하는 일 못지않게 배우자의 선택 역시 중요하다. 개인이 결혼을 결심하는 단계에서는 이성적 판단에 더하여 감성적 판단도 크게 작용하기도 한다. 예를 들어, 이성의 외모와 경제적 조건이 영향을 미치고, 상대가 나의 결핍을 채워 줄 수 있을지 모른다는 기대와 믿음도 작용한다. 또한 미래의 배우자가 일찍 돌아가신 부모의 대치물이 될 수 있다고 믿기도 한다. 그러나 결혼 후의 현실은 결혼 전 기대가 충족되는 경우보다 기대가 깨지거나, 좌절로 나타나는 사례가 많다. 예를 들어, 배우자와 말이 잘 통하지 않는 답답한 일부터 시작하여 대화의 단절과 그에 따른 신뢰의 붕괴, 상대 가족과의 갈등, 경제적 어려움 등을 겪을 수 있다. 배우자 선택이 실패했다고 지각하는 원인은 결혼 전은 물론 결혼 후에도 충분한 대화와 공감이 없고, 문제의 원인을 상대방에게 돌리는 데도 있다. 어떤 경우에는 어린 시절 부모에게 겪은 부정적 경험과 실패한 부모의 결혼 생활을 반복하는 경우가 나타나기도 한다. 이를 심리학에서는 '귀향 증후군'이라고 하는데, 배우자 선택에 있어서 현재의 감정에 충실한 것이 아니라 어린 시절 경험한 부모의 모습이 익숙하고 친숙하게 여겨지기 때문에 그것이 바람직한 본보기는 아니더라도 잘못 선택할 가능성이 있다는 것이다. 심지어는 결혼 이후에 어린 시절 부모에게 받은 상처를 배우자에게 돌려주는 나쁜 사례도 있다. 20~30년이라는 긴 시간 동안 전혀 다른 세상에서 살아온 한 사람을 배우자로 선택하는 일이 얼마나 어려운 일인지를 알 수 있다.

행복한 결혼 생활을 원한다면 좋은 배우자를 선택하는 것이 우선이고, 다음으로는 과거가 아닌 현재의 감정에 충실해야 한다. 좋은 배우자를 선택하기 위해서는 무엇보다도 자기 자신에 대한 깊은 이해가 있어야 할 것이다. 스스로 생각해서 내가 누구인지, 경제적, 정신적으로 결혼할 준비는 충분한지, 상대방에 대한 이해와 믿음이 쌓여 있는지를 알고 있어야 한다. 다음으로 어린 시절의 상처와 부모와의 갈등이 있었다면 그것의 원인과 실체가 무엇인지를 냉정하게 바라보고 현재의 삶과 냉정하게 분리할 수 있는 정신적 능력도 갖추고 있어야 할 것이다. 과거 부모와의 갈등, 가족 관계에서 비롯된 어린 시절의 상처가 있다면 그것을 냉정하게 바라보고 부모 혹은 자신을 용서함으로써 그것에서 벗어나야 한다. 좋은 결혼에 이르기 위해서 무엇보다도 중요한 것은 '나는 사랑받는 존재이고 행복할 권리가 있다'는 자존감을 키우는 일이다.

　마지막으로 나에게 상처를 준 부모 역시 상처 많은 사람이었고, 그들도 역시 처음으로 어른이 되었고 부모가 되었다는 사실을 받아들일 때 용서와 화해도 가능하다. 좋은 배우자의 선택과 행복한 가정을 이루기 위한 출발점은 상대방보다는 나 자신부터 불신과 미움의 앙금을 청산하면서 정상적인 가족 관계를 회복해야 한다. 그것이 자신의 자존감을 키우며, 내가 먼저 좋은 배우자가 되도록 노력하는 길이다.

웰에이징을 위한 배우자 선택의 조건

배우자를 선택하는 의사 결정을 거쳐 결혼한 후부터 행복한 부부 생활을 위해 요구되는 기본적인 조건은 무엇일까? 그것은 부부 간에 모든 면에서 기본적으로 사상과 신뢰와 양보와 배려가 전제되어야 한다. 나의 배우자는 평생을 함께 살아갈 동반자이자 가족의 일원으로서, 나의 다른 가족 구성원들의 행복과 삶의 질에도 어느 정도는 영향을 미친다는 측면에서 배우자 선택의 문제는 나 개인의 문제뿐만 아니라 집안 전체의 문제가 된다.

또한, 결혼하고 나면 내가 좋은 일이 있거나 슬플 때나 늘 상호작용을 해야 하는 대상이 배우자이다. 내가 행복하기 위해서는 배우자의 말과 행동을 믿어야 하고, 내 주장을 내세우기 전에 배우자의 입장을 헤아려 보는 것이 습관화되어야 한다. 이것이 깨지면 그 자리에는 바로 갈등이 자리하게 된다. 갈등(葛藤)이라는 것은 늘 관계를 맺고 있는 사람들 주변을 맴돈다. 그러다가 조금이라도 틈이 생기면 그 자리를 차고 들어와 사람의 마음을 괴롭히고 상대방과 싸움 거는 일을 부추긴다. 어떤 부부든지 결혼하고 살아가면서 웰에이징을 누리고 싶어 한다. 그러나 모든 부부는 그런 바람에 아랑곳하지 않고 닥쳐 오는 온갖 풍파를 헤쳐 나가지 않으면 안 된다. 이때 좌절하지 않고 서로 힘을 모아 어려움을 헤쳐 나갈 수 있는 확률이 높은 조건은 서로 믿고 이해하는 것이다. 하지만 의식이 굳어진 성인이 되어서 만난 배우자의 입장을 먼저 헤아리는 태도의 변화가 결코 쉬운 일이 아니다. 게다가 서로 신뢰하지도 못하고 좋아하지도 않는 사이라면 과연 이것이 가능할까? 결코 쉬운 일이 아니다. 때문에, 부부가 살아가면서 서로 믿고 이해할 가능성을 높이는 것은 지혜로운 행동이다. 그렇다면 어떤 조건을 갖추는 것이 부부 웰에이징 가능성을 높일 수 있을 것인가?

첫 번째, 건전한 경제적 가치관의 부합이다. 요즘 젊은 세대들은 과거와 달리 부부가 되어서도 경제적 공동체를 유지하기보다는 자기가 버는 것은 자신이 관리하는 반독립적 재정 관리 패턴을 선호한다고 한다. 하지만 가정을 운영해 나가기 위한 공동 경비는 수입에서 큰 부분을 차지한다. 이것을 관리하는 주체나 그 방법에 따라서 갈등이 발생할 수 있다. 하물며 어느 한쪽이 재정의 관리를 책임지고 있으면 여러 가지 점에서 의견의 충돌로 갈등이 발생할 가능성이 있다. 부부가 서로 경제적 가치관이 유사할수록 갈등을 최소화할 가능성이 크다는 것을 알 수 있다. 부부로 살아가는 데 있어 돈보다는 마음가짐이 중요하다고 말들은 하지만, 현실 생활에서 돈이 없으면 여러 가지로 불편하고 서럽기조차 한 것은 어쩔 수 없는 현실이다. 부부 양쪽 모두 경제력이 높을수록 좋겠지만 균형을 맞추는 것이 차이가 큰 것보다는 화합에 효과적이다. 특히, 결혼 생활에서 어느 한쪽이 재정 상태를 공유하지 않거나 숨기는 행동은 신뢰를 무너뜨릴 수 있다. 때문에, 결혼 전에 이런 경향이 있는지를 잘 살펴볼 필요가 있다. 중요한 재정 관련 결정을 일방적으로 하는 습관도 부부 생활에 있어서 상대방을 불쾌하게 만드는 요인이 된다. 현명한 사람이라면 결혼 전에 소비 습관의 차이, 재정 관리 방식, 상대방과 나의 소득 균형 여부 그리고 소비에 대한 투명한 대화 등의 행동이 건전한지를 잘 살펴보는 것은 부부 웰에이징으로 가기 위한 중요한 조건이다.

두 번째, 육아 내지는 자식 교육관의 부합이다. 결혼해서 아이가 생기면 부부 둘만의 생활 패턴은 여지없이 깨지고 새로운 삶의 패턴으로 옮겨 가게 된다. 자식을 키우는 부부들은 결혼이 마치 아이를 낳고 키우기 위해 결혼을 한 것 같다는 생각이 들 정도이다. 자식을 낳고 키운다는 것은 중요하면서도 엄중하고, 어렵기도 하고 또 행복을 가늠하는 과제이기도 하다. 갓난아기로부터 시작하여 성인이 될 때까지 자식을 키우는 일은 절대적으로 부부가 함께해야 하는 과업이다. 전통적인 한국 사회에서는 남편은 밖에 나가 돈을 벌어 오고, 여자는 집에서 살림하면서 자식들을 키우는 것으로 부부의 과업이 분담된 것으로 받아들여졌다. 하지만 오늘날 맞벌이 부부 사회에서는 자식을 키우는 일은 함께하는 것이라는 사고방식이 우세하다. 그런데 아이를 키우는 일을 함께해야 하다 보니 이것이 또 하나의 갈등 요인으로 작용한다. 부부의 육아관이 서로 다르기 때문이다. 부부가 서로 성장해 온 가정 환경이나 배경이 전혀 다르다 보니 자식 키우는 일에서도 각자 자기 방식이 옳다고 고

집하는 경우가 많다. 작은 예로, 어떤 가정에서 부부 중 어느 한쪽은 아이들에게 어릴 때부터 존댓말을 하도록 가르쳐야 한다고 주장하고, 다른 한쪽은 아이들을 자유롭게 키우는 것이 옳다고 주장하면서 대립하기도 한다. 이처럼 육아관이나 자식에 대한 교육관은 부부 간에 서로 다른 것이 정상이다. 하지만, 아이를 가운데 앉혀놓고 부부가 서로 자신이 옳다고 옥신각신하면 그것은 아이에게 정신적 스트레스가 될 수밖에 없다. 이런 가운데 합의된 해결책을 찾지 못하면 부부 간에 감정만 상하고 또 찝찝한 마음 상태로 시간을 보내게 된다. 아이들 역시 이런 분위기에 불안해한다. 전문가들의 의견에 따르면, 육아의 중심에는 부모가 있어야 하는 것이 아니라 아이가 있어야 한다고 조언한다. 미래의 배우자가 결혼 후 아이 중심으로 자식을 키우고 교육할 수 있는 성향의 사람인지를 확인하는 것 또한 부부가 웰에이징을 누릴 수 있는 중요한 조건이다.

세 번째, 갈등 해결 방식의 부합이다. 부부가 되어 살다 보면 사소한 일에 대한 의견 충돌로 인해 감정이 상하기도 한다. 이때 이기심이 강한 사람은 그 상한 감정을 원래 상태로 회복시키기 위해 상대방을 추가로 비난하고 싶은 유혹에 빠지기도 한다. 부부임에도 불구하고 상대방에 대한 믿음이 굳지 못하거나 상호 협조가 우선이라는 신념이 흔들리게 되면 서로 갈등 상태에 빠지게 된다. 일상적인 대화 중 무심결에 사용한 단어 하나로 인해 조금 전까지 즐겁던 분위기가 사라지고, 심사가 뒤틀려 다투게 되는 일도 있다. 현명한 사람이라면 갈등은 언제든지 발생할 수 있다는 사실을 직시하고 발생한 갈등을 잘 풀어 나가려고 노력한다.

갈등을 해결하는 방식에는 여러 가지가 있을 수 있다. 부부 간에 가장 좋은 방식은 싸워서 이기기보다 서로 양보하는 것이다. 평범한 부부 간에는 내가 양보하고 희생하는 모습을 보이면 상대방도 대개는 양보한다. 이러한 갈등 해결 방식이 가장 좋은 방식이며, 이런 행동을 통해 부부 관계는 더 건강해진다. 가장 나쁜 해결 방식은 자신은 하나도 양보하지 않으면서 상대의 굴복만을 강요하는 경우이다. 또한 갈등 발생 시, 치유 방법을 찾아 해결하려는 노력보다는 그대로 방치하면서 시간이 흘러서 잊히기를 기다리는 경우이다. 결혼 전에 상대방이 어떤 갈등 해결 방식을 선호하는지를 잘 살펴보는 일 또한 결혼 후 부부 웰에이징을 공고히 하기 위한 지혜이다.

네 번째, 성격적 차이 여부를 확인하는 것이다. 성격은 인간 행동에 가장 크게 영향을 미치는 중요한 요소이다. 예를 들어, 평소 내향적인 사람이라면 재미있게 웃고 떠드는 것을 회피하는 행동을 보일 가능성이 크다. 이런 성격은 사람마다 모두 다르다고 알려져 있다. 성격 심리학자들은 이 세상에는 약 2만 가지가 넘는 성격의 유형이 있다고 한다. 따라서 부부 간에 정확히 일치하는 성격은 없다고 보는 것이 맞을 것이다. 예로부터 우리 어머니들 또한 "한 뱃속에서 나온 형제, 자매들의 성격이 어쩌면 그렇게 다를 수 있을까?" 하고 말씀하셨을 정도다. 많은 사람들이 배우자로 자신과 유사한 성격을 가진 사람을 만나고 싶어 한다. 그래야 결혼해서 자주 부딪치지 않고 서로 조화를 이루면서 살 수 있을 거라고 기대하기 때문이다. 하지만, 어떤 사람들은 자신의 성격에 대하여 좋지 않게 생각하여 나와는 전혀 다른 성격의 소유자를 찾아서 결혼하려고도 한다. 동양의 궁합 이론에서는 서로 같은 특질의 부부보다는 다른 특성을 가진 부부가 협조적이면서 보완적이라는 주장도 있다. 예를 들어, 목(木)의 성질을 가진 사람은 수(水)의 성질을 가진 사람과 사는 것이 더 행복할 가능성이 크다는 것이다. 서로 보완 관계에 있기 때문이다. 인간의 성격이란 오랜 시간 대면을 통해 일관적으로 드러나는 행동이다. 상대방의 평소 행동을 유심히 살펴본다면 대략적인 성격은 파악할 수 있다. 남녀가 결혼 전에 서로 만나는 과정에서 상대의 성격을 충분히 분석하고 대응하는 것은 부부 웰에이징을 위해 효과적이다.

하지만 어떤 전문가들의 주장은 행복한 결혼 생활을 위해서는 성격이 유사한 것이 효과적인지, 아니면 서로 다른 성격이 오히려 더 좋은지 정답은 없다고 한다. 성격과 관련한 부부의 행복은 서로가 전혀 다른 성격의 소유자라는 것을 인정하고 서로 맞춰 가며 살려고 노력하는 데 있다. 타인에게 나를 맞춰 생활한다는 것도 후천적 학습으로 충분히 가능하다. 따뜻한 분위기의 가정 환경 속에서 다른 가족 구성원을 배려하면서 사는 게 익숙한 사람은 결혼 후 부부 관계에서도 상대에게 맞춰 가며 살려고 하는 경향이 크다. 하지만 자신이 원하는 것은 다른 사람을 희생시켜서라도 다 얻어 내야 직성이 풀리는 것이 습관화된 사람은 인간관계에서 자신의 이익을 우선하려고 듦으로써 갈등을 일으킬 가능성이 크다. 그러므로 상대가 자신이 선호하는 성격의 소유자인지와 함께 그 사람이 자라 온 가정 환경이나 사람을 대하는 태도 등을 관찰하는 것은 보다 행복한 결혼 생활을 위해 효과적이다.

다섯 번째, 내 부모님에 대한 상대의 존경심이 얼마나 되는지 확인하는 것이다. 사람으로 태어나 부모에 대한 도리를 지켜야 한다는 것은 누구나 아는 상식이다. 부모는 나를 낳고 길러 주신 가장 고마운 분이다. 부모는 자신의 목숨보다도 자식의 목숨을 더 소중히 여기며, 자식에 대한 사랑과 책임을 끝없이 지고 살아간다. 따라서 자식이 부모에 대하여 기본적으로 가져야 하는 태도는 존경심이다. 부모에게 늘 고마워하면서 은혜를 갚으려고 행동하는 사람을 우리는 효자라고 부른다. 하지만 요즘 부모 중에 자식이 효도하기를 바라는 경우는 많지 않다. 살기 어려운 세상이다 보니 부모들은 자식이 자신의 앞가림만이라도 하며 살아가면 행복하다.

일찍이 동양의 예절 교육에서는 부모를 대하는 태도를 엄하게 가르쳤다. 그 주요 항목을 보면, 부모에게는 항상 공손한 태도로 말씀드리며, 부모의 뜻을 존중하고 따르도록 했다. 또한, 부모를 공경하는 마음으로 대하고, 부모를 대면하는 얼굴빛은 온화하게 하며, 공손한 말과 몸가짐을 가질 것 등이 요구되었다. 자신이나 부모가 집에 들어오고 나갈 때는 공손하게 인사를 하도록 했다. 그런 탓에 오늘날 변화된 사회 속에서도 자식이 부모에게 가져야 할 자세는 전통적 규범 안에서 융통성 있게 지켜야 한다는 의식은 공유되고 있다. 이런 문화 속에서 대부분의 한국인은 정도의 차이는 있지만, 부모에 대한 존경심을 가지고 살아간다. 따라서 결혼한 부부 간에 상대 부모를 대하는 태도는 화합과 갈등의 중요한 변수가 된다. 배우자가 내 부모에게 잘하면 참으로 기쁜 일이다. 그러나 어느 한쪽이든지 상대의 부모를 대하는 만큼 내 부모를 대하지 않는다고 생각되면 기분 좋을 리 없다. 배우자의 행동으로 인해 자신이 결혼을 잘못하여 부모에게 불효한다고 생각하기 쉽다. 이런 맥락에서 한국 사회에서 결혼은 아직 남녀 간 일대일의 만남이 아니다. 한 가족과 또 다른 가족 간의 연결 또는 결합이라고 보아야 한다.

많은 사람들이 결혼 후 배우자가 내 부모에 대하여 나쁘게 말하거나 비방하면 참을 수 없는 모욕감을 느낀다고 한다. 결혼을 잘못했다고 후회가 되는 것은 물론이고 반드시 되돌려주고 싶은 감정을 갖게 된다는 사람들도 있다. 사실 부부 간에 배우자 부모나 집안을 비난하거나 비하하는 행동은 부부 간에 지켜야 할 금도(襟度: 넘어서는 안 되는 선)를 넘는 것이다. 예로부터 '나를 욕하는 것은 참을 수 있지만, 우리 부모를 욕하는 것은 절대 용서할 수 없다'는 신념이 한국인 모두의 가슴에 새겨져 있다. 따라서 결혼 전에 상대가 자신의 부모를 대하는 태도를 잘 살피고, 자신의 기준에 부합하는지를 확인하는 것은 행복한 결혼 생활을 위해 중요하다.

결혼 준비와 절차

결혼 상대를 정하고 나면 결혼 준비를 해야 하고, 결혼식이라는 절차를 거쳐야 명실공히 가정을 이루게 된다. 어느 사회에서든지 결혼식은 서로 부부가 되었다는 것을 공개적으로 알리는 중요한 의식이다. 결혼은 일생일대 최고의 날로 기억되어야 한다고 주장하는 사람도 많다. 결혼식을 무사히 치르기 위한 준비도 결코 간단한 것이 아니다. 대부분은 양가 부모들이 나서서 처리하지만, 결혼하는 당사자들도 준비해야 할 절차들을 반드시 알고 대응할 수 있어야 한다. 간혹 준비 과정에서 결혼 당사자나 부모들 간에 감정을 상하는 일이 발생하기도 한다. 이렇게 되면 가장 기뻐야 할 결혼식이 우울한 행사가 되고 마는 것은 뻔하다. 결혼 당사자와 관련된 사람들은 마음을 차분히 하고, 하나하나 주의 깊게 챙겨 나갈 것이 요구된다. 요즘 인터넷에 결혼 준비와 절차에 대하여 상세하게 잘 나와 있다. 이것은 결혼업체에 종사하거나 먼저 결혼하면서 겪은 사람들이 예비부부에게 조언하기 위해 탑재한 정보이므로 참고용으로 좋다. 여기에서 제시하는 준비와 절차는 반드시 따라야 하는 규범은 아니다. 결혼 당사자들이 처한 상황에 맞추어 융통성 있게 활용하면 될 것이다.

- **상견례**
  - 양가 분위기를 고려해 장소를 정하고 진행
  - 상견례 식당 예약은 최소 2주 정도 이내에 미리 예약
  - 상견례 자리에서 예물, 예단 협의 가능성에 대비하여 미리 상의

- **결혼 예산 계획 세우기**
  - 결혼 준비 전에 정확한 예산 계획 수립
  - 항목별로 예산의 분배를 미리 충분히 상의
  - 항목별 중요성 정도를 확인하여 절감 노력
  - 예산을 확정하기 전 갈등을 예상하고 방지책 마련

- **결혼식장 계약**
  - 결혼 당사자 및 양가 협의하에 결정
  - 결혼 성수기를 확인
  - 결혼식장은 결혼 당사자가 선호하는 곳으로 선택

- **웨딩 스냅(wedding snap) 예약하기**
  - 결혼식 당일 장면 사진 촬영 예약

- 전문 사진사 또는 사진작가 여부 확인
- 웨딩 스냅 사진 촬영은 결혼식장의 안내를 받을 수도 있음

- 스드메(studio, dress, makeup) 업체 선정
  - 결혼식 준비의 준 필수 과정 정도로 인식
  - 결혼 당사자가 함께 웨딩박람회 견학 등 노력
  - 경험과 책임감 있는 플래너 섭외

- 신혼여행 계획
  - 서로 협의하여 신혼여행지 선택
  - 경제적 부담도 고려
  - 항공권이나 숙소, 교통편 등 대략적인 일정 수립
  - 시기에 따른 비행기 가격 변동에 유의

- 혼주 메이크업 예약
  - 양가 부모에게 미리 협의
  - 웨딩홀이나 메이크업 숍 어디서든지 모두 가능

- 결혼 반지와 예복, 예물 결정
  - 결혼 당사자들이 협의하고 서로 원하는 것 선택
  - 신랑의 예복도 미리 상의하여 준비

- 결혼 기념 스튜디오 촬영
  - 모바일 청첩장 제작 및 배포 시기를 고려하여 촬영 시기 결정

- 혼주 한복과 양복 체크
  - 양가 부모의 결혼식 예복 준비
  - 맞춤 또는 대여인지를 미리 결정

- 청첩장 배포
  - 종이 청첩장과 모바일 청첩장 함께 사용
  - 다양한 청첩장 안이 있으므로 서로 협의하여 선택 및 활용
  - 모바일 청첩장 배포 전 신중하게 내용 검토

- 드레스 예약 및 부케 선택
  - 결혼식 때 입을 드레스 선정
  - 생화 부케 사용 시 꽃집에 미리 예약

- 결혼 식순 결정
  - 통상적인 예시가 있으니 참고하여 결정
  - 양가 부모에게도 미리 협의
  - 결혼 당사자들의 아이디어가 중요함

- 신혼여행 가방 싸기
  - 신혼여행 지역 맞는 옷 등의 준비
  - 사전에 상비약, 여행자 보험 준비
  - 가장 행복해야 하므로 위험 지역 등은 회피

- **결혼식 행사**
  - 기쁘고 감사하는 마음으로 결혼식에 임함

부부로서의 출발

결혼의 의미와 결혼 생활 중 나타나는 변화된 삶의 방식에 대해 알기 위해서는 먼저 '가족 생활 주기의 변화'에 대한 이해가 필요하다. 결혼 역시 삶의 시작부터 죽음에 이르는 전 과정의 일부이기 때문이다. 일반적으로 가족은 생애 전 과정을 통해 단계별로 형성되고 발전한다. 가족 생활 주기의 출발점은 결혼과 출산이다. 다음으로는 자녀가 독립하여 사회로 진출하는 과정인데, 이 과정에서 부부는 자녀의 부재에 따른 이른바 '빈 둥지 증후군'을 경험한다. 마지막으로는 부부의 노화와 어느 한 배우자의 죽음으로 이어지는 연속된 단계가 나타난다. 이를 '가족 생활 주기 6단계'로 나누면 결혼 전기와 결혼 적응기, 자녀 아동기, 자녀 청소년기, 자녀 독립기 그리고 부부 노년기로 이어진다. 가족은 단계별로 나타나는 전환기에 극심한 스트레스를 겪기도 하고, 경우에 따라서는 '가족의 위기'가 나타날 수 있다. 이상과 같은 가족 생활 주기의 변화를 관찰해 보면, 그 중심에는 결혼과 출산이 있다. 그만큼 결혼은 가족의 형성과 생활 주기에 따른 변화에 있어 중요한 역할을 하는 출발점이라는 사실을 알 수 있다.

결혼 초기에 새롭게 출발하는 부부가 안게 되는 정서적 과제가 있다. 우선 부부는 정신적으로나 정서적으로 원가족에게서 완전히 독립하여 살아가야 한다는 원칙과 책임을 수용하고, 각자의 부모와의 분리를 받아들여야 한다. 다만 결혼 초기에는 이러한 부모-자식 사이의 분리를 받아들이지 못하거나 결혼 생활이 오래 지속되는 과정에서도 부모로부터 완전히 독립하지 못하는 경우가 있다. 이는 독립된 결혼 생활을 방해하고, 때로는 부부 사이에 분란의 원인이 되기도 한다. 따라서 결혼 초기에는 원가족과의 관계에서 점진적인 분리를 수용하고 일과 경제적 독립을 통해 부부 중심의 가족을 형성하는 것이 중요하다. 결혼 적응기의 큰 과제는 원가족에게서 독립하는 것과 배우자에게 적응하는 일이다. 이를 위해서는 일과 가정에서 서로의 역할을 나누어야 한다. 지금은 경제적 이유로 혹은 자아실현을 위해 부부 모두 직장을 갖는 경우가 많을 것이다. 그럼에도 한국 사회에서는 아직도 육아는 물론 가사에서도 분담이 충분히 이루어지지 못하고 여성의 몫이 큰 것이 현실이다. 양육과 가사에서 부부 간에 역할 분담이 이루어지지 못한다면 두 사람의 갈등 요소로 작용하고 행복한 가정을 만드는 데도 난관으로 작용할 것이다.

다음으로 찾아오는 주기인 '자녀 아동기'는 새로운 가족이 형성되는 시기로, 결혼 초기 부부 관계에서 더 큰 변화를 가져온다. 이 시기는 부부 체계에서 출산 이후 자녀가 집안의 새로운 구성원이

됨으로써 부모의 역할 수용, 원가족과의 관계 등에서 근본적인 변화가 생기는 단계이다. 부부는 자녀 출산 이후 자녀의 성장 단계에 따른 규칙을 정할 필요가 있다. 예를 들어, 자녀가 영유아기일 때는 교육이 아닌 양육에 초점이 맞추어지기 때문에 건강과 영양 관리에 힘써야 할 것이다. 부모의 자녀에 대한 정서적 지원도 건강 관리 못지않게 중요하다. 영유아기에 형성된 부모와 아이 사이의 정서적 관계는 성장기는 물론 평생 지속될 수 있기 때문이다.

　사실 최근에는 결혼 시기가 점점 늦어지고 있으며, 독신으로 사는 경우도 많고, 결혼 이후에도 여러 이유로 출산하지 않고 부부만으로 가족을 이루는 사례도 많이 볼 수 있다. 중요한 것은 결혼한 부부의 중심은 자녀나 원가족이 아닌 두 사람이라는 사실이다. 따라서 가족 내의 모든 결정과 상호 작용은 부부를 중심으로 이루어져야 한다. 특히 결혼 초기에는 두 사람 모두 새롭게 형성된 가족 체계에 익숙하지 않기 때문에 부부 간 모든 일에 대해서는 소통과 조정이 필요하다. 이는 결혼 전 두 사람의 일상 습관부터 집안일의 분담, 출산을 포함한 자녀 문제, 처가와 시댁 등 원가족과의 관계 등이 포함된다. 결혼 초기 부부 관계에서 상대방에 대한 선입관을 버리고 상대의 성격과 특성을 있는 그대로 받아들이며, 시댁과 처가가 아닌 부부 중심 관계로 신뢰를 형성해 간다면 새로운 삶을 시작하는 데 큰 도움이 될 것이다.

　행복한 결혼 생활을 하기 위해서는 웰에이징에 대한 이해와 실천이 있어야 하고, 결혼의 중심에는 가족이 있음을 알아야 한다. 결혼을 하는 사람은 누구나 행복한 가정을 꿈꾸고, 부부가 중심이 된 새로운 인생을 계획한다. 그런데 결혼 생활의 위기는 대개 결혼 초기에 찾아오는 경우가 많이 있다. 그 이유는 결혼에 이르게 된 두 사람의 성장 과정이 다르고, 원가족의 영향에서 벗어나지 못하며, 때로는 경제적 문제도 결혼 생활의 난관으로 작용하기 때문이다. 특히 결혼이란 새로운 만남을 통해 과거의 나를 극복하는 과정이기도 하다. 하지만 사람에 따라서는 결혼 전 불행했던 어린 시절의 상처나 가족 간의 불화를 극복하지 못하고, 결혼 이후에도 그러한 불행이 지속되고, 심지어는 배우자에게 그런 상처를 전이시키기도 한다. 우리나라처럼 가족 간 유대가 강하고 성인이 된 이후에도 부모에게서 완전한 독립을 하지 못하는 경우가 빈번한 현실에서 '가족은 나를 지탱해 주는 버팀목인 동시에 굴레'로 작용할 수도 있음을 알아야 한다. 최근 방송에서 많은 시청자를 모으고 있는 상담 프로그램을 보더라도 행복해 보이는 부부가 부모에게서 물려받은 부정적인 '정서적 유산' 때문에 불행한 결혼 생활을 하고, 배우자에게 서로 고통을 주는 경우가 있다. 예를 들어, 술에 대한 의존, 경제적 책임 부족, 상대방에 대한 무관심이나 지나친 개입과 간섭 등은 대개 원가족에게서 물려받은 것이며, 부모에게서 비롯된 '의미 있는 우연'이 나타난 것일 수 있다. 특히 결혼 초기에 부부는 많은 대화를 나누어 서로의 상처에 대해 알고 이를 극복하기 위해 노력해야 앞으로의 결혼 생활도 개선될 수 있을 것이다.

  결혼 초기에 부부가 결혼 전, 특히 원가족에게서 받은 상처를 그대로 안고 새로운 삶을 시작하면 결혼은 불행에 이를 가능성이 크고, 태어난 자녀에게도 부모의 불행을 전이시킬 가능성이 있다. 부부는 '현재의 감정과 행동은 과거의 것'일 수 있다는 사실을 알고 자신을 보호하고 속이는 행동 대신 저마다의 상처를 인정하고, 어린 시절의 트라우마가 있다면 그것에 당당하게 맞서야 할 것이다. 부부가 결혼 생활을 통해 행복을 찾고, 불행했던 과거가 있다면 그것에서 벗어나기 위해서는 무엇보다도 자신에 대한 사랑과 자존감을 회복해야 할 것이다. 결혼 전에 아무리 불행했던 사람이라도 가족 혹은 친구와의 사이에서 행복했던 기억이 있었을 것이다. 그 기억을 떠올리며 '나는 충분히 행복할 권리가 있다'라는 생각을 할 수 있을 때 비로소 자기 비하에서 벗어나 자존감을 되찾을 수 있을 것이다. 부부는 우선 저마다 스스로 자신을 사랑할 수 있어야 하고, 자기의 행복에 대한 권리를 인정할 때 배우자에 대해서도 격려와 관심, 상호적인 애정을 나눌 수 있을 것이다. 최근 결혼에 이르는 비율이 점차 감소하고 여러 이유로 1인 가구가 증가하는 현실에서 가족의 소멸을 말하는 사람도 있다. 고레에다 히로카즈 감독의 일본 영화 〈어떤 가족〉을 보더라도 일본 사회에서 혈연으로 맺어진 전통적인 의미의 가족은 점차 붕괴하고 고독사가 일반화되는 현실과 마주하게 된다. 그럼에도 영화의 등장인물들은 혈연이 아닌 공동체를 만들어서라도 서로에게 위안을 얻고 또 하나의 가족을 찾으려는 눈물겨운 노력을 하고 있다. 영화는 가족의 소멸을 말하는 시대에 동시에 가족의 회복만이 행복한 삶을 되찾을 기회를 준다고 말하고 있다. 결국 가족의 중심에는 부부가 있음을 분명히 알아야 한다. 이 부부가 '행복하게 나이 들기' 위해서는, 즉 웰에이징을 이루기 위해서는 결혼 초기에 자신에 대한 이해와 사랑을 먼저 실천하고, 대화를 통해 생각의 차이를 좁혀 나가며 부부가 중심이 된 온전한 가정을 만들어야 할 것이다.

죽음에 대한 준비

인륜으로 맺어진 부부

어학사전에 부부란 '남편과 아내', '결혼한 한 쌍의 남녀'로 설명하고 있다. 부부 구성의 핵심은 서로 다른 성별의 개인들이 합의에 의해 맺어진 계약 관계이다. 그래서 계약이 파기 되면 결혼 전 원래의 위치로 돌아간다. 부부는 자녀와는 다르게 천륜이 아닌 인륜(人倫)이라고 한다. 부부 관계는 계약이 유지되는 선에서 가능하다. 따라서 계약을 파기할 만한 요건을 제공해서는 안 되며, 때로는 계약을 파기할 만한 요인을 제공했다고 하더라도 그 파장을 고려하여 계약 관계를 유지하려는 노력을 하기도 한다. 남녀 간의 결혼은 인류 역사를 따라 다양한 방식으로 계속되고 있다. 과거 고구려의 결혼 풍속은 결혼할 때 수의를 준비했다고 한다. 고구려 사람들은 왜 결혼할 때 수의를 준비했을까? 이에 대해서는 서로 다른 사람이 결혼이라는 것을 통해 만났지만, 죽음에 이를 때까지 서로에 대한 예와 의무와 책임을 다해 평생을 함께하겠다는 의미로 해석하는 것이 일반적이다. 궁극적으로 부부는 죽음까지도 공유해야 하는 관계라는 말로 이해할 수 있다. 이 세상에서 부모와 자식 간의 관계를 제외하면 모든 인간관계에서 이보다 더 깊고 심오한 관계를 찾아보기 어렵다.

고령화 시대의 부부 관계

시대와 문화의 변천에 따라 인간관계의 의미와 기능은 달라질 수 있다. 현대 사회는 고령화 사회다. 고령화 시대에 부부란 무엇인가? 질문을 달리하면, 평균 수명이 늘어나고 유병 기간도 늘어난 현대 초고령사회에서 부부란 무엇인가? 이에 대해 여러 가지 학설과 견해가 있겠지만, 부부 웰에이징 차원에서 구체적인 접근을 할 수 있을 것이다.

한국 사회는 초고령화 사회(65세 이상 인구가 20%, 2024년 12월 기준)로 진입했다. 통계청 생명표에 의하면, 2022년 기준 건강 수명은 65.8세로, 기대 수명 82.7세 대비 약 17년 정도 짧다. 이 통계 자료의 의미는, 정도의 차이는 있겠지만 한국인들은 60대 중반 이후가 되면 평균 17년 정도는 병을 앓으면서 살다가 죽음에 이른다는 뜻이다. 한국인들은 삶의 길이만큼 유병 기간도 늘어난 삶을 살고 있다.

부부 웰에이징과 관련해서 좀 더 구체적으로 질문을 해 보자. 기대 수명이 늘어나고 유병 기간도 늘어난 시대에 부부란 무엇인가? 대답은 간단하다. 고령화 시대에서 부부란 늘어난 기대 수명과 유병 기간을 함께해야 하는 관계이다. 늘어난 기대 수명을 행복하게 살아가기 위해서는 기본적으로 경제적 여건, 신체적인 건강이 매우 중요하다. 경제적인 여건이 뒷받침되지 않을 경우, 기대 수명의 연장은 오히려 생활고의 기간을 늘리는 것이 될 수 있다. 또한 유병 기간의 연장은 즐거움보다는 투병과 함께 의료비 증가로 힘든 하루하루를 살아가는 인고의 시간이 될 수도 있다.

한편, 부부의 어느 한쪽에 배우자의 죽음이 주는 영향에 대한 많은 연구 결과가 있다. 심리학자인 홈즈와 라히의 생활 스트레스 순위 조사에 의하면, 배우자의 죽음이 1위로 조사되었다. 배우자가 오랜 기간 암 투병 등 질병에 시달리다가 사망한 경우에는 심한 우울증과 상실감을 경험하고 면역 체계가 약화된다는 연구 결과도 있다. 배우자와의 사별은 강한 스트레스를 유발하여 심혈관질환과 치매의 위험을 높일 수 있다고 한다. 특히 치매의 경우, 배우자의 사별을 경험한 사람이 그렇지 않은 사람에 비해 치매에 걸릴 확률이 평균 20% 더 높은 것으로 조사되었다. 또한 배우자의 간병 스트레스는 사망 위험을 높인다는 결과도 있다. 이렇듯 배우자의 죽음은 그를 떠나보내는 사람에게 육체적·정신적·심리적인 측면에서 매우 큰 영향을 준다. 한쪽 배우자가 사망하면 남은 배우자가 며칠 사이로 사망하는 현상의 원인을 설명하는 '상심증후군'이라는 용어는 죽음이라는 상황에서 나타나는 노부부 사이의 강력한 관계성을 보여 준다.

부부는 이렇게 언젠가는 떠나가는 사람과 떠나보내는 사람의 상황이 예측되는 관계이다. 한 사람이 자기보다 먼저 이승을 하직하고 떠나는 다른 사람의 수의를 입혀 주는 일을 해야만 하는 관계이다. 이런 맥락에서 보면, 고구려 사람들이 결혼할 때 수의를 준비하는 이유가 충분히 타당하다는 것을 알 수 있다. 그래서 옛말에 '한날한시에 같이 태어나지는 못했지만, 부부가 한날한시에 함께 죽음을 맞이하는 것이 행복'이란 말이 생겼는지도 모른다.

고령화 시대의 부부 웰에이징

2024년 통계청 자료에 의하면, 우리나라 2023년 평균 초혼 연령은 남자 34.0세, 여자 31.5세로 나타났다. 2023년 출생아의 기대 수명이 남녀 전체 83.5년(남자 80.6년, 여자 86.4년)인 것을 감안하여 산술적으로만 놓고 보더라도 한국 사람들은 약 50년 동안 부부 관계를 유지한다고 가정할 수 있다. 단, 50년을 부부 관계로 사는 동안 유병 기간이 17년이나 된다는 사실이 있다. 이렇게 볼 때 부부 웰에이징의 첫 단계는 50년을 어떻게 건강하고 행복하게 보낼 것인가에 대한 설계이다. 그리고 유병 기간인 17년을 어떻게 살 것인가에 대한 계획이다. 이러한 계획은 함께 살아온 부부가 그 여생을 함께 보내기 위해 준비하고 계획하는 일이다. 다른 사람들이 어떻게 노년을 설계하는가를 확인하고 적용하는 것도 중요하겠지만, 각 부부가 처한 상황은 각자 매우 다를 수밖에 없다. 때문에, 자신들만의 기준과 방향을 정하는 것이 부부 웰에이징의 출발점이라는 것은 분명한 공통 전제이다.

한편, 우리나라는 2020년대 들어 황혼 이혼이 급증하고 있는 것으로 나타났다. 통계청 국가통계포털에 따르면, 남편과 아내가 모두 75세 이상인 황혼 이혼이 매년 증가하여 2014년 224건에서 2023년 682건으로 3배 이상 늘었다. 전체 이혼 건수는 2003년 정점 이후 줄어드는 추세를 보이고 있지만, 75세 이상 이혼율은 2019년 30%를 돌파한 뒤 2023년 36%까지 증가했다(매일경제, 2025. 3. 7.). 다만 2023년 혼인·이혼 통계에 의하면 30년 이상 혼인 유지하다가 이혼하는 비율은 2022년, 2023년 연속해서 감소세로 돌아섰다.

고령의 황혼 이혼이 늘어나는 배경에는 여러 가지 요인이 있지만 크게 경제적인 요인, 세금 회피, 평균 수명의 연장 등으로 지적되고 있다. 한 가지 흥미로운 점은 고령화 사회가 진행되면서 졸혼이 증가하고 있다는 점이다. 물론 황혼 이혼과 졸혼에는 긍정적인 측면도 있고, 부정적인 측면이 있을 수 있다. 여기에서는 이러한 부분에 대하여 논의하기보다 다만, 고령화 사회가 기존과는 다른 부부의 형태와 관계 양식에 영향을 줄 수 있다는 점을 강조하기 위한 의미로 다룬 것이다. 고령화 시대 부부 웰에이징을 위한 가장 근본적인 전제는 언젠가는 부딪히게 될 죽음과 죽음에 이르는 과정에서 발생할 수 있는 경제적·신체적·심리적·정신적인 상황에 대해 부부가 건강할 때 함께 논의하고, 경우에 따라서는 합의하는 과정과 공유의 시간이 필요하다.

인간의 평균 수명이 길어지고, 유병 기간도 늘어나는 고령화 시대에 부부 관계를 건강하고 행복하게 유지하는 것도 간단한 일은 아니다. 시간이 지날수록 경제적인 어려움이 가중될 수 있고, 배우자 한쪽의 질병 발생으로 간호 문제가 발생할 수 있으며, 급기

야는 부부 간의 동시 질병 발생으로 서로 돌볼 수 없는 상황이 발생할 수도 있다. 따라서 이에 대한 부부 간 대처 방안과 사전 준비가 필요하다. 배우자 사망 이후 혼자 남았을 때의 상황에 대한 대책도 마련해야 한다. 의료 기술의 발달로 기대 수명은 현재보다 점점 더 늘어날 것이 확실하기 때문이다. 물론 국가에서 고령화 시대에 따른 의료 및 사회복지, 연금 등 경제적 차원에서 다양한 정책을 마련해야 하는 것은 국가 본연의 당연한 의무라는 점도 더해져야 한다.

죽음에 이르는 과정: 이해하고 받아들이기

1) 나도 치매에 걸릴 수 있다

보건복지부가 2023년 발표한 〈치매역학조사 및 실태조사 결과〉에 의하면, 2025년 국내 치매 환자 수는 97만 명(치매 유병률 9.17%)이다. 2026년에는 치매 환자 수가 100만 명을 넘어설 것으로 보고 있고, 2044년이 되면 치매 환자가 200만 명을 넘어설 것으로 추정되고 있다. 치매 유병률은 65세 이상 인구 중 치매 환자 수의 비율을 의미하는 것인데, 이것은 65세 인구 10명 중 1명은 치매에 걸릴 수 있다는 의미이다(보건복지부, 2013). 치매와 관련하여 노인 부부들에게 있어서 중요한 문제는 치매의 관리와 그 비용이다. 치매 환자 1인당 연간 관리 비용은 지역사회 거주 환자의 경우 1733.9만 원, 시설·병원 거주 환자 경우는 3138.2만 원이다. 우리가 주의를 기울여야 할 중요한 점은 의료비보다 돌봄비가 더 높다는 것이다. 이는 가족에게 경제적 부담을 줄 뿐만 아니라 독거노인의 경우에는 문제가 더욱 심각하다.

2023년 치매 환자의 치매 관리 비용

구분	지역사회 거주 환자	시설 / 병원 거주 환자
총치매 관리 비용	1733.9만원	3138.2만원
보건의료비[1]	438.2만원	1489.1만원
돌봄비[2]	1162.2만원	1533.1만원
간접비[3]	133.5만원	116.0만원

출처: 보건복지부, 〈2023년 치매역학조사 및 실태조사 결과 발표〉 보도 자료(2025. 3. 15.)

2) 나도 혼자 사는 고령자가 될 수 있다

통계청이 지난 2024년에 발표한 〈2024 고령자 통계〉 자료에 의하면, 2023년 한국에서 혼자 사는 65세의 고령자 가구는 213만 8천 가구로 전체 고령자 가구의 37.8%를 차지하고 있는데, 이들 혼자 사는 고령자의 18.7%는 '도움받을 수 있는 사람이 없는 것'으로 조사되었다. 또한, 혼자 사는 고령자의 주관적 건강 평가는 전체 고

---

1 보건의료비: 병원입원비, 병원진료비, 약재비
2 돌봄비: 장기 요양비, 간병비, 병원 이용 교통비, 보조용품 구입비
3 간접비: 환자 시간 비용, 보호자 시간 비용, 환자 생산성 손실 비용

령자에 비해 부정적인 것으로 나타났다.[4] 이러한 통계 자료는 65세 고령자 10명 가운데 4명은 혼자 사는 1인 가구라는 점을 보여 준다. 또한, 자녀나 지인들의 도움을 받을 수 없는 1인 가구도 약 20%에 이른다는 점 역시 초고령 시대를 살고 있는 한국의 부부들이 웰에이징을 위해 사전에 고려해야 할 사항이다. 부부 두 사람 중 어느 한쪽이 치매에 걸리게 되면, 질병을 앓는 사람의 고통은 이루 말할 수 없지만, 돌봐야 하는 다른 한쪽의 고통 또한 노인으로서 감내하기 쉬운 일이 아니다. 부부 웰에이징이란 이런 미래의 일을 예측하여 서로 건강하기 위한 계획을 세우고 실천하며, 경제적 준비를 철저히 하는 것까지 포함한다.

3) 나도 무의미한 연명 치료자가 될 수 있다

정부는 지난 2018년 국민들이 인간으로서 존엄한 죽음을 맞이할 수 있도록 무의미한 연명 치료를 중단할 수 있는 '호스피스·완화의료 및 임종 과정에 있는 환자의 연명의료결정에 관한 법', 이른바 웰다잉법을 제정했다. 이 법의 목적은 '연명의료와 연명의료 중단에 관한 사항을 규정함으로써 환자의 자기결정권을 존중하고, 인간으로서의 존엄과 가치를 보호하는 것'으로 규정하고 있다. 요약하면, 죽음에 대한 자기결정권 존중으로 임종 과정에서 무의미한

---

4   통계청, 〈2024 고령자 통계〉, 보도 자료(2024. 9. 26.)
    (https://www.kostat.go.kr/board.es?mid=a10301010000&bid=10820&act=view&list_no=432917)

연명 치료로 인한 인간의 존엄성 훼손을 방지하려는 목적을 가지고 있다고 하겠다. 이에 따라 '사전연명의료의향서' 작성자는 지난 2024년 250여만 명에 이르는 것으로 조사되었다.

 이처럼 초고령 시대를 살고 있는 한국인들의 죽음에 대한 준비는 나도 배우자도 치매에 걸릴 수 있고, 배우자를 먼저 보내고 1인 가구로 살 수 있으며, 무의미한 연명 치료 대상자가 될 수 있다는 사실을 마음속 깊이 인식하고 받아들이는 것이다. 요즘 한국 사람들은 이런저런 이유로 요양원 또는 요양병원에서 죽음을 맞이할 가능성이 가장 크다. 모든 인간은 태어남이 있으면 죽음이 있다. 이러한 사실은 아직 변하지 않는 진리이다. 따라서 부부 웰에이징을 위한 방법의 하나로 죽음의 준비를 어떻게 할 것인가의 문제는 누구에게나 중요한 일이다. 사람이 태어나서 누구든지 죽음에 이르는 과정에서 벗어날 수는 없다. 웰에이징이란, 사람이 살면서 일찍부터 이러한 사실을 인식하고 수용할수록 유익하다는 점이다. 그 이유는 부부가 되어 언젠가는 닥쳐올 죽음에 대한 준비를 체계적으로 잘하는 것도 필요하지만, 웰에이징이 삶을 어떻게 살 것인가에 대한 물음 그리고 실존적 존재로서 죽음을 받아들이고 수용하는 '자기결정권'의 존중이 중요하다는 점을 제대로 인식하도록 해 주기 때문이다.

3장

부부를 불행하게 만드는 요인들

경제적 문제

　전혀 다른 환경에서 살아오면서 이질적인 가치관을 지니게 된 남녀가 만나서 결혼하고, 이른바 결혼 생활이라는 것을 영위하다 보면 여러 가지 문제가 많이 발생하기 마련이다. 그중에서도 부부로서 경제적인 문제에 부닥치는 것은 피할 수 없는 현실이다. 결혼 전 주택 마련을 위한 경제적 분담으로부터 시작하여 결혼과 동시에 생활비 지출의 주체 정하기, 양가 부모님 용돈 액수 정하기 등 결혼 생활 동안 부부가 당면하게 되는 크고 적은 돈 문제는 결코 적은 것이 아니다. 돈 문제는 부부가 서로 협심하여 슬기롭게 풀어나가야 서로 간에 신뢰 형성은 물론 행복한 결혼 생활도 가능하게 만든다. 부부가 돈에 대해서는 완전히 의연하거나 초월하여 돈 문제가 결혼 생활에 전혀 갈등 요인으로 떠오르지 않도록 하면서 살아갈 수 있는 묘책은 거의 없다고 봐야 할 것이다. 우리 주위에서 교회의 목사나 결혼을 한 스님들을 보더라도 그들 역시 어느 부부들처럼 비슷하게 돈 걱정을 하면서 살아가는 모습을 볼 수 있다. 돈을 벌고, 쓰고, 저축하는 일련의 가정 경제적인 문제는 결혼 생활에 중요하게 영향을 미치고, 이 문제를 잘 풀어내지 못하면 부부 간에 불신이 쌓이기도 하고, 갈등을 일으키는 원인이 되는 것은 분명한 사실이다.

한 남자와 한 여자가 서로 다른 환경에서 생활하다가 만나서 마음이 가고 오면서 하나의 가정을 만들게 된다. 살다 보면 아이들이 태어나고 하나의 가정 또는 가족이라는 집단을 완성해 간다. 돈이 풍족해서든지, 아니면 가난해도 돈에 초연해서든지 결혼 생활 동안 돈 문제로 서로 옥신각신하지 않는 경우도 있을 것이다. 하지만 부부 간 갈등이나 이혼이 돈 문제로부터 비롯된다고 인식하는 경우는 적지 않다. 우리 연구소와 한국여론리서치가 공동으로 조사한 결과에서도 금전적인 문제로 배우자와 다툰 적 있다는 응답이 35.8%로 나타났다. 큰돈이 들어가는 주택의 구입에서부터 자동차 구입, 자녀들의 학비 부담, 친정과 시댁 부모에 대한 용돈 액수 및 부부 각자의 씀씀이 행태까지 크고 작은 경제적인 문제는 부부 간 갈등 유발 요인이다. 그중에서 부부 간의 부채는 단순히 돈을 빌리고 갚는 문제를 넘어서 서로에 대한 신뢰와 관계를 시험하는 무거운 짐이 되는 경우가 많다. 과거에는 남편이 버는 돈을 모두 아내에게 맡기고 관리하도록 하던 관습으로부터 최근에는 맞벌이 부부가 증가하면서 가정 운영에 들어가는 돈은 공동으로 각출하여 사용하는 경우도 많다. 앞의 공동 조사 결과를 보면, 부부와 함께 공동으로 맞벌이를 한다는 응답이 55.3%를 차지하고 있고, 가정의 경제권을 공동으로 가지고 비용의 공동 관리를 하고 있다는 응답은 47.0%에 이르는 것으로 나타났다. 가정을 운영하는 방식이 전통적 방식으로부터 많이 달라지고 있다는 것을 알 수 있다. 이런 분위기 속에서 웰에이징을 위한 부부 간의 삶의 방식도 달라져야 할 것이다. 경제운용에는 부부 상호 간 긴밀한 협의와 합의가 반드시 필요하다.

예를 들어, 남편이 다니던 직장을 그만두고 평소 하고 싶어 하던 사업을 하고자 하여 부족한 돈을 아내에게 빌리는 경우가 있을 것이다. 남편은 사업을 통하여 큰돈을 벌어 아내의 돈도 갚고, 노후도 더욱 알차게 준비하는 것이 목적이라고 사업 계획을 설명할 것이다. 하지만 사업이라는 것이 어디 그리 쉬운 일인가? 아내는 남편의 실력을 믿든 안 믿든 간에 돈을 빌려줄 수밖에 없을 터이다. 사업이 잘되면 좋겠지만, 잘못되면 추가로 돈이 들어가야 하거나 심지어는 투자한 돈을 모두 잃고 빚을 지게 되는 경우도 적지 않다. 드라마 속의 이야기처럼 남편은 빚 때문에 힘들어하고, 아내는 남편을 믿었던 자신이 바보 같았다고 생각하며 실망감에 휩싸이게 된다. 이러한 상황은 부부 사이에 깊은 골을 만들고, 서로를 향한 믿음과 사랑을 갉아먹을 수 있다.

이처럼 부부 간 돈 문제는 첫째로 서로 간에 신뢰를 손상할 수 있다. 돈을 빌려준 배우자는 돈을 빌린 배우자를 의심하고, 돈을 빌린 배우자는 빌려준 배우자의 의심에 상처를 받는다. 의심이 입으로 말이 되어 나오면 큰 갈등으로 발전하기도 한다. 둘째로는 공평성의 문제를 일으킨다. 돈을 빌려준 배우자가 돈을 빌린 배우자보다 더 많은 희생을 감수해야 하는 경우, 불공평함을 느끼고, 불안에 빠지거나 부정적 감정을 표출할 가능성은 얼마든지 있다. 셋째로, 소통의 단절 가능성이다. 부부 간에 돈 문제를 솔직하게 이야기하지 않고 감추려고 하거나, 돈 문제로 인해 싸우게 되는 것을 두려워하여 대화를 회피하면 부부 사이의 소통이 단절된다. 이것은 당연히 가정사 전반에 대하여 의견 교환을 막는 쪽으로 발전하게 된다.

이와 같은 맥락에서 볼 때, 결혼 생활에 있어서 경제적 안정은 부부 관계를 더욱 단단하게 만들어 주고 신뢰할 수 있도록 해 준다는 데 있어서 웰에이징의 중요한 조건이 된다. 결혼 생활을 통하여 경제적 준비 부족이 가져오는 구체적인 문제점들을 살펴보면 다음과 같다.

경제적 문제와 마음의 여유

결혼 생활을 해 나가는 부부 역시 경제적 단위인 개인의 집합체이기 때문에 경제적 문제로부터 완전히 자유롭기는 어렵다. 소득의 주체인 부부 중 그 누구라도 경제적으로 압박을 받으면 그것은 스트레스로 마음의 압박을 가하여 정상적인 행동에 장애를 가져오게 만든다. 부부를 구성하는 남편과 아내인 개인이 경제적으로 안정되어 있다는 생각을 갖게 되면 그것은 스트레스를 줄이고 부부 관계를 더욱 단단하게 만들어 준다. 이것에 이의를 제기할 사람은 없을 것이다. 반대로, 돈이 부족하다면 빠듯한 생계나 빚 등으로 인해 부부 간에 다툼이 잦아질 가능성은 커진다. 돈에 여유가 없다고 인식하는 정신적 구속에서 벗어나는 것은 결혼 생활이 더 행복해지기 위한 중요한 조건이 된다. 경제적으로 여유가 있다거나, 또는 돈으로부터 심리적으로 자유로운 상태는 삶에 있어서 안정감과 삶의 만족도를 높이는 데 기여한다. 경제적 자유란 돈을 많이 벌기 위해 밤낮을 가리지 않고 악착같이 일을 하는 것과 같은 여유 없는 상태나 돈의 노예가 되는 듯이 행동하는 것과는 사뭇 다르다. 우리 주변에는 돈의 노예가 되어 경제적으로 풍족한데도 불구하고 마음의 여유를 갖지 못하는 사람들은 얼마든지 있다. 재산이 수백억 원에 이르는데도 불구하고 돈을 모아야 직성이 풀리는 개인적 특성에 매몰되어 가족 구성원이 원하는 즐거운 휴일 행사를 외면하고 일하는 사람은 주변 사람의 마음도 불안하게 만든다.

경제적 문제와 심리적 불안

경제적 자유가 심리적 안정에 미치는 영향을 연구한 심리학 분야 연구들은 돈이 불안감을 줄이고, 더 나아가 심리적 안정감을 제공한다고 주장한다. 예를 들어, 2010년 프린스턴대학교의 연구에 따르면, 연간 소득이 약 75,000달러(한화 약 1억 원)를 초과할 때, 더 이상의 소득 증가가 일상적 행복에 큰 영향을 미치지 않는다고 밝혔다. 즉, 어느 정도의 경제적 안정은 삶의 필수적인 행복을 제공한다. 그러나 그 이상의 돈은 행복에 큰 변화를 주지 않는다는 것이다. 이 연구는 기본적인 재정적 안정이 스트레스를 크게 줄여 준다는 것을 시사하고 있다. 예를 들어, 월세, 생활비 그리고 비상 상황에서 필요한 의료비에 대한 걱정이 없다면 더 자유롭게 삶을 즐기고, 마음의 평화를 찾을 수 있다는 것이다. 실제로 생활비를 충당하는 데 어려움을 겪는 사람들은 불안, 우울증과 같은 정신적 건강 문제에 더 많이 직면하는 경향이 있다고 한다. 특히 결혼 생활 중 불어나는 부채는 심리적 안정을 해치는 데 중요하게 영향을 미친다.

부부가 가정을 운영하면서 빚을 지지 않은 것은 행복을 만드는 중요한 조건 중 하나이다. 특히 부채는 경제적 자유를 방해하는 가장 큰 요인 중 하나이다. 더욱이 고금리 부채는 가정에 재정적 불안을 가중시키며, 장기적으로 심리적 스트레스를 유발한다. 하지만 가정을 꾸려 나가다 보면 자녀의 학비, 주택 마련을 위한 대출 등 부득이하게 빚을 져야 하는 경우는 많다. 이때 부부는 한 가지 중요한 원칙으로 '나쁜 부채'와 '좋은 부채'를 구분할 수 있을 것이다. 예를 들어, 학자금 대출이나 주택 담보 대출처럼 미래 가치를 창출할 수 있는 부채는 좋은 부채로 볼 수 있다. 반면, 소비를 위한 대출은 나쁜 부채로 간주해야 한다. 이런 형태의 부채는 아예 만들지를 말거나 최대한 빨리 상환하는 것이 행복한 부부 생활을 위하여 좋다.

실제로 많은 사람들이 신용카드 빚으로 인한 스트레스에 시달린다고 한다. 한국은행에 따르면, 2023년 기준으로 가계부채가 사상 최대를 기록했으며, 이로 인해 심리적 부담을 느끼는 사람이 많아지고 있다는 것이다. 이러한 부채로부터 벗어나는 것이 부부와 가정의 건강과 가정의 행복을 위해 바람직하다는 것은 누구나 다 아는 사실이다. 이를 위해서는 고금리 부채부터 우선 상환하고, 무리한 소비를 줄여 나가야 할 것이다.

경제적 문제와 선택의 제약

돈이 인간에게 주는 혜택이나 복지 중에는 삶의 가치와 의미성에 중요하게 영향을 미치는 것으로 선택의 자유와 자율성이 있다. 바꾸어 말하면, 돈이 부족하면 인간은 선택의 자유나 자율성에서 제약을 받고 그것은 또 심각한 스트레스로 작동한다. 보고 싶은 친구를 만나서 함께 차라도 나누어 마시면서 이야기를 나누고 싶은데 현실적으로 돈이 없으면 그 의지는 꺾이게 되고 좌절할 수 있다. 가난하여 배우자의 생일 선물을 하지 못해 괴로워하는 아내나 남편의 모습은 소설뿐만 아니라 현실에서도 얼마든지 목격할 수 있다. TV 드라마에는 돈 없는 사람들이 자신의 신세를 한탄하는 장면이 심심치 않게 등장한다. 특히, 결혼하고 부모가 되어서 애지중지 키우는 자식들이 돈의 제약을 받거나 그들이 하고 싶은 것을 돈 때문에 할 수 없게 되는 현실에 직면하게 되면 부모로서 큰 좌절감에 빠지는 것을 볼 수 있다.

경제적 자유란 단순히 더 많은 돈을 버는 것을 뜻하지는 않는다. 더 많은 선택의 기회를 제공한다는 뜻이다. 경제학의 원리에 따르면 소비자가 제한된 자원 내에서 최대의 효용을 얻기 위해 선택을 하게 되는 것을 말한다. 똑같은 1만 원을 가지고 소비를 할 때 어떤 사람은 매우 만족하는 반면, 또 다른 사람은 돈이 너무 부족하다고 느낄 수 있다. 100억 원의 재산을 가지고 있는 사람이 자신은 너무 가난하다고 생각하고 행동할 수도 있고, 10억 원의 재산을 가진 또 다른 사람은 자신은 매우 부유하다고 생각하여 여유 있게 행동할 수도 있다.

경제적으로 풍족하다는 심리적 상태는 객관적 지표도 있지만, 주관적 측면이 크게 작용한다. 경제적 자유감은 이러한 제한을 완화하여 더 많은 선택권을 주게 되며, 이는 자율성과 행복에 긍정적인 영향을 미친다. 예를 들어, 경제적 자유가 있는 사람은 자신의 직업을 선택할 때 금전적인 이유보다는 자신의 가치관과 흥미에 맞는 일을 선택할 수 있다. 이러한 선택의 자유는 심리적 안정에 기여함으로써 삶에서 균형감을 찾게 해 준다. 자율결정이론(Self-Determination Theory)에 따르면, 자율성이 있는 상황에서 사람들은 더 높은 성취감을 느끼고, 일과 생활에서의 스트레스가 줄어든다. 경제적 자유는 매사의 개인행동에 자율성을 부여함으로써 자기 삶을 주도적으로 이끌어 갈 수 있도록 한다는 데 큰 의의가 있다. 경제력은 이와 같은 자율성에 크게 영향을 미친다.

은퇴 후의 빈곤과 소외

누구든지 은퇴도 하고 노인이 되면 신체적 기능의 쇠퇴와 함께 사회적 역할도 점점 축소된다. 사회적 역할이 줄어든다고 해서 생활하는 데 돈이 적게 들어갈까? 그것은 개인이 처한 상황에 따라서 다를 것이다. 하지만 대부분의 개인이 노후에 경험하는 공통적인 지출도 있다. 그것은 의료비용이다. 노화현상과 함께 신체적 기능이 쇠퇴하게 되면 아무래도 젊을 때와 비교하여 더 많은 의료비용이 추가로 더 필요하게 된다. 한국 사람은 노인이 되어서 사망할 때까지 생애 의료비의 70%를 평균적으로 사용하는 것으로 알려져 있다. 평생 지출하는 의료비의 대부분이 노년기에 집중되어 있음을 알 수 있다. 노년기에 부부가 건강한 삶을 살아가려면 아플 때를 대비하여 양질의 치료를 받을 수 있는 적정 수준의 저축은 꼭 필요하다. 아파도 병원에 갈 돈이 없다면 그의 삶을 결코 복되거나 행복한 삶이라고 하기 어렵다.

경제적 측면에서 볼 때 부부가 질병을 치료하고 건강을 지키기 위해서는 고정된 소득 외 추가 소득이 필요할 것이다. 일종의 예비비와 같은 개념이라고 볼 수 있다. 일본의 경우에 60세 이상의 고령자들에게 꼭 돈을 쓰고 싶은 곳을 질문한 결과, 가장 먼저 그리고 많이 사용하고 싶은 곳이 건강 유지를 위한 의료 비용이었다. 마찬가지로 일본에서 60세 이상의 고령자들에게 저축하는 목적을 묻는 응답 결과도 '질병 치료와 요양의 준비'였다(도쿄대학교 고령사회 교과서, 2017). 여기에 더하여 부부가 기본적인 의식주를 유지하기 위한 비용 역시 고정적으로 들어간다.

갈수록 은퇴 후 생존 기간이 길어짐에 따라 행복한 노년을 위하여 노인들도 다양한 경제활동에 참여하여 소득을 확보하는 것이 당연시되고 있다. 한국 사회에서 노인들이 스스로 마련할 수 있는 소득원으로는 일과 직업을 통한 근로소득, 연금, 저축을 통한 재산소득 있다. 의존적인 소득으로는 자녀나 친척으로부터의 지원, 정부나 민간 단체의 지원이 있을 수 있다. 보건복지부와 한국보건사회연구원에서 2020년에 실시한 우리나라 노인 실태에 대한 조사 결과에 따르면, 노인들의 개인소득은 2008년 700만 원에서 2020년에는 1,558만 원으로 계속 증가하는 등 노인의 경제적 자립성이 높아지는 것으로 나타났다. 또한 65세부터 69세까지의 경제 활동 참여율은 2008년 39.9%에서 55.1%로 증가했으며, 경제 활동에 참여하고 있는 노인의 47.9%는 월 150만 원 이상의 근로소득을 올리고 있는 것으로 조사되었다. 이것은 개인의 신체 나이가 갈수록 젊어져서 쉬지 않고 일을 해도 되는 긍정적 측면이 있는 반면에 노후를 원활하게 영위할 수 있는 돈이 부족하여 어쩔 수 없이 노동에 종사해야 하는 경우도 증가하고 있다는 것을 보여 준다.

요즘 은퇴 부부가 도시 생활에 필요한 돈의 적정액을 조사하는 연구가 많은데, 그 액수가 최저 250만 원부터 최고 550만 원까지 격차가 심하다. 노부부가 생활하는데 들어가는 돈이 많을수록 상대적으로 윤택한 생활을 한다는 뜻이고, 적을수록 최저한의 생활을 한다는 뜻일 것이다. 하지만 늙어서 특별히 돈이 더 많이 들어가는 이유는 몸을 고쳐서 써야 하는 경우가 많기 때문일 것이다. 이처럼 늙어서 돈이 없을 때 가장 위험한 것은 첫 번째로 건강한 생활을 유지하기 어렵다는 것이다. 부부가 늙어서 화목하게 살기 위해서는 운동이나 악기 다루기와 같은 취미 생활도 함께하고, 여행도 같이 다니며 행복한 대화를 나누는 것이 웰빙의 기본인데, 이때 부부 어느 한쪽이나 양쪽 모두 건강이 악화되어 보살핌을 받아야 하는 상황이라면 행복감을 갖기가 어려울 것이다. 젊어서는 건강을 키우기 위해서 돈이 들어가지만 늙어서는 망가지는 몸을 고쳐서 쓰기 위한 돈이 더 많이 필요하다.

늙어서 돈이 없어서 발생할 수 없는 두 번째의 문제는 외로움과 소외감이다. 기본적으로 인간은 사회적 동물이다. 사람들과 교감을 함으로써 존재한다는 의식이 생긴다. 다수의 발달심리학자들은 한 개인에게 있어서 은퇴(retirement)란 중년기에서 노년기에 이르는 기간에 적응해야 할 중요한 발달과업으로 본다. 은퇴에 대한 노인들의 태도를 보면, 1/3 정도는 은퇴를 기쁜 마음으로 기대하고, 1/3은 걱정과 불안을 느끼며, 다른 1/3은 은퇴에 대하여 생각조차 하기 어려울 정도로 강한 두려움을 갖는다고 한다(송명자, 1995). 은퇴자들의 3분의 2 정도는 일상생활에서 불안감을 안고 지내거나 심리적, 경제적 이유로 아예 사회적으로 유리되는 선택을 하기도 한다. 이런 인간의 소외 관련 연구는 정치, 경제, 사회, 종교 및 철학 등 다양한 측면에서 이루어지고 있다.

우선, 정치적 소외란 인간이 만들어 낸 산물인 정치 제도에 보편적이고 타당한 권위가 있다고 간주하고, 여기에 인간이 지배되거나 속박될 때 나타나는 소외를 말한다. 종교적 소외란 인간의 삶을 매우 고통스럽다고 봤기 때문에 인간은 구원을 원하게 된다는 것이다. 인간은 자신의 고통에 대한 보상으로서 욕망을 외부의 환상적 존재에 투사하여 그 힘에 인간이 매몰될 때 나타나는 소외를 말한다. 중세 때는 이와 같은 종교적 소외를 이용하여 종교인들이 왕보다 더 높은 위치에서 대중을 지배하는 것이 가능했다. 철학적 소외란 인간이 스스로 생각하는 과정에서 나타나는 소외이다. 사람은 생각하는 과정에서 절대 불변의 진리가 있다고 위임해 버리고, 위임된 지식체계에 인간이 지배당할 때 소외가 발생한다는 것이다. 또한, 경제적 소외란 독일의 경제학자이자 철학자인 마르크스가 주장한 이론으로 그 내용은 인간이 만들어 낸 산물을 인간이 소유하거나 지배하지 못하고, 그 산물이 독립된 외부적 힘을 이루어서 그 힘에 인간이 지배당할 때 소외가 된다는 것이다.

사회적 관계 구성 측면에서 볼 때 노년기는 다른 사람들과의 사회적 교류가 상대적으로 줄어드는 시기다. 은퇴 후에 자연스럽게 일어나는 개인의 사회적 관계의 범위와 영향력의 축소는 개인에 따라서 정도의 차이는 있지만, 심리적으로 우울감이나 상실감을 불러일으키기도 한다. 가족, 친구, 이웃으로부터 보살핌과 지지를 받는 사회적 지원 체계는 노년기 신체의 건강과 심리적 안녕에 큰 영향을 미친다. 즉, 강한 사회적 지지망은 장수의 가능성을 높여 준다. '유리(遊離) 이론(disengagement theory)'에 따르면, 노인과 사회가 서로 자발적으로 분리된다고 설명하고 있다. 노인은 나이를 먹어 갈수록 자신에게 닥쳐오는 생의 마지막을 예견하면서 스스로 사회적 활동량을 줄이는 반면, 자신의 내면 성찰에 주력하여 바쁘고 어려운 일상에서 벗어나 평온한 삶을 살아가는 경향이 있다. 하지만 노인은 몸과 마음이 젊을 때와는 다르게 노화되었기 때문에 일과 사회적 역할로부터 점차 벗어나 자유로워지는 과정을 밟는 것이 평온한 삶을 살게 되는 웰에이징이라는 주장도 제기된다. 물론, 노인들이 처한 사회경제적 상황에 따라서 어떤 경우에는 노년기라도 자신의 노련한 경험과 전문성으로 더 나은 사회적 지위를 확보하는 경우도 있다. 따라서, 모든 노인이 유리의 과정을 밟는다고 볼 수는 없을 것이다.

자녀 교육의 어려움

현대 사회에서의 자녀 교육 부담

부부가 행복한 결혼 생활을 유지하는 데 있어 자녀 교육은 매우 중요한 요소이다. 부모는 자녀가 올바른 가치관을 형성하고 사회에서 성공적으로 자리 잡기를 바라며, 이를 위해 다양한 교육적 지원을 아끼지 않는다. 현대 사회에서는 부모의 교육적 역할이 단순히 학업 지원을 넘어 정서적·사회적·심리적 발달을 위한 다양한 활동을 포함하게 되었다. 예를 들어, 유아기에는 정서적 안정과 사회성 발달을 위한 놀이 활동이 강조되며, 초등학교 시기에는 인성 교육과 창의력 개발이 중요한 요소로 떠오르고 있다. 중·고등학교 시기에는 입시 준비뿐만 아니라 다양한 비교과 활동이 요구되면서 부모의 역할이 더욱 복잡해지고 있다. 이처럼 현대 사회에서는 교육 환경이 빠르게 변화하면서 부모의 부담이 과거보다 훨씬 커지고 있다.

특히, 한국 사회는 치열한 교육 경쟁 구조를 가지고 있다. 유치원부터 대학교 입학까지 교육 과정 전반에서 높은 성과를 요구받으며, 부모들은 자녀가 경쟁에서 뒤처지지 않도록 최선을 다해야 한다는 압박을 받는다. 이러한 사회적 분위기 속에서 부모는 경제적·정신적·시간적 부담을 크게 느끼며, 이것은 부부 관계에도 부정적인 영향을 미칠 수 있다.

우리 연구소와 한국여론리서치의 공동 설문 조사에 따르면, 응답자의 18.3%가 '자녀의 성공을 위해 학교 성적을 어느 정도까지 중시해야 하는지에 대해 배우자와 의견이 다르다'라고 응답했다. 이처럼 부모가 기대하는 교육 목표가 다를 경우, 자녀 교육이 부부 갈등의 주요 원인이 될 수 있다. 또한 18.6%는 '자녀의 시간 관리에 부모가 어디까지 개입해야 하는지에 대한 의견 차이가 있다'라고 응답했다. 이는 부모의 양육 태도 차이가 자녀의 학습과 생활 습관 형성에도 영향을 미칠 수 있음을 보여 주는 것이다.

맞벌이 부부의 경우, 자녀 교육을 위한 시간이 부족해 죄책감을 느끼는 경우가 많다. 자녀와 함께하는 시간이 부족하다 보니 교육 과정에 적극적으로 개입하지 못하고, 그로 인해 자녀의 학업 성취도나 생활 습관에 대한 걱정이 커지게 된다. 또한, 한쪽 배우자가 자녀 교육을 주로 담당하게 되면서 역할이 불균형해질 경우, 부부 간의 갈등이 더욱 깊어질 가능성이 크다.

부부의 교육관 차이에서 오는 갈등

　부부가 자녀를 양육하는 과정에서 흔하게 발생하는 문제 중 하나는 서로 다른 교육관이다. 한 배우자는 창의적이고 자율적인 교육을 선호하는 반면, 다른 배우자는 전통적인 학업 중심 교육을 강조할 수 있다. 예를 들어, 한쪽 부모는 '아이의 창의성과 인성을 길러 주는 것이 중요하다'라고 생각하는 반면, 다른 한쪽은 '좋은 성적과 대학 입학이 우선'이라고 여길 수 있다.

　이런 교육관의 차이는 자녀의 학습 방법, 사교육 여부, 학습 습관 형성 등에 대한 갈등으로 이어질 수 있다. 특히, 한 배우자가 '아이의 적성과 흥미를 존중해야 한다'라는 입장이라면, 다른 배우자는 '미래의 안정적인 직업을 위해 철저한 학업 관리를 해야 한다'라고 주장할 수 있다. 이러한 차이는 부모 간 갈등뿐만 아니라 자녀에게도 혼란을 초래할 가능성이 크다. 부모가 교육 방식에 대해 지속적으로 다투게 되면 자녀 역시 심리적으로 불안감을 느끼고 학습 동기를 잃을 수도 있다. 설문 조사 결과, 15.5%의 응답자가 '자녀에게 우선적으로 가르치려고 하는 덕목이 배우자와 일치하지 않는다'라고 답했으며, 10.7%는 '배우자가 자녀를 남들과 비교해서 화가 난 적이 있다'라고 응답했다. 부모가 교육 방식에 대해 지속적으로 다투게 되면 자녀 역시 심리적으로 불안감을 느끼고 학습 동기를 잃을 가능성이 크다.

　이러한 갈등을 해결하기 위해서는 부모 간의 충분한 대화와 타협이 필요하다. 예를 들어, 교육관이 다른 부부는 전문가 상담을 받아 보거나, 부모 교육 프로그램에 함께 참여하여 공통의 교육 목표를 설정하는 것이 도움이 될 수 있다. 또한, 부부가 교육 철학을 일치시키지 못하더라도 자녀가 혼란을 겪지 않도록 일관된 교육 방침을 마련하는 것이 중요하다.

사교육과 경제적 부담

한국 사회에서 사교육은 더 이상 선택이 아닌 필수로 여겨지는 경향이 있다. 많은 부모가 자녀의 성공을 위해 과외, 학원, 학습지 등을 적극 활용하며, 이는 가정의 경제적 부담으로 작용한다.

특히 대도시에 거주할수록 사교육비 지출이 높아지는 경향이 있다. 명문 대학 진학을 목표로 하는 가정에서는 초등학교 때부터 조기 교육을 시작하며, 중·고등학생이 되면 입시 학원, 과외, 모의고사 비용 등으로 인해 교육비가 기하급수적으로 증가한다. 이런 재정적 부담은 부부 간 경제적 견해 차이로 갈등을 유발할 수 있으며, 경제적 여유가 없는 경우 생활의 질이 저하될 위험도 있다. 우리 연구소와 한국여론리서치와의 공동 설문 조사 결과, 14.9%의 응답자가 '금전적인 문제로 배우자와 다툰 적이 있다'고 응답했다. 이는 사교육을 포함한 경제적 부담이 단순한 가계 운영 문제를 넘어 부부 관계에도 영향을 미칠 수 있음을 시사한다. 또한, 13.7%의 응답자가 '자녀 교육 문제로 인해 부부 갈등을 경험한 적이 있다'고 답하였는데, 자녀 교육으로 인한 부부 갈등의 원인 중 사교육으로 인한 경제적 부담도 관련이 있을 것으로 보인다.

사교육에 대한 부모의 기대가 클수록 자녀는 심리적 압박을 받을 수 있다. 부모가 경제적으로 많은 투자를 했다는 이유로 자녀에게 높은 성과를 요구할 경우, 자녀는 스트레스를 받고 부모와의 관계가 소원해질 가능성이 크다. 사교육에 대한 과도한 의존도는 부모와 자녀 간의 관계뿐만 아니라 가족 경제에도 장기적인 악영향을 미칠 수 있다. 사교육에 대한 압박으로 자녀의 행동에 이상이 발생하면 그것은 부부 간에 책임 소재와 같은 문제로 갈등을 일으키는 요인이 될 수 있으므로 유의해야 한다.

부모의 기대와 자녀의 현실 간 괴리

많은 부모가 자녀에게 높은 기대를 하지만, 자녀의 실제 성취와 부모의 기대 사이에는 종종 괴리가 발생한다. 부모는 최선을 다해 자녀를 지원했음에도 불구하고 원하는 결과를 얻지 못하게 되는 경우에 실망감을 느낄 수 있다. 이는 부부 간 '우리가 충분히 노력하지 않았다'라는 죄책감으로 이어질 수도 있다.

우리 연구소와 한국여론리치와의 공동 설문 조사 결과, 10.4%의 응답자가 '자녀 교육에 대한 나의 역할을 배우자가 존중해 주지 않아 속상하다'라고 답했다. 이는 부모 간 교육적 기대 차이가 클 경우, 자녀뿐만 아니라 부부 관계에도 영향을 미칠 수 있음을 시사한다. 또한 부모의 기대가 클수록 자녀의 심리적 부담도 증가하는 경향이 있으며, 12.8%의 응답자는 '자녀가 부모의 기대를 맞추기 위해 지나치게 부담을 느낀다'라고 응답했다.

이러한 괴리는 부모의 기대가 과도하게 설정되어 있을수록 더욱 커진다. 부모는 자신이 이루지 못한 꿈을 자녀에게 기대하거나, 사회적 기준에 따라 자녀를 평가하는 경향이 있다. 하지만 이런 기대는 자녀에게 심리적 압박감을 줄 수 있으며, 결국 자녀의 자존감을 떨어뜨릴 위험이 있다. 부모가 자녀의 성적이나 대외적 성취를 지나치게 강조하는 경우, 자녀는 실패에 대한 두려움을 가지게 되고, 이는 학습 동기와 창의성 저하로 이어질 가능성이 크다. 따라서 부모가 자녀의 현실을 인정하고 받아들이는 과정은 매우 중요하다. 자녀가 자기 적성과 관심에 맞는 진로를 선택할 수 있도록 지원하는 것이 장기적으로 더 긍정적인 결과를 가져올 수 있다. 또한, 부모는 자녀가 사회적 성공보다 행복한 삶을 영위하는 것이 중요하다는 점을 인식하고, 이를 위해 정서적 지지를 아끼지 않아야 한다.

자녀 양육과 부부 관계의 균형

부부가 자녀 교육에 집중하다 보면 자연스럽게 부부 관계가 소홀해질 수 있다. 특히 자녀의 학업과 관련된 문제를 함께 해결하는 과정에서 부부 간 대화의 주제가 교육 문제로만 집중될 경우, 서로에게 관심이 줄어들고, 부부 관계가 점점 소원해질 가능성이 크다.

우리 연구소와 한국여론리치와의 공동 설문 조사 결과, '자녀 교육 문제로 인해 부부 갈등을 경험한 적이 있다'는 응답이 13.7%였으며, '자녀 교육으로 인한 갈등이 부부 관계에 부정적인 영향을 미친다'라고 응답한 비율은 14.8%로 나타났다. 이는 자녀 교육이 단순히 부모 역할에만 영향을 주는 것이 아니라, 부부 관계 전반에도 부정적인 영향을 미칠 수 있음을 보여 준다. 이러한 문제는 장기적으로 부부 관계에 부정적인 영향을 미칠 수 있다. 많은 부부가 자녀를 키우는 과정에서 배우자의 역할보다 부모의 역할을 더욱 강조하는 경향이 있다. 하지만 자녀가 성장하고 독립할 시기가 오면 부부는 다시 두 사람만의 관계로 돌아가야 한다. 만약 그동안 부부 관계를 유지하기 위한 노력이 없었다면, 자녀가 떠난 후 관계의 공허함을 느낄 가능성이 크다.

건강한 부부 관계를 유지하기 위해서는 일정한 주기로 함께 시간을 보내는 것이 중요하다. 예를 들어, 부부만의 정기적인 대화 시간을 갖거나, 공통된 취미 활동을 찾는 것이 효과적일 수 있다. 또한, 자녀 교육과 부부 관계를 병행하기 위해서는 서로에 대한 감정적 지지를 강화하고, 지속적인 소통을 통해 서로의 역할과 기대를 명확히 하는 것이 필요하다.

결과적으로, 자녀 교육은 단순한 학업 지원을 넘어 부모와 자녀 그리고 부부 관계 전반에 영향을 미치는 중요한 요소다. 설문 조사 결과를 살펴보더라도 자녀 교육으로 인해 갈등을 경험한 부부들이 적지 않으며, 이러한 갈등이 부부 관계의 질에도 영향을 미치는 것으로 나타났다. 특히, 자녀 교육 문제로 인해 부부 갈등을 경험한 응답자가 13.7%에 이르렀으며, 자녀 교육으로 인한 갈등이 부부 관계에 부정적인 영향을 미쳤다고 응답한 비율은 14.8%였다. 이는 부모로서의 역할과 배우자로서의 역할이 서로 균형을 이루지 못하는 경우 부부 간의 유대가 약화될 수 있음을 시사한다. 또한, 경제적 부담 역시 주요한 갈등 요인으로 작용하며, 무리한 사교육비 지출이 가계 안정성을 저하시킬 수 있다는 점도 중요한 시사점으로 볼 수 있다.

결과적으로, 자녀 교육은 부부가 함께 논의하고 조율해야 할 중요한 문제이며, 이를 효과적으로 해결하기 위해서는 각자의 교육관을 공유하고 합의점을 도출하는 과정이 필수적이다. 또한, 공교육과 대체 학습 방법을 적절히 활용하여 경제적 부담을 줄이고, 부부 간의 감정적 지지를 강화하는 것이 필요하다. 무엇보다 중요한 것은 자녀 교육을 둘러싼 부모의 기대와 현실 사이에서 균형을 찾고, 부부 관계와 가정의 안정성을 함께 고려하는 태도를 유지하는 것이다. 이를 통해 자녀의 건강한 성장뿐만 아니라 가족 전체의 웰에이징을 실현할 수 있을 것이다.

부부 및 가족 간 소통의 문제

가족 간 소통의 중요성

많은 선진국에서 우리나라처럼 '가정의 달'이나 '어머니의 날' 또는 '아버지의 날'을 정하고 그 의미를 되새긴다고 한다. 미국 같은 경우, 어머니의 날에는 온 가족이 어머니를 대신해 아침 식사를 준비하고, 집안일도 가족들이 나누어서 한다. 우리나라처럼 카네이션을 선물하기도 하지만, 어머니가 특별히 좋아하는 꽃을 선물한다고 한다. 일본에서는 어머니의 날에 붉은 카네이션을, 아버지의 날에는 장미를 선물하는 전통이 있다고 한다. 꽃 선물 외에 전병이나 양갱, 화과자와 같은 전통 과자들과 와인, 위스키 등 간단한 술도 선물하는 것으로 전해진다. 중국에서도 자식들이 부모에게 꽃을 선물하는 전통을 갖고 있다. 중국에서는 주로 원추리 꽃을 선물하는데, 원추리의 꽃말이 '어진 어미'로, 당나라 태종이 어머니의 사랑을 기리며 심은 꽃이라는 전설에서 비롯되었다. 원추리의 한자 이름은 망우초(忘憂草)로, 이것은 근심을 잊게 해 주는 꽃으로 알려져 있다. 자식 입장에서 부모님의 근심 걱정이 사라지기를 바라는 마음으로 원추리 꽃을 선물하는 것이다. 이러한 전통이나 제도는 전 인류가 가정의 중요성을 인식하고 건강한 가정을 만들기 위해 적극적으로 노력하자는 취지에서 1993년 UN이 5월 15일을 '세계 가정의 날'로 정한 것에서 유래한다. 하지만 UN이나 각국 정부의 노력에도 불구하고, 현대 한국 사회에서 건강하고 행복하게 유지되는 가정은 점점 줄어드는 것처럼 보인다. 통계청 조사에 따르면, 2019년도에 1인 가구 비율이 30%를 넘어선 이후 계속 증가하는 것으로 나타났다. 가족 간의 갈등과 생활고로 가족 간에 살인이 종종 발생하는 등 가정의 붕괴가 가속화되고 있다는 비관적인 언론 보도도 나오고 있다(경향신문, 2025. 3. 12.).

가정(家庭)의 사전적 뜻은 부부와 자녀 등 혈연으로 맺어진 가족들이 모여 사는 공간이자 공동체이다. 가정이라는 조직은 기본적으로는 한 남자와 여자가 만난 부부로부터 출발한다. 오늘날 가정이 자꾸 분화되고 깨지는 이유는 문화적 영향과 함께 가정의 중심을 이루는 부부들이 그것을 잘못 운영하고 있기 때문이다. 사회학적 관점에서 가정은 사회를 구성하는 가장 작은 단위의 조직이다. 즉, 국가나 사회를 구성하는 세포라고 할 수 있다. 세포가 건강해야 몸이 튼튼하듯이, 사회나 국가도 가정부터 온전해야 부강해질 수 있다. 가정도 일반 조직처럼 온갖 정성을 다하여 운영될 때 그 구성원들의 만족과 행복감이 높아진다.

그렇다면, 행복하고 건강한 가정을 만들기 위한 방법은 과연 무엇일까? 그것은 모두가 잘 아는 것처럼 가족 구성원 각자가 자신의 위치에 맞는 역할과 책임을 다하는 것이다. 가정의 행복을 추구하고자 한다면 가장 근본적으로는 아버지와 어머니는 그들의 위치에 맞는 의무를 다해야 한다. 다음으로 자식들 또한 그래야 한다. 자식의 입장에서 자기 부모가 부모로서 당연히 해야 할 책무를 다하지 못한다고 인식하면 그들 또한 그릇된 생각을 할 수 있다. 이것은 부모 입장에서도 마찬가지이다. 자식들이 제 역할을 다하지 못하고 있는 것으로 인식되면 속이 상하고, 걱정이 많아지며, 일에 대한 의욕도 떨어진다. 때문에, 가족 간에는 자신이 처해 있는 상황을 사실대로 알리고, 상대방을 이해시키기 위해 소통하는 것이 매우 중요하다. 자신은 책임을 다하고 있다고 인식하더라도 상대방이 그렇게 느끼지 못하면 오해가 발생하기 때문이다.

우선 부부 간에 오가는 소통이 원활하고 따뜻해야 자식들이 마음 놓고 제 일을 할 수 있다. 부부 관계가 원만하지 못한 것은 소통의 부재나 불량한 소통의 탓인데, 부모가 이와 같은 모습을 보일 경우, 자식들은 방황하거나 자신감을 잃는 경우가 많다. 우리 연구소와 한국여론리서치의 공동 설문 조사 결과, 우리나라 부부들이 서로의 생각이나 의견을 잘 이해하고 있다고 응답한 비율은 65.8%로 나타났다. 34% 정도의 부부는 서로 소원하게 지낸다는 뜻이다. 이와 유사한 항목에 대한 답변으로 '우리 가족끼리 대화가 잘 이루어진다'라는 응답률은 55.2%를 보였다. 가족 간에 좋은 소통이 이루어지기 위해서는 핵심적으로 포함되어야 할 것은 진정으로 가족 내 다른 구성원을 아끼고 사랑하는 마음이다. 서로 대화를 나누는 데 있어서 상대의 마음을 다치게 하는 어법이나 태도는 가정이라는 공간을 숨쉬기 어렵게 만든다. 그만큼 가족 간에 사랑이 담긴 따뜻한 소통은 가족에게 원기를 불어넣는 에너지원이다. 부부들이 이혼하는 이유 중에도 상대가 듣기 싫게 말하기 때문인 경우가 많다. 상대방이 들어서 불쾌할 단어, 어투, 말하는 방법 등에 세심한 주의를 기울여야 한다. 그렇지 못하면 부부 간이나 부모와 자식 간에 갈등을 피하기 어렵다. 이와 같은 사실을 모르는 것이 아니면서도 이혼하는 부부는 증가하고 있고, 부모와 어긋나는 자식들은 너무 많다.

최근 우리나라 청소년의 삶의 만족도 및 행복 지수를 조사한 연구에 의하면, OECD 회원국 중 하위권에 머무르는 것으로 밝혀졌다. 이것은 우리 사회의 미래를 이끌어 갈 젊은 세대가 겪고 있는 심각한 위기 상황을 반영하는 것으로, 가정이나 학교나 얼마나 차가운 공간으로 변하고 있는지를 보여 준다. 실제로 앞의 공동 설문 조사 결과, 우리나라 청소년들의 26.6%가 아버지와 함께 있을 때도 아버지가 남 같은 생각이 든다고 응답했다. 또한 우리 가족은 서로 친밀하게 느끼고 있다는 응답률은 71.8%로 나타났다. 이와 관련하여 청소년 전문가들은 우리나라 청소년들이 학업 부담과 미래에 대한 불안, 사회적 관계에서 오는 스트레스, 가정 내 문제 그리고 자아 정체성의 혼란 등을 겪고 있다고 진단한다. 이와 같은 문제를 극복하기 위해서는 가정에서부터 상대방을 배려하는 따뜻한 소통이 이루어져야 할 것이다. 이것을 이뤄 내야 할 책임은 바로 부부에게 있다.

부부 간이나 가정의 행복을 위한 두 번째 조건은 가족 구성원 간 높은 동기 부여라고 할 수 있다. 동기 부여는 바람직한 목표를 달성하고자 하는 욕구나 의도를 가지고 그 방향으로 자신이나 대상을 밀고 나아갈 수 있는 에너지를 효과적으로 발산하도록 밀어붙이는 것이다. 즉, 동기 부여는 상대방에게 고난도의 목표를 가질 수 있게 하고, 난관을 극복하면서 목표를 향해 나갈 수 있는 방향성을 제시하는 것이며, 목표에 도달할 수 있도록 에너지를 불어넣어 주는 것이다. 부부 간에는 진정으로 상대방을 믿고 의지하는 가운데 자신의 과업을 완수할 수 있는 자신감과 지혜를 얻도록 동기 부여 해 주어야 한다. 이 원리는 부모와 자식 간에도 똑같이 적용된다. 상대방을 동기 부여 시키는 힘에는 정신적인 것과 물질적인 것들이 있다. 이것들이 잘 혼합되어야 상대방을 효과적으로 동기를 부여할 수 있다. 남편 또는 아버지로서 경제적 능력도 갖추고 있어야 하지만, 아내와 자식들이 아버지를 잘 따르고 신뢰할 수 있는 대화도 매끄럽게 할 수 있어야 한다. 우리는 가끔 자식들이 밖에서 친구들을 만나서 대화할 때 자기는 아버지나 엄마 때문에 공부하는 데 동기 부여가 되지 않는다고 말하는 것을 들을 수 있다. 이것은 무엇을 뜻하는가? 부모가 자신이 꼭 듣고 싶은 이야기를 해 주지 못하고 있다는 것을 뜻한다. 이처럼 한 가정을 이루고 있는 가족 모두가 다른 구성원에게 효과적인 동기 부여자가 될 때, 그 가정의 운영은 성공적이라고 할 수 있다. 자녀들 역시 자기 역할을 다하면서 부모를 격려할 줄 안다면 부모들이 큰 힘을 얻을 수 있다. 그러나 그들이 이러한 지혜를 갖기 위해서는 가정 안에서 부모에게 올바른 동기 부여를 받으면서 자라는 경험을 쌓아야 한다. 어려서부터 동기가 억압된 아이들은 대개 이기주의자로 자라거나 자기 자신을 성공적으로 이끌어갈 수 있는 셀프(self) 동기 부여를 잘

못하는 것으로 알려져 있다. 이와 같은 측면에서 가정이 발전하고 행복해지기 위한 조건은 물질적 충족과 동시에 정신적 지원이며, 정신적 지원의 핵심적 실천은 따뜻한 사랑이 담긴 격려의 말이다.

우리 사회에서 부부가 이혼하게 되는 이유에 대하여 조사가 많이 이루어지고 있다. 많은 조사 결과, 이혼의 주요한 이유로는 주로 폭언과 폭력, 자녀 문제, 배우자 불륜, 금전적 문제, 성격 차이 그리고 시댁이나 사돈댁과의 갈등 같은 것들이었다. 부부 간에 금이 가기 시작하는 것은 대개 상대방의 거친 말에서 비롯된다는 데 전문가들의 의견이 일치한다. 그리고 폭언을 하는 사람들, 이들은 주로 남성들이지만, 이들은 결국 폭언을 넘어 배우자에게 폭력을 행사함으로써 극도의 공포감을 느끼게 만든다. 그 결과 상대방은 도저히 함께할 수 없다는 심리 상태에 빠지게 된다.

서로 모르는 남녀가 만나서 결혼하게 되는 가장 기본적인 이유는 서로 사랑해서이다. 상대방이 나를 사랑한다고 느끼도록 만드는 기본적인 행위는 따뜻한 말, 배려하는 말, 상대방이 듣고 싶은 말을 해 주는 것이다. 그런데 이러한 사랑이 담긴 소통에 서투르거나 사랑해야 하는 사람에게 말하는 방법을 배우지 못함으로써 상대방을 실망하게 만드는 경우는 얼마든지 있다. 우리나라에서 조사된 이혼의 가장 첫 번째 사유인 폭언의 유형에는, 첫째, 상대방을 비하하거나 모욕하는 언어를 사용하는 욕설이 있다. 둘째, 상대방의 행동이나 존재를 지속적으로 비판하는 비난이 있다. 셋째, 상대방을 두렵게 하여 통제하려는 언어적 행위로써 위협이 있다. 우리나라 가족법에 따르면, 이러한 폭언은 정신적 상대방에 대한 폭력으로 간주되며, 법적 조치를 취할 수 있는 사유가 될 수 있고, 법적 이혼의 사유가 된다. 특히 부부 간의 폭언은 자녀들에게도 매우 부정적 영향을 미쳐 자녀들의 정신 상태를 비정상적으로 만드는 원인이 된다고 전문가들은 진단하고 있다. 부부나 가족 간에 따뜻하고 건전한 소통이 이루어지지 못하는 문제의 원인을 살펴보면 다음과 같다.

1) 관계 변화에 대한 대응 미숙

서로 모르는 청춘 남녀가 만나서 하루라도 보지 못해 보고 싶어 죽을 지경이 되면, 서로 결혼하고 가정을 이룬다. 결혼 후 경제적 공동체가 되어 살면서 아이까지 생기면 결혼 전이나 결혼 초기에 상대방에게 가지고 있던 생각도 점점 바뀌게 된다. 흔한 말로, 결혼해서 정신없이 일하고 돈 벌며 아이들을 키우고 살다가 보면 어느덧 연애적 감정이 사라지고 없는 자신을 발견하게 된다. 연애할 때 만나서 사용하던 달콤한 말도 더 이상 사용하지 않게 된다. 부부 관계는 더 이상 애인 관계가 아니고, 아내와 남편의 관계, 자식들과는 부모와 자식 간의 관계로 바뀌게 된다. 따라서 이런 관계 변화에 걸맞은 말을 사용할 것이 요구된다. 하지만 이러한 변화된 관계와 역할에 적응하지 못하는 부부들을 종종 볼 수 있다.

예를 들어, 대학교에서 오빠와 동생의 사이로 만나서 남편을 부를 때 '오빠'라는 호칭을 사용하는 아내는 그러한 행동이 자라나는 아이들에게 정상적으로 보이기 어렵다. 요즘 젊은 세대들은 남편을 부르는 호칭으로 오빠라는 말이 부르기에도 남편도 괘념치 않아서 사용한다고 한다. 하지만, 자라는 아이들에게는 '왜 아빠가 엄마에게 오빠인가?'라는 의문을 품게 할 수도 있는 행동이다. 아이들 문제로 학교를 찾아가 교사에게 폭언을 퍼붓는 학부모들을 보면 그들이 도저히 어느 아이의 아버지나 어머니라고 부르기에는 미성숙한 상태라고 전문가들은 진단한다.

2) 심리적 변화

결혼하게 되면 남자는 남편이자 한 가정의 가장으로서 역할이 부여되고, 여자는 아내이자 어머니로서의 역할이 주어진다. 이런 변화에 심리적으로 적응하지 못하여 중압감을 느끼는 사람들이 적지 않다고 한다. 자신이 더 이상 연애 시절의 청춘남녀가 아니라는 느낌에 사로잡히게 되거나, 과거의 향수에서 벗어나서 새롭게 태어나지 못한다면 변화된 상황에 걸맞은 언어 사용에 장애를 일으킨다고 한다. 결혼해서도 자연스럽게 남편을 오빠라고 부르던 아내들은 자녀가 말을 배우기 시작하면 아이들 앞에서 남편에게 오빠라는 호칭을 사용하는 것이 불편하여 다른 단어를 사용하고 싶지만, 잘 되지 않거나 혼돈을 느낀다고도 한다. 어떤 젊은 남편은 결혼하고 아내를 부르는 데 적절한 호칭을 찾지 못하여 당황하기도 한다는 것이다. 시부모 앞에서 남편을 오빠라고 불러서 시부모에게 핀잔을 듣는 일도 있다. 확실히 결혼 전이나 아이가 생기기 전에 배우자를 부를 때 자연스럽게 사용하던 상대방의 이름이라든가 애칭을 버리고 다른 호칭을 사용하기가 쉽지는 않다. 부부가 서로를 부를 때 적절한 말을 찾지 못해 '저기요'라고 했다가 상대방과 본인 모두가 불쾌함을 경험하기도 한다. 무심결에 나이가 많은 쪽에서 상대방을 부를 때 '어이'라고 했다가 크게 싸우게 되는 사례도 있다. 언어는 인간의 사고와 감정을 형성하는 핵심적인 수단이다. 즉, 사람의 입에서 나오는 표현은 상대방에게 그 사람의 특성을 반영하여 기억하도록 한다. 따라서 늘 친근하게 대하던 사람의 입에서 다른 형태의 말이 나오면 당황스러울 수 있다. 사소하지만 환경 변화에 따른 심리적 변화를 행동이 따라가지 못함으로써 작은 갈등을 일으키는 경우가 있음을 유의해야 할 것이다.

3) 의사소통 능력의 부족

관계 측면에서 부부 간에 이기적이거나 주관적인 성향은 서로의 신뢰를 무너뜨리고 갈등을 촉발하게 만드는 씨앗이 된다. 아내는 남편이 무조건 자기편이 되어야 한다고 생각하고, 남편은 아내의 행동에 대하여 비판적으로 말하면서 아내가 이해해 줘야 한다고 생각하는 것을 말한다. 부부 간 의사소통에서 가장 중요하게 문제가 되는 것은 거친 말 같은 폭언 다음으로 경청의 문제다. 우리는 좋은 인간관계를 위해서 경청이 매우 중요하다고 주장하면서, 막상 경청을 잘하지는 못한다. 왜 그럴까? 경청이란 말 그대로 상대방의 이야기를 주의 깊게 듣고 반응하는 것을 말한다. 주의 깊게 듣는다는 것은 적극적으로 듣는 것을 말한다. 그 반대는 수동적으로 듣는 것이다. 수동적인 경청은 상대방의 단어나 문장에 집중하여 반응하는 것을 말한다. 하지만, 적극적 경청은 상대방이 말하는 내용의 맥락을 잘 파악하여 그 의미와 이해에 초점을 맞춰 듣고, 상대방의 감정에 잘 반응하는 것을 말한다. 의사소통은 결국 감정의 교환이다. 그럼에도 우리나라 가족 구성원들이 다른 구성원들의 감정에 제대로 반응하는지는 의문이다. 실제로 앞의 공동 설문조사 결과에 의하면, 가족 구성원끼리 서로의 감정을 존중한다는 응답률은 69.7%를 보였다. 가족 구성원 간 서로 다른 의견도 존중한다는 응답률은 65.8%였다. 전체 가족의 30% 정도는 구성원 간 감정의 교환에 미숙하다는 뜻이다.

4) 환경적 영향으로 인한 스트레스

요즘 부부들 대부분이 맞벌이로 살아간다. 이때 육아와 가사 일까지 담당하는 아내라면 정신적·신체적으로 스트레스가 많이 쌓일 수밖에 없다. 결혼하기 전까지 본집에서 어머니가 해 주시는 밥을 먹으면서 직장에 다니던 환경으로부터 육아와 가사 일이 더해진 환경으로 바뀌면 스트레스는 쌓일 수밖에 없다. 많은 연구에서 스트레스 지수는 개인의 삶의 질에 아주 중요하게 영향을 미칠 뿐만 아니라 인간관계에도 심각한 영향을 미치는 것으로 나타났다. 사람들 대부분은 스트레스를 받으면 의사소통이 힘들어지는 것을 경험하게 되는데, 이것은 감정이 예민해지기 때문이다. 예민(銳敏)하다는 것은 자극에 대한 반응이나 감각이 지나치게 날카롭다는 뜻이다. 이 결과로 나타나는 행동은 평소에 비해 까다롭고, 날카롭고

민감하게 구는 것이다. 부부 간이나 가족 간 상호 관계에서 상대방의 행동이 이와 같을 때는 적응하기가 매우 힘들어지고, 심지어는 그 사람을 대하여 회피하게 된다. 따라서 사람이 일상생활에서 스트레스를 받지 않는 것이 가장 좋겠지만, 결혼해서 자식을 낳고 살아가는 한 그렇게 될 가능성은 거의 없다. 그렇다면, 스트레스에도 불구하고 어떻게 가족 간에 좋은 유대 관계를 유지할 것인가? 그 기본적인 해결 방안으로는 함께 직장을 다니는 맞벌이 경우에는 가사 일을 공평하게 분담하고, 남편이 적극적으로 협조하는 것이 아내에게는 최고의 명약이 된다. 다음으로 부부 간에 함께하는 운동이나 취미 생활이 스트레스 해소에 효과적이다. 스트레스가 쌓일 때는 자신이 어떤 일로 큰 스트레스와 압박 때문에 힘들다는 사실을 솔직히 보고하고, 상대방에게 이해를 구하는 방법도 효과적이라고 전문가들은 조언한다. 결국, 맞벌이 부부 경우에는 어느 한쪽이 불공평하다는 의식이 들지 않도록 처음부터 육아나 가사 일을 공동으로 수행하도록 계획을 짜 놓는 것이 효과적이라는 것을 알 수 있다.

5) 성 역할에 대한 고정 관념

아직 유교적 가치관의 영향을 받는 한국 사회에서는 문화적 기대감으로 남녀가 각각 가지고 있는 성 역할 고정 관념이 작동하여 오해와 갈등을 불러일으키곤 한다. 문화권에 따라 성 역할에 대한 전통적 인식은 다양하다. 제도적으로 남녀 평등사상이 널리 퍼지고, 중요한 가치관으로 자리 잡은 것도 사실이다. 그 결과 과거 성 역할에 대한 고정 관념은 많이 사라지긴 했다. 하지만 남녀 간 성 역할 개념은 여러 곳에서 혼돈의 상태를 보이곤 한다. 실제로 앞의 공동 설문 조사 결과에 따르면, 남편의 임무는 밖에서 돈을 버는 것이고, 아내는 가정과 가족을 돌보는 것이라는 응답률이 17.8%로 나타났다. 하지만 남성과 여성이 모두 가구 소득 유지나 증가에 기여해야 한다는 응답은 51.2%로 낮게 나타났다.

2025년 2월 국내 유력 언론 보도에 따르면, 아내가 속칭 일타 강사 남편의 머리를 양주병으로 후려쳐서 남편이 사망하는 것과 같은 사건도 있지만, 우리 사회의 모든 영역에서 성 역할 개념이 평등한 것으로 자리 잡는 데는 시간이 걸릴 것으로 보인다. 현실적으로 가사 일부터 취업이나 직장 내 승진 등에 이르기까지 아직 남녀 간 평등이 완벽하게 구현되고 있다고 규정하기가 어렵다는 여론도 강한 편이다. 과거 전통적인 성 역할인 남성우월주의나 여성의 수동성이 미덕인 가치관은 거의 희석되고 있지만, 현대 사회가 궁극적으로 추구하는 남녀평등의 성 역할은 아직도 많은 면에서 부족하다는 것이 전문가들의 평가다.

특히, 부부를 규정하는 중요한 요소로서 성관계의 개념이 많이 바뀌고 있는 것 같지만, 여기에 적응하지 못하는 배우자 편에서 문제를 제기하는 경우도 증가하고 있다고 한다. 과거 남성우월주의 사상이 팽배했던 경우 부부 간 성관계도 남성에 의해 일방적으로 이루어지는 것이 관례였기 때문일 것이다. 하지만 이것도 부부 상호 간에 합의가 있어야 가능한 것으로 인식되고 있다. 명절 때는 남편의 집으로 가서 먼저 차례를 지내고, 그다음에 아내의 집으로 가서 남편이 장인과 장모에게 인사를 하던 관습도 이제는 부부 간 협의에 의해 다양한 방식으로 시댁과 친정집에 대한 방문이 이루어지고 있다. 한국 사회에서 남녀 간 성 역할의 변화가 소용돌이 속에 있다고 하겠다. 혼란스러운 성 역할 개념은 당연히 부부 간 소통에도 장애를 일으키는 요인으로 영향을 미쳐, 부부 웰에이징에도 부정적으로 작용할 수 있다.

6) 대화의 부재

대화란 서로 묻고 대답하는 것이다. 대화에는 구두나 비언어적 방법이 있다. 사람이 상대방에게 관심이 있고 없고는 질문으로부터 시작한다. 서로 관심이 없으면 질문도 없다. 부부 간에 대화가 없다는 것은 서로 질문이 없다는 것을 의미한다. 관심이 없으니 질문할 것이 없다. 하지만 어떤 부부든지 연애 시절이나 결혼 초기에는 서로 대화가 많았을 것이다. 그러던 것이 점점 시간이 흐르고 모든 환경이 바뀌면서 대화가 사라지는 것을 경험한다. 그 이유에는 여러 가지가 있지만, 금전적 문제와 같이 서로 간에 숨길 일이 발생하는 것으로부터 부부 간에 역할과 책임 소재가 명확히 분배되지 않아 갈등이 발생하여 대화가 사라지기도 한다. 또는 어느 한쪽이든 양쪽 모두든 의사소통 기술이 부족하여 대화가 사라질 수 있다. 부부 간에 건전한 대화의 부재는 자식들에게도 부정적인 영향을 미쳐 자식들의 정신적 성장에도 좋지 않다고 한다. 우리나라 부부들은 서로에게 좋은 말을 해 주면서 지내고 있을까? 우리 연구소와 한국여론리서치의 공동 설문 조사 결과에 따르면, 부부 간 솔직하게 애정 표현을 한다는 응답률은 54.8%로 나타났다. 한국인들은 연애하던 시절에, 남성의 경우에는, 상대 여성이 스킨십을 피하면 헤어지려는 징후로 보며, 여성들은 남성들이 재미있는 이야기를 해 주지 않으면 헤어지려는 징후로 본다고 한다. 결혼하고 나서 부부가 되면 서로의 마음을 잘 알고, 상황에 맞는 애정 표현과 대화를 할 줄 아는 것이 행복한 부부 관계의 조건이라고 보겠다.

시댁 및 처가와의 소통 문제

시댁과의 소통 문제

　국내 TV 드라마에서 자주 다루어지는 시어머니와 며느리 간의 갈등은 비단 극 중의 장면으로 그치는 것이 아니다. 현실 세계에서 너무나 자주 일어나고, 많은 가정에서 경험하는 실제 상황인 경우가 많다. 이러한 갈등은 부부 관계에 부정적 영향을 미칠 수 있으며, 특히 남편이 시댁과 아내 사이에서 중재 역할을 제대로 해내지 못하는 경우 부부 간 위기를 불러오기도 한다. 시댁과의 불편한 관계를 논의할 때 주로 며느리와 시어머니 사이의 불편한 경우만 부각하는 경우가 많다. 너무나 다양하고 상상을 초월하는 단서들로 인하여 시어머니와 며느리 간 관계가 악화되는 경우를 흔히 볼 수 있다. 하지만, 간혹 며느리와 시아버지가 충돌하여 전체 가족 분위기가 악화하거나 관계가 단절되는 경우도 있다.

실제로 어느 지방 대도시에서 고등학교 교장으로 정년퇴직을 한 시아버지는 의사를 하는 아들 부부가 그의 집에 찾아올 때마다 중학교 교사로 일하는 며느리에게 교사를 그만두고 의사인 남편 뒷바라지와 손자, 손녀들 가정 교육에 더 힘쓰도록 하는 것이 좋겠다는 것을 당부하곤 했다. 시아버지의 이 당부가 시간이 지나면서 지시나 압력처럼 변해 가는 과정에서 며느리는 스트레스를 받았고, 시댁에 가는 것을 회피하다가 결국에는 발길을 끊게 되었다. 부드러운 말로 아버지를 설득하던 의사 아들은 감정이 극에 달한 아버지와 아내 사이에서 선택을 강요받게 되었으며, 결국에는 아들이 아버지를 등지는 사태로 결말이 났다.

젊은 청춘남녀가 서로 좋기만 하여 결혼할 때는 이처럼 시댁과의 관계가 악화될 것이라고는 전혀 예상하지 못한다. 물론 처음부터 시댁의 반대를 무릅쓰고 결혼하는 경우도 있기는 하지만, 결혼 전에 예비 며느리가 인사차 시댁에 왔다 갔다 할 때는 서로가 눈치를 보면서 조심하고, 또 서로 예의를 지키려고 노력하기 때문에 속마음을 잘 드러내지 않는다. 하지만 오랜 세월 가부장제도 전통을 이어 온 한국 사회에서 여성은 결혼하고 나면 남편의 가족, 즉 시댁과의 관계가 깊어지는 것이 일반적이다. 따라서 시댁과 관계가 좋아야 가정이 안정되고 가족 구성원들의 행복도 보장된다고 볼 수 있다. 요즘에는 시댁과 관계가 좋지 않은 상태로 지내거나 1년에 한두 번 정도 왕래하면서 소원하고 메마른 관계의 상태로 지내는 경우도 많다. 하지만 시댁과의 관계는 크든 작든 가족의 분위기에 영향을 미치며, 그것이 때로는 부부 관계에 복잡하고 어려운 문제를 일으키는 것도 사실이다.

또 다른 예를 들어 보면, 중학교 교사인 한 여성이 남편이 될 남성보다는 오히려 시어머니의 마음에 더 들어서 행복한 마음으로 결혼했다. 하지만, 농촌에서 함께 농사를 지으며 오순도순 살던 시아버지가 일찍 죽고 난 후부터 시어머니의 태도가 돌변했다. 이 여성은 거기에 유연하게 적응하지 못함으로써 시댁과의 관계가 소원해졌다. 결혼 초에는 며느리만 보면 입이 마르게 칭찬하던 시어머니가 시아버지가 죽은 뒤로는 칭찬은커녕 사사건건 시비를 걸고 나무라기 일쑤여서 며느리는 스트레스로 마음의 병까지 얻는 지경에 이르렀다. 남편이 아내 편에 서서 시어머니와 맞설 수도 없고, 시댁과의 왕래를 아주 단절할 수도 없는 노릇이었다. 이런 경우에는 시어머니의 태도가 바뀌기 전에는 문제가 해결되기 어렵다. 이처럼 우리나라에서 시댁과의 문제가 깔끔하게 해결되지 않는 것이 가족 구조의 특징이라고 할 수 있다.

결혼해서 부부로 행복하게 살고 화목한 가정을 꾸려 나가기 위해서는 시댁과의 원활한 소통이 중요한 조건이라는 것을 알 수 있다. 우리 연구소와 한국여론리서치와의 공동 설문 조사 결과, 시댁이나 처가를 방문하는 것이 즐겁다는 응답률은 33.1%에 이른다. 하지만 명절마다 시댁이나 처가를 방문한다는 응답률은 61.3%를 보였다. 결코 즐겁지 못한 일을 한국의 많은 부부들이 문화라는 틀에 묶여 억지로 하고 있는 셈이다. 어쨌든 시댁과 잘 지낼 수 있는 기초적인 방법은, 며느리 입장에서 시부모로부터의 오해나 갈등이 싹트지 않도록 솔직하고 개방적인 대화를 나누어야 한다. 사전에 시부모 생일이나 용돈과 같은 시댁과 관련된 최소한의 주제를 정하고, 솔직한 대화를 통하여 행동의 방향을 정하도록 하는 것이 좋다. 시댁을 대하는 데 있어서 부부가 서로의 생각과 느낌을 공유하는 과정에서 깊은 이해를 쌓아야 시댁과의 소통에서 스트레스를 받더라도 빠른 해소가 가능하다. 그럼에도 같은 설문 조사에서 배우자와 시댁이나 처가를 대하는 문제에 대하여 생각을 공유한다는 응답률은 34%에 불과했다. 부부가 상대에게 자신의 생각을 먼저 이야기하기가 껄끄러울 수 있을 것이다. 하지만 피할 수 없는 일인 만큼 최선의 노력을 기울여서 문제를 최소화하는 것이 현명한 방법일 것이다. 시댁과의 소통을 위해 시댁 식구들의 호칭도 정확히 알고 있을 필요가 있다.

시댁 식구 호칭

관계	호칭	비고
남편의 아버지	시아버지	부를 때는 아버님
남편의 어머니	시어머니	부를 때는 어머님
남편의 형	아주버니	
남편의 형의 아내	형님	
남편의 누나	형님	
남편 누나의 남편	아주버님	
남편의 남동생	시동생	
남편의 여동생	시누이	
남편의 형제자매의 자식	시조카	
남편의 외삼촌	시외숙부	
남편의 외숙모	시외숙모	
남편의 고모	시고모	
남편의 삼촌	시삼촌	
남편의 처남	시처남	

남편의 처제	시올케	
남편의 큰아버지	시백부님	
남편의 큰어머니	시백모님	
남편의 부모님	시부모님	

어떤 가정이든지 가족은 저마다 다른 가치관이나 문화를 가지고 있다. 남편은 아내 집안의 분위기를, 아내는 남편 집안의 그것을 미리 파악하여 존중하는 마음을 키우고 또 이해하는 것이 중요하다. 시부모가 오랜 세월 동안 가지고 있는 고유한 습관이나 사고방식은 젊은 며느리와 현격한 차이가 있을 수밖에 없다. 압도될 것 아니라, 파악하여 이해하고 포용하는 자세를 갖는 것은 시댁과 긍정적 관계를 유지하기 위한 첫걸음이라고 할 수 있다. 하지만, 관련 연구에서 자기 가족과 다른 문화적 배경을 가진 사람들과의 갈등을 줄이기 위해 노력하는 사람들은 약 50% 정도며, 이들은 서로 간에 좋은 관계를 유지해 나간다고 한다. 우리 사회에서 시부모와 며느리 사이에 자신은 열린 마음으로 상대방을 포용하려 애쓰는데, 상대방은 그렇지 못하다고 주장하면서 갈등적인 상태를 끌고 나가는 불안한 가족은 너무 많다.

처가와의 소통 문제

오늘날 첨단의 산업화 사회 속에서 가족은 점점 더 개인 중심으로 분화되고 있지만, 아직까지 결혼은 개인과 개인의 연결에서 끝나지 않는다. 통념상 결혼은 한 가족과 또 다른 가족 간의 연결이다. 아내가 남편 집안의 일원이 되어 주시의 대상이 되고 행동에 대한 평가를 받는 것처럼, 남편 역시 아내의 집안 사람들과 연결된 일원으로서 주시받고 평가의 대상이 된다. 남녀가 결혼해서 남편은 아내가 원하는 대로 처가댁에 살갑게 대하고 아내는 남편이 원하는 대로 시댁 부모를 잘 섬겨서 문제가 없다면 그보다 더 좋을 수는 없다. 하지만, 생각과 행동과 가치관이 서로 다른 사람들과 잘 어울린다는 것은 결코 쉬운 일이 아니다. 그렇지만 아내든 남편이든 서로의 행복과 마음의 평화를 원한다면 상대방 집안의 어른이나 가족들과 친하게 지내야 하는 것만은 사실이다. 하지만 친하기가 그리 쉬운 일인가?

최근 주택 가격이 너무 높다 보니 과거처럼 집은 남자가 장만하고 살림살이는 여자가 장만하는 전통은 깨지고 있다. 집을 장만하는데 양쪽이 공동으로 경제적 부담을 하거나 혹은 여자 집이 경제적으로 더 여유가 있고 남자 집이 가난하면 여자 집에서 집을 장만하기도 한다. 특히, 요즘은 맞벌이 부부들이 증가하면서 육아를 친정에 의지하는 경우가 많아져서 과거보다 처가와의 소통이 빈번해지고 있다. 그 결과 지켜야 할 선을 넘어서 상대방을 불쾌하게 만들어서 부부 간 갈등이 발생하기도 한다. 즉, 1990년대 이후 IT 중심의 산업사회 속에서 자식을 하나나 둘씩 낳고 키우다 보니 부모들은 딸자식이라고 해도 온갖 정성을 다해서 키우고 돈도 많이 투자했다고 생각한다. 그러니 사위가 그런 딸에게 만족스럽지 못한 대우를 할 경우에 처가 부모들은 사위에 대하여 서운한 마음이 들고 간섭하는 경우가 생기기도 한다. 육아를 위해 딸 집을 수시로 드나드는 장인과 장모는 직장생활로 고생하는 딸을 위해 집 안 청소나 빨래 등의 일을 거들기도 한다. 그런 환경 속에서 사위에게 딸을 더 잘해 주라고 자주 당부하게 되다 보니 이것이 남편들의 심기를 불편하게 만들기도 한다. 남편은 자신의 불편함을 아내에게 털어놓게 되지만 아내 입장에서는 친정아버지나 어머니가 도와주는 것이 고맙고 편하기 때문에 남편은 거기에 감사하고 자기 부모에게 더 잘 대해야 한다는 점을 강조한다. 이런 상황에서 남편과 아내가 서로 이해하고 부부가 동시에 마음이 편안해질 수 있는 합의점을 찾아내기란 쉽지 않다. 아내는 친정어머니의 육아를 큰 지출을 막아주는 은혜로 생각하지만, 남편의 미안해하는 심리적 불편을 잘 이해하지 않으려는 행동을 보일 수 있다. 서로 충분히 이해하지 못하고 오해하기 시작하면 남편은 처부모님으로부터 간섭을 받는다든지 인정을 받지 못한다는 불쾌감에 휩싸이게 되고, 아내는 남편이 고마워해야 할 자신의 부모에게 불편해하는 것에 대하여 불쾌한 생각을 하게 된다.

　육아가 걸려 있는 문제이기 때문에 부부 어느 한쪽이 이해하고 양보하지 못하면 이 문제로 인하여 다툼이 잦아질 수도 있다. 남편은 그동안 장인이나 장모로부터 들은 말들로 인해 쌓인 앙금을 털어놓게 된다. 여기에 대해 아내는 왜 그렇게 예민하냐면서, 친정에 대하여 부정적으로 표현하는 것에 대하여 기분 나쁜 상태가 된다. 결국 처가 부모님 문제로 인해 부부 간에 잦은 다툼이 일어나게 되는데, 이때 남편이 피해를 보는 것 같아서 처가를 깎아내리는 표현을 사용하게 되면 큰 싸움으로 번지게 된다. 이런 처가 관련 문제를 극복하고 처가와의 소통을 원활히 하기 위해서는 육아 문제 등에 대하여 미리 부부 간에 소통이 이루어져야 하겠다. 또한, 독립적인 부부 관계를 이루면서 처가와 일정한 선을 지켜 나갈 것이 요구된다. 남편과 아내 그리고 처가에서 각자가 지켜야 할 점들을 확인하는 협력을 하다 보면 갈등도 조금씩 해소된다. 남편은 그동안 겪었던 처가에 대한 불편한 심정을 처부모를 존경하는 어투로 차분히 이야기한다면 아내로 하여금 자신의 처지를 온전히 이해하도록 하는 데 도달할 수 있다. 처가와의 관계를 위해 기본적으로 알아야 할 처가 식구들의 호칭에 대하여 알아보면 다음과 같다.

처가 식구 호칭

관계	호칭	비고
아내의 아버지	장인	
아내의 어머니	장모	
아내의 오빠	큰처남	부를 때는 형님
아내 오빠의 부인	큰처남댁	아주머님으로 부르기도 함
아내의 언니	처형	부를 때는 처형님
아내의 언니 남편	형님, 동서	연상은 형님, 아래면 동서로 부름
아내의 남동생	처남	
아내의 남동생 부인	처남댁	
아내의 여동생	처제	
아내의 여동생 남편	동서	

남편의 처가 식구들 대면이나 아내의 시댁 식구들 대면에서 호칭은 매우 중요하다. 이들 호칭은 아주 옛날에 만들어진 것으로, 젊은 세대는 호칭 사용에 있어서 어색하고 적응하기가 쉽지 않다고 한다. 하지만 처음에는 어색하더라도 용기를 내어 부르고 상대

방이 호응하는 태도를 보면서 적응해 나갈 수 있기 때문에 자꾸 불러 버릇하며 익숙해지도록 한다. 요즘에는 개인 모두가 높은 자존감을 가지고 사는 시대이기 때문에 아주 편한 사이가 아니면 서로 존댓말을 사용하는 것이 상대방으로부터 호감을 사는 데 효과적이다. 또한 상황에 맞는 호칭을 사용하도록 해야 한다. 예를 들어, 시어머니에게는 '어머니'라고 부르는 것이 일반적이지만, 시어머니와 아주 친한 사이라면 '엄마'라고 부르는 것도 가능한 세상이다.

각각의 집안마다 명시적으로든 묵시적으로든 가풍(家風)이 있기 마련이다. 처음에는 누구나 다 낯설다. 낯설어하는 새 식구에게 정확히 할 것을 강요하면 분란의 시작이 된다. 적당히 거리를 두고 서로 이해의 범위를 넓혀 가는 가운데 서로 간에 지켜 주었으면 하는 선을 지키는 것이 좋은 관계를 맺는 지름길이다. 부부는 상대편 가족과는 피로 맺어진 사이는 아니다. 어디까지나 법적 계약으로 맺어진 가족이다. 그런데 시부모나 처가댁 부모가 이런 사실을 간과하고 마치 피로 맺어진 가족처럼 처신하라고 강요하는 것은 상대방에게 매우 불쾌한 억압이 될 수 있다. 그렇다고 상대 집안을 대하는 과정에서 윤리적으로 벗어나는 언행을 해서는 안 될 것이다.

건강 문제

　부부를 불행하게 만드는 요인 중 건강 문제는 큰 비중을 차지할 것이다. 배우자와 건강 문제가 있을 때 어떻게 이 문제를 해결하면서 함께 대응하고 있을까?

　우리 연구소와 한국여론리서치의 공동 설문 조사 결과에 따르면, 전반적으로 배우자와 함께 건강 문제에 대하여 대응하고 있었으며, 배우자와 서로 건강 문제로 어려움을 겪을 때 함께 해결하기 위해 노력한다는 긍정적 응답률이 70.6%로 가장 높게 나타났다. 배우자와 신체적인 이상 징후나 질병 증상을 서로 살피고, 적절한 치료를 받도록 돕는다는 응답률은 69.1%이며, 나와 배우자는 신체적 건강에 대한 정보를 서로 공유하고, 서로에게 필요한 건강 정보를 적극적으로 전달한다는 응답률은 65.3%의 순으로 조사되었다. 반면에 배우자와 함께 서로의 운동을 독려하고 함께 운동하려고 노력한다는 응답률은 49.6%, 일상적으로 배우자와 함께 활동적인 시간을 보내면서 서로의 건강을 유지하려고 노력한다는 응답률은 50.5%, 배우자와 서로의 체중 관리에 대해 이야기하면서 건강한 체중 유지를 위해 함께 의견을 공유한다는 응답률은 51.2%로 나타났다.

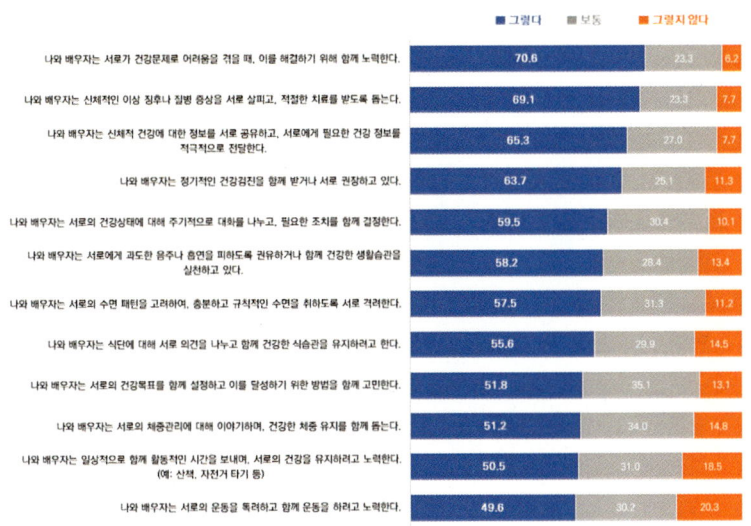

성별에 따라서는 남성이 여성보다 부부 간의 건강 문제에 대한 대응을 더 많이 하는 것으로 나타났다. 특히, 남녀 간 차이가 많은 건강 문제에 대한 대응 항목은 '나와 배우자는 서로의 건강 상태에 대해 주기적으로 대화를 나누고 필요한 조치를 함께 결정한다', '서로에게 과도한 음주나 흡연을 피하도록 권유하거나 함께 건강한 생활 습관을 실천하고 있다', '식단에 대해 서로의 견을 나누고 함

께 건강한 식습관을 유지하려고 한다', '서로의 체중 관리에 대해 이야기하며, 건강한 체중 유지를 위해 함께 돕는다', '서로의 운동을 독려하고 함께 운동하려고 노력한다' 등으로 나타났다.

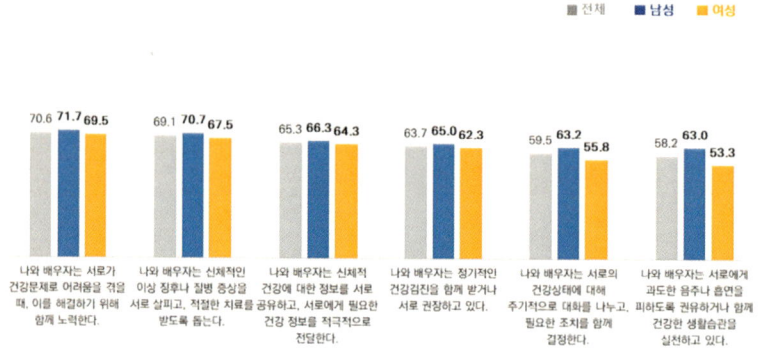

배우자와의 건강 관리(그렇다 응답): 성별 차이

Base: 전체, 남성N= 600, 여성N= 600, 단위: %

결혼 생활 기간이 길어질수록 건강 문제에 대해 부부 간 함께 대응하려고 노력하는 것으로 나타났다.

배우자와의 건강 관리(그렇다 응답): 결혼 생활 기간별 차이

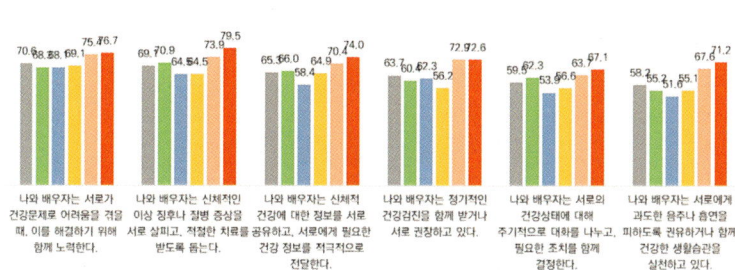

Base: 전체, 10년미만N= 268, 10~20년N= 310, 20~30년N= 265, 30~40년N= 284, 40년이상N= 73, 단위: %

결혼 생활에 만족하는 기혼자들일수록 건강 문제를 부부가 함께 대응하려고 노력하고 있는 것으로 나타났다.

배우자와의 건강 관리(그렇다 응답): 결혼 생활 만족 유형별

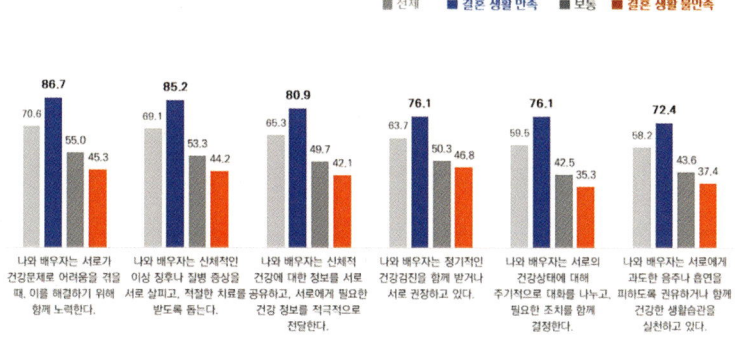

3장 부부를 불행하게 만드는 요인들

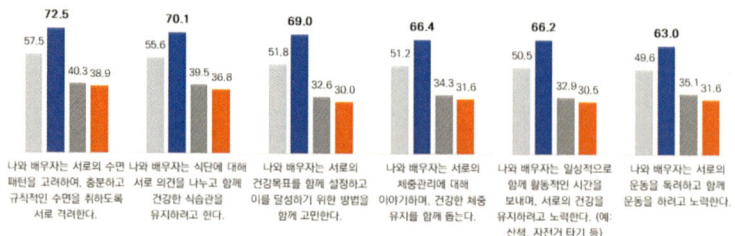

Base: 전체, 만족N= 648, 보통N= 362, 불만족N= 190, 단위: %

결혼하면 부부가 되어 서로 사랑하고 관심을 가지기 때문에 건강에 더 이롭다는 것은 오랜 상식이다. 특히 중년 부부는 한 집에서 수십 년 동안 같은 음식을 먹고 생활 습관도 공유하는 경향이 있다. 음식이 건강에 큰 영향을 미치는 것은 중요한 사실이다. 2009년 질병관리본부는 건강관리를 위한 지역 코호트 사업으로 한 개 군 소재지에 거주하는 만 40세 이상 70세 이하 2,007명(남자 868명, 여자 1,139명) 거주자 중 부부가 함께 조사된 297쌍 594명을 대상으로 배우자의 고혈압 위험 요인이 상대 배우자의 고혈압에 미치는 영향을 조사한 바 있다. 그 결과, 고혈압 위험 요인은 아내가 대사증후군이 있는 경우(OR=2.879), 현재 음주자(OR=1.892)에서 높은 것으로 나타났다. 아내 고혈압에 대한 남편의 고혈압 위험 요인은 연령(OR=1.037), 비만(OR=1.922), 대사증후군(OR=4.100), 중성지방(OR=1.793)에서 높게 나타났다. 결론적으로 농촌 지역 부부들에서 함께 공유하는 공간과 시간에서 고혈압에 영향을 미치는 요인은 연령, 체질량 지수, 대사증후군이 중요하고, 이에 대한 관리가 필요하다는 연구 결과다(유동균 외, 2009).

앞의 건강 관리 내용과 비교해 볼 수 있는 자료가 있다. 연합뉴스(2024. 6. 8.) 보도에 따르면, 최근에는 배우자가 대사증후군에 해당하면 부부 10쌍 중 1쌍 이상인 10.7%에서 대사증후군이 함께 나타나 그 발생 위험이 크게 높아진다는 분석이다. 부부가 식생활 습관을 공유하면 질병에 걸릴 위험도 닮아 가는 현상이 다시 한번 확인된 것이다. 대사증후군은 복부비만, 고혈압, 고혈당, 이상지질혈증이 한꺼번에 발생하는 질환이다. 이것은 그 자체로는 심각한 질병이 아닐 수 있지만, 시간이 흐를수록 심뇌혈관질환과 당뇨병 발생 위험을 크게 높인다는 점에서 예방과 조기 치료가 매우 중요하다. 대사증후군이 발병하는 원인은 아직 명확하지 않다. 다만, 지금까지 알려진 것으로는 인슐린 저항성, 비만, 좌식 생활에 의한 신체 활동 부족, 호르몬 불균형, 수면 장애, 직간접 흡연 등이 꼽힌다. 또한, 대사질환 분야 국제학술지(Metabolic syndrome and related disorders) 최신 호에 따르면, 인제대학교 부산백병원 가정의학과 이가영 교수 연구팀이 2019~2021년 국민건강영양조사에 참여한 부부 1,824쌍을 대상으로 분석한 결과, 부부 간에 대사증후군 위험을 공유하는 특징이 관찰되었다고 밝혔다.

이런 결과로 볼 때, 부부 모두에게 대사증후군이 생길 위험은 부부의 평균 연령이 높을수록, 부부 모두 교육 수준이 낮을수록, 부부 모두 주관적 건강 상태가 나쁠수록, 부부 모두 근력 운동을 하지 않을수록, 부부 모두 탄수화물 섭취가 과다할수록 최소 4%, 최대 61%까지 증가하여 부부가 비슷한 사회경제적 환경, 식생활 습관을 공유할 때 대사증후군 동반 위험이 증가할 뿐만 아니라 배우자의 생활 습관이 상대방의 대사증후군 발병 위험에 직접적으로 관여하고 있다는 것을 보여 준다.

김현창(2022)의 연구팀에서는 2014~2019년 국민건강영양조사에 참여한 중년 부부 6,030쌍, 12,060명을 분석한 결과, 남편이나 아내의 심혈관 건강지표가 좋으면 그 배우자도 좋을 확률이 그렇지 않은 경우보다 1.5배 높은 것으로 나타났다. 아내의 심혈관 건강지표가 좋으면 남편도 좋을 가능성이 건강지표가 안 좋은 경우보다 1.49배 높은 것으로 나타났다. 반대로 남편의 심혈관 건강지표가 좋을 때 아내가 함께 좋을 가능성도 같은 비교 조건에서 1.46배 더 높은 것으로 나타났다(김현창, 2022). 이러한 조사는 심혈관 질환 발생에 영향을 미치는 흡연, 운동, 식습관, 비만도, 혈압, 혈당, 콜레스테롤 등의 위험 요인에 대한 관리가 부부끼리 서로 닮아 감을 보여 주는 것이다.

따라서 만약 부부 중 한 사람이 심혈관 건강에 문제가 있다면 배우자도 심혈관 건강지표를 함께 확인해 보는 게 바람직하다. 이것은 부부의 생활 습관이 상호 작용 함으로써 서로의 건강 상태에 영향을 미치는 결과를 나타내는 것이다. 부부의 과도한 탄수화물 섭취나 근력 운동 부족은 서로의 대사증후군 위험을 높일 수 있다. 따라서, 부부가 함께 건강한 생활 습관을 유지하려는 노력이 필요하다(yna.co.kr).

1958년에 은퇴한 교사에 의해 설립된 미국은퇴자협회(AARP)는 50세 이상의 사람들에게 영향을 미치는 문제에 초점을 맞춘 미국의 이익 단체인데, 10월호 회보에서 '배우자와 건강의 상관관계'에 대해 다음과 같은 결과를 발표하였다.

첫 번째, 부부는 체질도 닮는다. 오래 같이 산 부부는 외모만 닮는 것이 아니라 생물학적으로도 비슷해진다. 미시간대학교-앤아버 연구팀은 1,500쌍의 노부부를 대상으로 한 혈액 검사를 통해 신장 기능, 콜레스테롤 수치, 손의 악력, 우울증 등과 같은 건강 상태와 체질이 유사하다는 사실을 밝혀냈다. 브리티시 컬럼비아 대학교와 펜실베이니아 주립대학교 연구팀도 결혼한 지 40년이 넘은 미국인 부부 1,700쌍을 대상으로 한 공동 조사에서 오래 같이 산 부부는 정신적·신체적으로 서로 거울을 보는 것처럼 닮았다는 사실을 발견했다.

두 번째, 배우자의 우울증은 만성 질환 요인이다. 에든버러대학교가 10만 쌍이 넘는 영국인 부부의 상담 및 검진 자료를 분석한 결과, 만성 질환은 유전적 요인뿐 아니라 배우자 정신 건강 상태로부터 영향을 많이 받는 것으로 나타났다. 예를 들면, 배우자가 우울증이 있으면 만성 질환이 발생할 위험도 커지는 것으로 조사됐으며, 식사, 생활 습관, 부부가 공유하는 환경도 만성 질환과 연관성이 큰 것으로 나타났다.

세 번째, 부인의 잔소리는 보약이다. 미시간주립대학교는 2016년 발간한 연구보고서에서 부인의 바가지는 남편 건강에 도움이 되지만, 남편의 잔소리는 부인 건강에 전혀 도움이 되지 않는다고 밝혔다. 부인의 잔소리는 귀에 거슬리지만 남편에게 보약과 같다는 것이다. 이에 비해 남편이 잔소리하지 않고 잘해 주면 부인의 당뇨병 위험이 낮아지는 것으로 조사됐다.

넷째, 긍정적 배우자는 만성 질환의 백신이다. 미시간대학교가 노부부 2,000쌍을 대상으로 4년간 조사 및 연구한 결과, 부부 중 한 사람이라도 사고가 낙관적이고 긍정적이면 비관적인 성향의 부부에 비해 당뇨나 관절염 같은 만성 질환의 발생률이 낮고, 기동성과 운동 능력도 더 나은 것으로 나타났다.

　다섯 번째, 부부 싸움 스타일에 따라 발생하는 질환도 다르다. 캘리포니아대학교 버클리와 노스웨스턴대학교의 최근 조사에 따르면, 부부 싸움을 할 때 목청을 높이는 부부는 심장병과 혈압 관련 질병의 위험이 더 큰 것으로 나타났다. 반면, 꾹 참는 스타일은 목과 척추 질환 그리고 근육통으로 고생할 확률이 높은 것으로 나타났다.

　여섯 번째, 운동 습관도 닮는다. 존스 홉킨스대학교는 최근 연구 조사를 통해, 부인이 운동량을 늘렸을 때 남편이 운동량을 늘릴 확률이 70%나 높아진다는 사실을 발견했다. 이에 비해 남편이 운동량을 늘려 권장 운동량을 달성했을 때 부인이 이에 동참할 가능성은 40% 정도 높아지는 것으로 나타났다.

　일곱 번째, 함께하는 다이어트는 역효과이다. 다이어트는 부부가 함께하지 않는 것이 좋다. 콜로라도주립대학교가 과체중 부부 50쌍을 대상으로 조사한 결과, 부부가 함께 다이어트를 할 경우, 한 사람이 다이어트에 성공하면 다른 한 사람은 실패할 확률이 더 높아지는 것으로 나타났다.

　여덟 번째, 나쁜 습관은 전염된다. 배우자의 나쁜 습관은 상대 배우자에게도 많은 영향을 미친다. 맥길대학교가 75,000쌍의 부부를 대상으로 연구 및 조사한 6건의 국제보고서를 분석한 결과, 배우자가 제2형 당뇨병을 앓는 경우, 상대 배우자가 당뇨병에 걸리는 확률이 26% 더 높아지는 것으로 나타났다. 또 당뇨병전기의 위험성도 더 높은 것으로 조사됐다. 그 이유는 부부는 나쁜 식습관과 운동 습관을 공유하는 경향이 있기 때문이다. 따라서 배우자가 당뇨병 진단을 받았을 경우, 상대 배우자도 당뇨병 검사를 받거나 식습관을 점검해 보는 것이 좋다.

아홉 번째, 배우자 간병은 건강 저해 요인이다. 배우자가 만성질환이나 중병을 앓으면 상대 배우자도 신체적·정신적으로 큰 영향을 받게 된다. 특히 뇌졸중의 경우, 배우자의 건강에 장기간 악영향을 미치게 된다고 노스웨스턴대학교의 셰릴 램피지 심리학 교수가 밝혔다. 뇌졸중을 앓는 배우자를 간병할 경우, 첫해는 물론 이후 7년간 신체와 정신 건강에 영향을 주는 것으로 나타났다(50plus.or.kr).

이런 조사 결과를 보더라도 부부 웰에이징을 위해서는 서로의 건강을 확인하고 되돌아보는 일은 필수다. 부부가 살아가는 동안 꾸준히 이와 같은 노력을 하기 위해서는, 첫째, 대화를 통한 공감대 형성과 배려의 화법으로 관계를 돈독히 다져야 한다. 관계가 돈독해지기 위해서는 '무엇을 이야기하느냐'가 아니라 '어떻게 이야기하느냐'가 중요하다. 즉, '당신은 나를 매우 화나게 만든다'라는 표현보다는 '나는 이런 일 때문에 화가 난다'라는 방식으로 일인칭 표현을 쓰는 것이 좋다.

둘째, 당뇨병이나 뇌졸중, 고혈압과 같은 만성 질환을 현명하게 관리하는 것이다. 당뇨병의 위험 인자에는 과체중, 운동 부족, 당뇨병 가족력, 과거 혈액 검사에서 혈당 상승 소견, 고혈압, 이상지질혈증 등이 있다. 특히, 효과적인 당뇨병 관리를 위해서는 단순당 섭취를 최대한 줄이고, 규칙적으로 운동하고, 약물을 복용하는 경우에는 하루도 빠뜨리지 않도록 해야 한다. 무엇보다 흡연과 음주는 자제하는 것이 여러모로 이롭다.

셋째, 금연, 절주, 운동, 올바른 식습관 등으로 뇌졸중을 예방하는 것이다. 만약 만성 질환이 있다면 처방받은 혈압약, 당뇨약, 지질저하제 등을 매일 복용한다. 혈전 예방을 위해 사용하는 저용량 아스피린의 경우, 출혈의 부작용을 감안하고 반드시 담당 의사와 상의한 후 복용해야 한다. 부부가 모두 고령이라면 이와 같은 노력은 옆에서 거들어 주고 격려해 줄 때 행동이 규칙적으로 되고, 더 잘 지키게 된다.

넷째, 약물 치료와 저염식을 병행해 꾸준히 혈압을 조절하도록 해야 한다. 고혈압은 대부분 뚜렷한 증상이 없는 경우가 대부분이다. 그러나 치료하지 않고 방치하면 협심증, 심근경색증, 심부전증, 동맥경화증, 뇌졸중 등 여러 가지 심각한 합병증이 발생할 가능성이 있으므로 정기 검사와 치료가 반드시 필요하다.

다섯째, 부부 간 함께 음주한다면 음주 습관을 점검해야 한다, 왜냐하면 부부 간 음주 습관의 차이는 불화의 원인이 될 수 있기 때문이다. 부부가 함께 음주를 한다면 음주의 양이나 행동 및 습관 등에서 문제를 자각하기 어려운 만큼 평소 올바른 음주 습관을 갖도록 하는 것이 중요하다. 부부가 솔직한 대화를 통하여 서로의 음주 습관을 정확하게 점검하고, 혹시 문제가 있다면 함께 절주를 위해 노력하는 것이 필요하다.

여섯 번째, 배우자 중 한 사람이 흡연자인 경우, 운동과 취미 활동을 통하여 금연 스트레스를 낮추도록 노력한다. 필요시 금연 보조제 처방도 받을 수 있다. 배우자의 흡연 욕구를 대신할 요소를 같이 찾아 주는 것은 금연에 도움이 된다. 함께 운동하거나 맛집을 찾아가는 등 기분이 전환되는 방법을 찾아 금연 스트레스를 낮출 수 있다. 보건소의 금연 클리닉을 이용해 상담과 금연 보조제를 처방받는 것도 좋은 방법이다. 금연을 결심했다면 그것이 성공할 수 있도록 전문가의 도움을 받는 것이 효과적이다.

배우자의 외도와 불륜

배우자의 부정행위

결혼은 한 개인에게 있어서 행복감이나 불행감과 같은 삶의 가치를 판가름하게 만드는 인생의 중요한 전환점이다. 사람들은 흔히 결혼을 앞두고 일생일대의 중요한 선택의 갈림길에 서 있다고 말하기도 한다. 그 이유는 그 선택의 결과에 따라 행복한 앞날이 전개될 수도 있지만, 그 반대의 경우도 존재하기 때문이다. 배우자의 선택이 매우 성공적이면 삶이 웰에이징의 방향으로 나아갈 것이고, 성공적이지 못하면 삶의 복지가 떨어지는 불행한 방향으로 나아갈 수 있다. 많은 사람들은 후회스러운 선택을 되돌리거나 중단시킬 결심으로 이혼을 택하기도 한다. 결혼한 부부가 이혼하는 사유에는 경제 문제, 성격 문제 등 여러 가지가 있지만, 그중에서 중요한 요소의 하나가 바로 배우자의 외도와 불륜과 같은 부정행위다.

　우리나라는 2015년에 간통죄가 폐지되었다. 당시 헌법재판소는 재판관 9명 중 7 대 2의 압도적 다수로 간통죄의 폐지 판결을 내렸다. 그 이유는 '개인의 사생활 영역인 간통을 처벌하는 것이 국가기관의 지나친 개입'이라고 판단했기 때문이라고 한다. 간통(姦通)이란 결혼한 사람이 배우자가 있음에도 불구하고 다른 이성과 성관계를 맺는 것을 말하는데, 간통죄 폐지 이전에는 간통의 경우 형법에 의거 2년 이하의 징역형으로 처벌을 받았다. 간통죄 폐지로 배우자의 외도나 불륜이 국가의 형벌을 받지는 않지만, 이것들은 여전히 국민 정서상 용서하기 어려운 부도덕하고 나쁜 행동으로 인식되고 있다. 배우자의 외도는 부부가 이혼하게 되는 대표적인 요인이기도 하고, 그로 인해 손해배상 청구를 하는 일도 심심치 않게 볼 수 있다. 외도(外道), 불륜(不倫)과 같은 용어 모두 배우자 아닌 다른 이성과 성관계를 맺기 때문에 간통의 영역에 속한다고 보겠다.

　2024년, 국내 최대의 결혼정보회사에서 배우자의 외도에 대한 기혼남녀 500명을 대상으로 한 설문 조사 결과를 보면, 응답자의 87%가 배우자의 외도를 용서할 수 없다고 답했다. 용서할 수 있다는 응답은 13%에 머물렀는데, 그 이유로 남성 응답자의 42%는 '아내를 사랑하기 때문'이라고 답했으며, 여성 응답자의 39%는 '배우자가 진심으로 반성하기 때문'이라고 답했다. 우리나라 기혼남녀가 생각하는 불륜이나 외도와 같은 부정행위의 최저 기준은 '몰래 단둘이 만나기'라는 응답이 40%로 가장 높았다. 배우자의 부정행위가 의심될 때, 이에 대한 대처로 여성은 '휴대폰을 검열한다'라는 응답이 72%로 가장 높았고, 남성은 아내를 '은근슬쩍 떠본다'라는 응답이 58%로 가장 높았으며, 여성과 같은 '휴대폰을 검열한다'라는 응답은 33%로 나타났다. 배우자의 외도가 의심되는 첫 징후로 남녀 모두 '의심스러운 휴대폰 사용'이라고 응답한 비율이 52%로 가장 높았다. 결혼 생활 중 외도 경험이 있는지를 묻는 질문에는 응답자의 4%만이 '있다'라고 응답했다.

배우자 부정행위의 이유

모든 사람의 행동에는 이유가 있다. 마냥 행복할 것 같던 결혼 생활이 언젠가부터 금이 가고 있다는 것을 부부로 함께 살다 보면 직감적으로 느낀다고 한다. 그런 직감을 갖게 만드는 징후들은 언젠가부터 부부가 서로 말을 하지 않게 되거나, 사소한 일로 신경질적인 다툼이 잦아지거나 하는 행위들이다. 이것들은 모두 서로에게 불만과 불신이 싹트고 있다는 신호다. 물론, 개중에는 상대방을 진심으로 사랑하면서도 성격적으로 이상 행동을 보이는 수도 있지만, 일반적으로 알려진 배우자 부정행위의 징후들을 살펴보면 다음과 같은 것들이 있다.

첫 번째, 외출이 잦아지고, 귀가 시간이 불규칙하거나 늦어진다. 요즘에는 많은 부부가 맞벌이를 하는 관계로 이러한 현상은 상대방에게 의심을 사기에 충분하다. 왜냐하면 부부는 공동체로서 서로에게 신뢰를 줘야 하고, 직장에 대하여 가정에 대한 충성도 균형을 맞춰야 한다는 의무 측면에서 볼 때 충분히 부정행위로 의심할 만한 징후가 될 수 있을 것이다. 이전과 다르게 야근이나 회식이 잦아지고, 주말에도 특별한 이유를 대면서 혼자 집을 나가려고 한다면 부정행위를 의심받을 수 있다. 부부 간에 평소와 다른 잦은 이상 행동은 상대방의 심리적 불안감이나 분노를 자극하여 불행한 사건이 발생하는 원인이 되기도 한다. 부부는 상호 신의의 원칙에 입각하여 귀가가 늦거나 특별히 외출해야 하는 경우에는 사전에 그 이유를 충분히 설명하여 상대방의 이해를 얻는 것이 상대방을 배려하는 것이다. 실제로 2023년 12월 10일, 도하 언론 보도에 따르면, 아내의 외도를 의심하다가 아내를 잔혹하게 살해한 60대 남성이 항소심에서도 실형을 받았다는 뉴스가 있다. 60대인 남편은 약 한 달 동안 공무원이 아내가 평소와 다르게 늦게 귀가하는 일이 잦은 것에 대하여 외도를 의심하면서 추궁하자 부부 싸움으로 번졌고, 아내가 이혼하자고 말하자 격분하여 살해했다는 것이다.

두 번째, 휴대폰을 지나치게 소중히 또는 비밀스럽게 다루는 행동을 보이는 것이다. 집 안에서 공개된 장소에 자신의 휴대폰을 놓고 볼일을 보기도 하고, 배우자와 함께 휴대폰을 함께 보기도 하던 자연스러운 행동으로부터 언젠가부터 휴대폰을 자신만이 아는 자리에 놓거나 놓더라도 잠금장치를 철저히 하기도 한다. 배우자가 알고 있는 비밀번호를 바꾸거나, 화장실에서도 휴대폰을 손에서 놓지 않는 행동을 보이기도 한다. 하지만 휴대폰에는 외도의 증거가 고스란히 보관되기 때문에 휴대폰에 외도의 흔적을 남기지 않으려고 노력하는 사람들도 있다고 한다.

세 번째, 외모를 가꾸는 데 많은 공을 들이고 패션에도 신경을 많이 쓰는 행동을 보인다. 남성 같은 경우는 과거에 전혀 관심을 보이지 않던 피부 관리를 한다고도 하고, 갑자기 향수를 뿌리거나 옷 스타일이 바뀌고, 근력을 기르는 운동을 시작하는 등 외모에 대한 관심과 행동이 급격히 늘어나는 경우이다. 이와 같은 행동은 새로 사귄 이성에게 매력적으로 보이려는 노력의 일환이라는 것이다.

　네 번째, 부부 관계에서 냉담한 행동을 보인다. 부부 간에 자연스럽게 하던 대화나 스킨십 같은 행동을 피하거나 하지 않으려고 하는 행동이다. 평소 대화를 많이 하던 부부 간에 대화가 줄어든다면 그것은 마음이 다른 곳에 가 있다는 것을 의미하는 경우가 많다. 전과 달리 작은 일에도 짜증을 내거나 싸우려 드는 부정적인 행동을 보이는 경우도 있지만, 상대 배우자에게 전과 달리 더 친절하게 행동하는 경우도 있다. 아마도 양심의 가책이나 죄의식 때문일 것이다.

　다섯 번째, 돈의 지출 내역이 증가한다. 남자의 경우, 부정행위를 할 때 반드시 수반되는 것이 돈의 지출이 커진다는 것이다. 특히, 남성 같으면 부정행위 대상의 여성에게 하는 선물이나 식사비 지출이 의외로 커질 수 있다. 여성의 경우에도 부정행위의 상대가 무직이거나 손 아래인 경우에는 상대방의 호감을 사기 위한 지출 행동을 보이기도 한다. 갑자기 증가한 지출 내역에 대하여 명쾌하게 설명하지 못하는 경우, 외도를 의심해 볼 수 있다.

　부부가 서로 믿고 의지하면서 고마워하는 따뜻한 삶을 살기보다는 예상되는 불화를 감수하면서 기어코 다른 이성을 찾아서 부정행위를 하게 되는 이유는 무엇일까? 이에 대해서 전문가들의 많은 연구가 이루어지고 있다. 그 주요한 이유를 살펴보면 다음과 같다.

　첫째, 권태감과 그에 따른 일상의 탈출 욕구 때문이다. 권태감(倦

怠感)의 사전적 의미는 어떤 일이나 상태에 시들해져서 싫증이나 게으름이 나는 느낌, 또는 몸이 나른한 느낌이다. 인간에게 권태감이 오는 이유는 심리적으로 똑같은 일상의 반복 때문이라고 한다. 어떤 부부든지 결혼 생활을 오래 하다 보면 상대방에 대한 설렘은 줄어들고, 일상적인 일들이 꼬리를 물고 반복되는 것을 경험한다. 이 과정에서 일부 사람들은 새로운 자극을 찾으려고 애쓰게 된다. 부부 간에 이 욕구가 충족되지 못하면 결국 외도에 발을 들여놓을 가능성이 싹트게 된다. 지혜로운 부부라면 가끔은 서로 웃고 즐길 수 있는 스포츠, 연주, 요리 및 여행 등과 같은 취미 활동이나 색다른 경험을 함께 만들어 가는 것이 부부 웰에이징을 위해서 꼭 필요하다는 것을 알 수 있다.

둘째, 감정적으로 외로움에 빠지는 것이다. 동서고금을 막론하고 인간은 감정의 동물이라고 불린다. 때로는 이성보다 감정에 사로잡혀 행동하는 경우가 너무 많은 것이 사람이기도 하다. 인간의 감정을 표현하는 용어들은 너무 많다. 국어사전에는 감정을 표현하는 단어가 약 2,600개 정도가 실려 있고, 영어사전에는 약 2,000여 개가 실려 있다고 한다. 이러한 감정에 대하여 그리스 철학자 아리스토텔레스는 "우리는 감정을 억누를 수 없다. 하지만 감정이 우리를 지배하도록 두어서는 안 된다."고 경계했다. 반면에 세계적으로 존경받는 승려인 달라이 라마는 "자비와 연민은 강력한 감정이다. 이 감정들이 당신을 이끌도록 하라."고 말했으며, 방송인 오프라 윈프리는 "감정을 억누를 것이 아니라 그것을 지혜롭게 다루는 것이 중요하다."고 말했다. 존경받는 철학자나 종교인, 방송인 등이 인간의 행동에서 감정을 얼마나 중요하게 여기고 있는지를 알 수 있다. 이런 인간 감정에는 크게 긍정적인 감정과 부정적인 것이 있다. 때로는 중립적 감정도 있다고 한다. 인간의 행동에 긍정적 영향을 미치는 감정은 기쁨, 행복, 자비와 같은 현상이 있고, 부정적 영향을 미치는 것으로는 분노, 미움, 외로움 등과 같은 것들이 있다. 부부 웰에이징을 위해서는 당연히 부부 사이에 긍정적 영향을 미치는 감정들이 많이 생성되도록 함께 노력해야 할 것이다. 부부 사이에 상대방에 대한 분노, 미움 그리고 상대방으로 인한 외로움이 지배적이라면 그 부부의 관계가 행복할 리 없다.

2019년 4월 부산국제영화제 폐막작으로 선정된 〈윤희에게〉라는 제목의 영화가 있었다. 〈윤희에게〉는 임대형의 감독이 한국과 일본 오타루를 오가며 촬영한 한일합작 영화인데, 일본에서 살다가 한국인 경찰관에게로 시집와서 살아가는 윤희(김희애 분)의 정신적 상실과 성장에 관한 이야기를 담고 있다. 작은 공장의 식당에서 일하는 윤희는 자기 맡은 바 일을 열심히 해내는 직장인이자 아내이며, 엄마이다. 윤희의 남편 역시 경찰 공무원으로서 조용한 성격에 성실한 직장인이다. 그런 남편이 결국 윤희와의 이혼을 결심하게 된다는 이야기이다. 왜일까? 이혼 후 엄마와 함께 살면서 아빠를 자유롭게 만나는 윤희의 딸 새봄은 자신을 극진히 아끼고 사랑하는 아빠에게 묻는다.

"아빠는 왜 엄마와 이혼을 결심하셨어요?"

이 물음에 대해 아빠는 참으로 난처한 표정을 지으면서 대답한다. 아빠는 고등학교 3학년으로 대학 입시를 앞두고 있는 딸이 아빠의 대답을 이해해 줄지 걱정되었기 때문이다. 윤희 남편은 한참 동안 허공을 바라보다가 이렇게 대답한다.

"네 엄마는 아빠를 너무 외롭게 해."

윤희의 딸은 아빠가 함께 근무하는 한 여성 경찰관을 만나서 그 외로움을 해소하고 있다는 것도 이미 알고 있었다. 윤희의 딸은 오히려 안쓰러운 아빠를 격려한다.

"아빠, 그 여자 순경님, 참 좋은 사람 같아."

부부 사이에 대화가 줄어들고 정서적으로 거리가 멀어지면, 배우자는 감정적인 위안을 다른 사람에게서 찾으려 하는 경우가 많다고 한다. 배우자와 충분한 교감이 이루어지지 않을 때 외도가 발생할 가능성이 커진다는 것을 알 수 있다.

셋째, 상대 배우자에 대한 성적 불만족이다. 부부 사이의 성생활이 만족스럽지 못하거나 어느 한쪽이 일방적으로 거부하는 경우, 성적인 욕구를 충족시키기 위해 외도를 선택하는 경우가 있는 것으로 알려져 있다. TV 프로그램에서 부부 간에 만족스러운 성생활을 통한 건강한 부부 만들기 조언을 하는 의사 박해성이 쓴 책 『사랑의 기술』에 따르면, 부부란 저마다 다양한 이유로 싸우고 갈등한다. 그런데 정신과 의사들이 부부를 상담할 때 가장 중요하게 생각하는 것은 성생활 유무다. 겉으로는 잉꼬부부처럼 보여도 부부 관계가 없으면 이혼하기 쉽다. 하지만, 아무리 지지고 볶고 싸우며 살아도 부부 관계를 잘하는 부부는 이혼하지 않고 오래 산다. 박 원장에 따르면, 삶에서 섹스가 차지하는 비중이 여성은 10%가 안 되지만 남성은 90%가 넘는다고 한다. 문제는 부부가 서로 성적 욕구가 다르면 많은 쪽에서 반드시 불만이 생긴다. 중요한 문제는 상대가 섹스를 거부하면 나를 거부하는 것으로 받아들인다는 것이다. 이 지점이 부부 간에 오해를 낳는 중요한 분기점이 된다. 성관계를 거부한 측에서는 지금 당장은 성관계를 하기가 힘들다거나 하고 싶은 마음이 없다는 것이지 상대가 싫다는 것이 아니다. 그럼에도 섹스를 거절당한 측에서는 상대가 나를 싫어해서 그런다고 오해하기 쉽다는 것이다. 부부 간에는 상대가 왜 지금 섹스를 거부하는지를 잘 살펴서 이해하는 것이 중요하고, 거부하는 측에서는 상대방이 충분히 이해할 수 있도록 설명을 잘하는 것이 필요하다. 이유를 솔직하게 이야기하고 해결 방법을 찾아야 하는데, 상대에 대한 자존심 때문에 이야기를 하지 않고 오해와 갈등을 키우는 어리석은 경우가 종종 있다.

부부 관계에 있어서 상대가 성관계를 거부하면 부드럽게 그 이유를 묻고 함께 해결하려고 노력해야 한다. 중년에 접어든 여성이 남편이 요구하는 잠자리를 거부하는 이유는 대부분 질 건조증이나 신체적 변화 등으로 인한 성교통과 불감증 때문이라고 한다. 성교통은 심한 경우, 성기를 면도칼로 긋고 거친 사포로 박박 문지르는 느낌이 들 정도로 고통스럽다는 것이다. 남성들은 여성들이 겪는 이런 고통을 잘 모르니까 아내가 나를 피한다고 오해하기 쉽다. 중년이나 노년에도 부부 간의 성은 자연스러운 삶의 한 부분이다. 성생활이 주는 즐거움은 단순한 쾌감만이 아니다. 신체 접촉을 통해 서로 친밀감을 공유하고, 정서적 만족감과 안정감을 가져다주는 매개체이다. 바람직한 성생활을 위해서는 부부가 서로 존경과 애정을 가지고 대화하고 계획하고 노력하는 것이 필요하다. 심리학자 매슬로우도 주장했다시피 섹스에 대한 욕구는 모든 사람에게 내재해 있는 가장 근본적이고 기본적인 요구이다. 이러한 성적 욕구가 제대로 해결되지 못하면 정신적으로 불안해지는 것은 물론

성기능도 급속도로 퇴화하고, 심지어 수명까지도 단축된다고 전문의들은 말한다. 부부가 평생을 두고 성생활을 통해 사랑을 확인하는 것이야말로 삶에 활기를 불어넣도록 만드는 노력의 일환이라는 점을 잊어서는 안 되겠다.

넷째, 외부 환경의 영향이다. 결혼한 사람들의 불륜을 다루는 전문 변호사들의 주장에 따르면, 불륜을 저지른 사람들은 거의 공통적으로 그것을 자신의 책임이라고 인정하기보다는 상황 탓으로 돌리는 경향을 보인다고 한다. 자신이 분명한 의도를 가지고 불륜을 저지른 것이 아니라 상황에 떠밀려 여기까지 오게 되었다고 변명하는 태도를 보인다. 오늘날 인터넷을 비롯하여 각종 동호회, 직장 동료, 친구 등 주변 환경에서 외도를 부추기는 분위기가 다수 존재하는 것은 사실이다. 특히, 술자리에서의 가벼운 실수가 외도로 이어지는 경우는 흔한 일이고, 가까운 이성과의 감정적 교류가 불륜으로 발전하는 수도 있다. 이것은 흔히 동창회를 두고 하는 말이다. 오랫동안 보지 못했던 초등학교 동창들을 만나는 것은 마치 시간을 거슬러 올라가 추억을 공유할 수 있는 동질감 같은 것을 느끼게 된다. 동창회에서의 일탈은 중년층에서 많이 발생하고 있는데, 일상에서의 단조로움이나 건조한 느낌을 벗어나 마치 그동안 이루지 못한 풋풋한 사랑을 해 볼 수 있다는 기대감을 갖도록 해 주기 때문이다. 남녀공학의 초등학교에서 아무런 거리낌 없이 순수하게만 대하던 오랜 과거 동창들과의 대화는 어린 시절의 순순한 감정을 일깨우게 되고, 그것이 불륜으로 연결될 가능성이 높다는 것이다.

이처럼 불륜에 빠지는 사람들의 변명은 현재 상황에 대한 불만족과 행동 원인의 외부로의 전가 형태로 나타난다. 현재 상황에 대한 불만족의 이유를 배우자와 행복한 소통의 부재, 애정의 결핍감, 외로움, 배우자로부터 존중의 부족감 등을 내세운다. 불륜에 빠지는 사람들은 현존하는 관계에서 만족감을 얻지 못하여 새로운 자극과 정서적 연결을 찾으려는 경향을 보이는데, 초등학교 동창회 모임이나 등산모임 등은 이와 같은 조건을 충족시키는 작용을 한다. 실제로 우리 연구소와 한국여론리서의 공동 설문 조사 결과, 응답자들의 57.3%가 배우자의 불륜을 경험했다고 응답했다. 배우자의 불륜을 경험한 응답자들의 50.9%가 상대의 불륜을 인지한 후 사과를 받고 넘어갔다고 응답했다. 그러나 그 사건 이후로 신경이 예민해지고 화가 난다는 응답자는 70.9%였고, 이전과 달리 잠들기가 힘들다는 응답률은 55.5%에 달했다. 배우자에 대한 불륜 인식이 상대의 정신 건강을 얼마나 해치고, 가정의 화목을 깨뜨리는지를 쉽게 가늠할 수 있다.

다섯째, 성격적인 문제로 인하여 불륜에 빠지기도 한다. 결혼했음에도 불구하고 어떤 사람들은 그가 가지고 있는 성향으로 인하여 불륜에 빠지기도 한다. 흔히 우리는 이런 사람들에 대하여 원래 바람기가 있다고 평가한다. 이들은 부부 간 지켜야 할 의무와 책임감이나 불륜에 대한 도덕적 기준이 낮거나 충동적인 성향이 강한 것으로 파악되고 있다. 이런 성향의 사람들은 상대방이 아무리 잘해 줘도 바람을 피울 가능성이 높다고 한다. 이혼 전문 변호사들은 바람을 피우는 사람들 중에는 의외로 성격이 외향적이고 발랄하기보다는 수동적인 사람들이 많은 것으로 진단한다. 즉, 유혹에 쉽게 넘어가는 취약성을 지지고 있고, 자신의 의지보다는 외부 환경이나 타인의 영향을 쉽게 받는 경향이 있다는 것이다. 그들은 불륜에 빠져서는 "어쩔 수 없었다."라고 변명하는 모습을 보인다. 자신의 행동을 정당화하면서 책임을 남에게 돌리는 경향 역시 강한 편이다. 즉, 결혼 생활이 행복하지 못하고 불행했다든지, 상대방이 원인을 제공했기 때문이라든지 하는 변명을 일삼으며 수치심을 잘 느끼지 못하는 모습을 보인다. 이들은 도덕심이나 책임감이 낮아 결과적으로 불륜이 가지고 올 가정 파괴와 같은 후폭풍을 예견하는 능력이 떨어진다고 한다. 한국 사회 전체 부부의 웰에이징을 위해서라도 이런 사람들은 결혼 전에 반드시 걸러져야 할 것이다.

이혼의 어려움과 고통

내가 선택한 배우자와 결혼하여 백년해로(百年偕老)하고 싶은 것은 모든 사람의 희망이고 바라는 바다. 하지만, 계속하여 같이 살면 더 불행해질 것이라는 판단하에 이혼이라는 결정을 내리게 된다. 이혼(離婚)이란 무엇인가? 그것은 함께 사는 부부가 합의 또는 재판으로 혼인 관계를 인위적으로 소멸시키는 일을 뜻한다. 이혼은 크게 협의 이혼과 재판상 이혼으로 구분된다. 부부 간에 이혼 여부 및 자녀에 대한 친권과 양육권에 관한 협의가 이루어지면 별도의 소송 과정 없이 이혼이 되는데, 이것을 협의상 이혼이라고 한다. 재판상 이혼은 별도의 절차를 밟아 배우자를 상대로 법원에 이혼 소송을 청구하는 방식이다. 이혼 여부에 대해 부부 간에 서로 협의가 되지 않거나, 이혼에 대해서는 협의가 돼도 재산 분할을 비롯하여 친권이나 양육권에 대해 협의가 되지 않는 경우 등에는 재판상 이혼을 하도록 하고 있다. 2024년 통계청 자료에 의하면, 우리나라에서 2023년 1년 동안 남녀의 결혼은 약 19만 4천 건인 데 비해 이혼은 9만 2천 건인 것으로 나타났다. 결혼한 남녀의 약 50%는 이혼을 경험하는 셈이다. 하루에 약 250쌍의 부부가 이혼하고 있는 셈이다.

그러나 함께 살던 부부가 이혼한다는 것이 그렇게 쉬운 일은 아니다. 이혼 전문 변호사들의 주장에 따르면, 결혼에 비해 이혼은 3배 이상 어렵고 복잡한 일이라고 한다. 재산 분할이나 위자료뿐만 아니라 친권, 양육권, 감정 정리 등 정리해야 할 일이 너무 많아서 협의 이혼에 이르지 못하면 1년이 넘도록 부부가 법정 공방을 다투기도 한다. 이런 소모적이고 지루한 싸움은 비용도 문제지만, 시간이나 감정 소모도 상당히 심하여 보통 사람들이 감당하기가 쉽지 않다. 그러나 이혼에 수반하는 일들을 법적으로 깨끗하게 정리하지 않으면 이혼 후에도 복잡한 문제에 얽히거나 일상생활이 어려워질 정도로 고통을 받을 수 있다. 따라서 이혼 소송은 한번 시작하면 최대한 유리한 결과를 이끌어 낼 수 있도록 모든 방법을 강구해야 한다고 전문 변호사들은 조언한다.

배우자의 외도와 불륜 등 부정행위로 인하여 이혼하는 사람들은 마음을 차분히 유지하기 어려운 상태에 빠지게 된다. 일부 부부들은 냉정하게 판단하여 대화를 통해 협의 이혼에 이르기도 하지만, 부부 중 어느 한쪽이 받아들이지 않으면 조정이나 소송을 통해 관계를 정리하는 방법을 택하게 된다. 이혼 소송은 민법 제840조에 규정되어 있는 이혼 사유에 해당하면 제기할 수 있다. 이때 외도는 엄연히 부정행위이기 때문에 명백한 이혼 사유에 해당하며, 이혼 소송이 가능하다. 배우자의 부정행위로 인한 이혼 소송 시에는 배우자뿐만 아니라 상간자(相姦者)에게도 정신적 고통에 대해 위자료를 청구할 수 있도록 하고 있다. 2015년에 성에 대한 자기 결정권을 침해한다는 이유로 형사상의 간통죄는 폐지되었지만, 이것이 배우자와 정조의 의무를 지키지 않았을 때 민사상의 책임까지 피할 수 있다는 것을 의미하지는 않는다는 것이다.

우리나라에서 이혼이 얼마나 복잡하고 어려운 일인지를 단적으로 보여 주는 사례는 대중들에게 너무나 잘 알려진 SK그룹 최태원 회장과 노태우 전 대통령의 딸인 노소영 아트센터 나비 관장 간 이혼 소송 사건이다. 2015년 말 최태원 회장에게 혼외자 딸이 있는 것으로 밝혀져 두 사람의 결혼 생활이 파경에 이르렀다는 언론 보도들이 나왔다. 그리고 2017년, 최 회장이 이혼 조정을 신청한 후 조정이 결렬되고, 2019년 이혼 소송이 제기된 이후, 2022년도에는 항소심이 제기되었다. 이 항소심 재판의 판결은 2024년 5월 30일에야 선고가 진행되었는데, 1심 판결이 뒤집혀 노소영 관장의 정신적 고통에 대한 위자료 20억 원에 더하여 최태원 회장은 재산 분할로 노 관장에게 무려 1조 3,808억 원을 지급하라는 판결이 내려졌다. 이러한 판결의 중요 이유로 우선, 법원은 배우자 권리를 침해한 것을 근거로 손해배상과 더불어 1심 위자료도 증액이 필요하다고 판단했다. 또한, SK주식회사를 비롯한 모든 재산이 최태원과 노소영의 공동 재산에 포함된다고 판단했다는 것이다. 서민들로서는 꿈도 꾸기 어려운 위자료와 어마어마한 재산분할금 지급 판결이 이루어진 것이다. 이에 대하여 최태원 회장은 2024년 6월, 기자 회견을 통해 항소심 판결에 심각한 오류가 발견되었다면서 상고하겠다고 밝혔고, 현재 상고심이 진행 중이다. 이와 같은 세기적 판결에 대하여 이혼 소송 전문 변호사들은 부부 생활 중 함께 지켜야 하는 정조와 협력의 의무 등을 저버렸을 경우, 가중 처벌을 받을 수 있다는 지표가 되었다고 말한다.

배우자의 도박과 재정 문제

도박과 도박 중독

　도박(gambling)은 일반적으로 '오락이나 여가의 맥락에서 자신에게 가치 있는 무엇을 그보다 더 큰 가치가 있는 것으로 교환될 것을 기대하며 우연이나 혹은 운이 개재되어 그 결과가 불확실한 게임에 내기를 거는 것'으로 정의할 수 있다(김교헌, 2006). 법적인 개념으로는 사행행위라는 용어를 사용하는데, 사행(射倖)행위란 '여러 사람으로부터 재물이나 재산상의 이익을 모아 우연에 기댄 방법으로 득실을 결정하여 재산상의 이익이나 손실을 주는 행위'로 정의한다(사행행위 등 규제 및 처벌 특례법 제2조 1항). 베팅이나 배당을 내용으로 하는 게임물, 우연에 기댄 방법으로 결과가 결정되는 게임물, 경마·경륜·경정·카지노·복권·소싸움과 이를 모사한 게임물 등이 사행성 게임물에 해당하며, 이들은 그 결과에 따라 재산상의 이익과 손실을 주게 된다. 국내의 합법사행산업은 카지노업, 경주류(경마, 경정, 경륜), 복권류, 체육진흥투표권, 소싸움 경기 등이 있으며, 이외에 합법적 사행업으로 허가를 받지 않고 운영되는 모든 종류의 사행행위는 불법으로 간주된다.

코로나19 이후 도박 중독 치유 서비스 이용자의 도박 플랫폼을 조사한 결과, 오프라인 도박은 코로나19 이전에 비하여 줄어든 데 비해 온라인 도박 이용수가 증가하였으며, 도박 빈도도 매주 3~6회 및 매일 하는 비율이 증가한 것으로 나타났다(한국도박문제예방치유원, 2020). 즉, 도박의 유형이 오프라인 현장 중심에서 온라인 중심으로 변화하는 추세에 있다고 볼 수 있다. 그중 온라인에서의 불법 도박이 해마다 증가하고 있는데, 온라인 도박은 오프라인 도박과 달리 접근성이 좋고 익명성과 편의성이 높아 더 많은 시간과 비용을 도박에 투자하게 만들면서, 도박 중독과 같은 도박 문제로 연결될 가능성도 높다. 도박 문제란 과도한 도박과 관련해서 발생하는 심리적·사회적·신체적·재정적 피해나 폐해를 의미하며, 그중 도박 중독은 가장 심각한 형태의 폐해라 볼 수 있다. 김교헌(2006)에 따르면, 도박 중독은 도박 행동에 대한 만성화된 자기 조절 실패로 인해 초래되는 생물·심리·사회적 증후군이다. 정신장애 진단 및 통계편람(DSM-5-TR, APA, 2022)에서는 '도박 장애(gambling disorder)'로 관련 문제를 정의하고 있다. 진단 기준에 따르면, 1년 동안 도박에 대한 집착과 금단 및 내성 증상, 조절 실패, 회피 수단으로 도박 사용, 추적 도박, 거짓말, 재정 문제, 도박으로 인한 일상생활의 문제 중 4가지 이상의 증상이 나타날 때 도박 장애로 진단될 수 있다. 국제질병분류(ICD-11)에서도 도박 장애(gambling disorder)를 '중독성 행동으로 인한 장애'로 정의하며, 도박 시작, 빈도, 강도, 지속 시간, 종료 방법 및 상황 등에 대한 통제 능력이 감소하는 도박에 대한 통제 능력 손상, 도박이 개인의 삶에서 다른 관심사나 일상 활동보다 우선시되어 일상생활과 사회적 직업적 기능에 부정적인 영향을 미치는 도박의 현저성, 도박으로 인해 부정적인 결과(재정적 문제, 관계 갈등 등)가 발생하는데도 불구하고 도박 행위를 계속하는 행위를 주요 진단 기준으로 정하고 있다.

사행산업통합감독위원회(2022a)의 〈사행산업 이용실태조사〉에 따르면, 우리나라 일반인의 도박 중독률은 5.5%이며, 우리나라 인구로 추정해 볼 때 전체 인구 중 237만 명이 도박 중독자로 분류될 수 있다. 특히 여성(2.6%)에 비해 남성(8.5%)의 유병률이 3배 정도 높고, 여러 연령대 중 50대의 유병률이 6.6%로 가장 높으며, 그다음은 40대(5.8%)와 60대(5.8%)로 나타났다. 제5차 불법 도박 실태조사(사행산업통합감독위원회, 2022b)에서도 40대의 불법 도박 참여율이 29.0%로 가장 높게 나타났으며, 50대 19.3%, 60대 16.5%로 나타나고 있어 전반적으로 중장년의 불법 도박 이용률이 높은 것을 알 수 있다. 이들 대부분이 결혼한 연령대에 있는 사람들이다.

도박과 부부 관계

도박 중독은 가족의 금전적 손실, 가족 간 언쟁, 분노와 폭력, 거짓말과 속임수, 가족의 방치, 가족 관계의 악화, 빈약한 의사소통, 가족 역할과 책임의 혼돈, 다른 가족 구성원의 도박 문제 혹은 중독의 문제를 발생시킨다.

우리 연구소와 한국여론리서치가 공동으로 실시한 한국형 문제 도박척도(PGSI: Problem Gambling Severity Index) 설문 조사에서 평균이 1.68(SD 4.07)점으로 나타났다. 세부적으로 살펴보면, 비문제성 도박자는 74.3%이며, 도박 문제가 발생할 위험성이 낮은 저위험 도박자는 9.7%로 연구 대상의 84.0%는 도박 문제가 없는 것으로 나타났다. 그러나 도박으로 인해 부정적 영향이 존재하며, 문제성이 증가하는 단계인 중위험 도박자는 6.5%, 도박 중독이 의심되는 상태로 치료 및 개입이 필요한 문제성 도박자는 9.5%로, 조사 대상의 13.0%가 도박 문제를 안고 있는 것으로 나타났다. 이는 국내의 일반인을 대상으로 한 조사 결과보다 높은 비율이며, 기혼자 집단에서의 도박 문제가 심각하다고 추측해 볼 수 있는 결과이다.

기혼자의 도박 문제

각 문항별로 도박의 문제 증상을 분석해 보면, '잃어도 크게 상관없는 금액 이상으로 도박을 한 적이 있다'라는 응답이 18.3%로 가장 높았다. '자신의 도박하는 방식이나 도박을 해서 발생한 일에 대해 죄책감을 느낀 적이 있다'라는 응답은 16.0%, '잃은 돈을 만회하기 위해 다른 날 다시 도박을 한 적이 있다'라는 응답은 14.5%의 순으로 나타났다. 기혼 성인 남녀들은 감당할 수 없는 도박 지출과 도박으로 인한 심리적 고통, 손실 회복 도박 경향 등이 비교적 높다고 볼 수 있다(상단 그림 참고). 또한 성별에 따른 도박 수준을 분석한 결과, 남성의 경우, 비문제성 도박자는 65.7%, 저위험 도박자 13.6%, 중위험 도박자 7.9%, 문제성 도박자 12.7%로 나타났으며, 여성의 경우, 비문제성 도박자 83.0%, 저위험 도박자 5.7%, 중위험 도박자 5.1%, 문제성 도박자 6.3%로 나타났다. 즉, 여성 대비 남성이 더 높은 도박 문제를 안고 있는 것으로 나타났다. 각 문항별 성별 분석 결과에서도 모든 문항에서 남성이 여성에 비해 도박 문제의 경험 비율이 더 높은 것으로 나타났으며, 특히 고액의 도박 경험에서 가장 큰 차이를 보였다(그림 참고).

성별에 따른 도박 문제

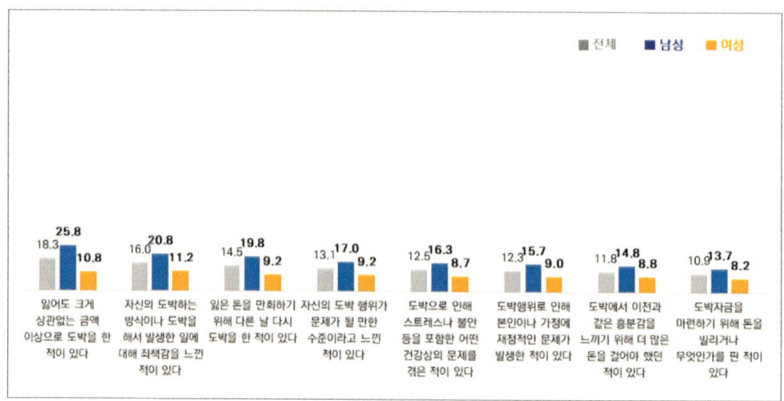

결혼 생활 기간에 따른 도박 문제의 차이를 분석한 결과, 결혼 기간이 10년 미만인 집단에서 가장 높은 비율로 도박 문제를 경험하는 것으로 나타났으며, 그다음으로 10년~20년의 집단에서 도박 문제가 많이 보고되고 있다. 한편, 결혼 생활이 40년 이상인 집단에서는 도박에 대한 죄책감과 도박으로 인한 재정적 문제를 경험한 비율이 10% 이상으로 나타났다(하단 그림 참고).

결혼 생활 만족 유형별 도박 문제

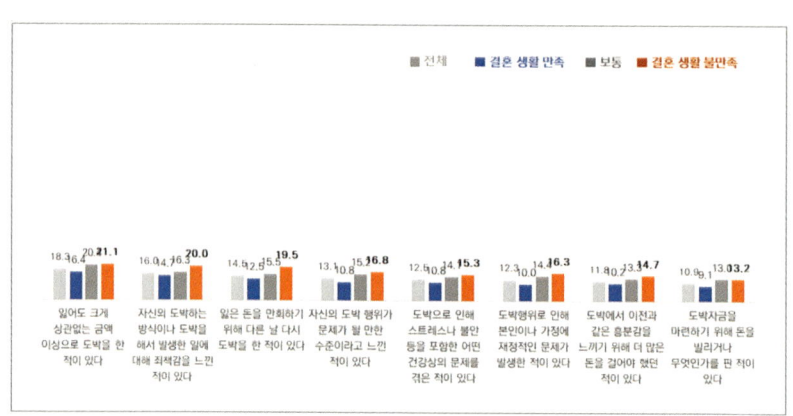

결혼 생활의 만족 유형별 도박 문제 비율을 분석한 결과는 위의 그림에 제시되어 있다. 조사 항목은 고액 도박 경험, 손실 회복을 위한 도박, 도박 문제 인식 여부, 도박으로 인한 건강 문제, 재정 문제 발생, 빚이나 자산 매각, 내성(도박 강도 증가), 주변인의 도박 문제 인식, 심리적 고통 등이었다. 그 결과, 결혼 생활에 불만족한 집단이 만족한 집단 및 보통 수준의 만족도를 보인 집단보다 더 높은 비율로 도박 문제를 경험하는 것으로 나타났다.

결혼 생활 기간별 도박 문제

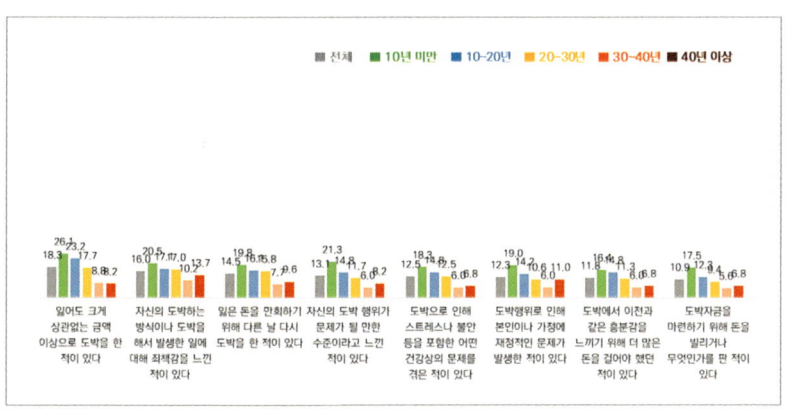

이와 같은 결과는 도박 문제가 부부 관계에 부정적 영향을 미치고, 그 영향으로써 다양한 문제들이 발생할 수 있다는 것을 시사한다. 특히 기혼자의 도박 문제는 부부 관계에 심각한 영향을 미칠 수 있다. 도박 문제는 개인의 심리적·경제적 문제를 초래할 뿐만 아니라 배우자와의 신뢰 손상, 의사소통 단절, 가정 내 갈등의 증가 등으로 이어져 부부 관계의 질을 저하시킬 수 있다. 김성은

(2024)은 현상학적 연구를 통해 도박 중독 남편을 둔 아내들은 심각한 신뢰 상실을 경험하며, 이는 부부 갈등과 불화로 이어진다는 것을 보고하였다. 이지혜와 최현정(2021)의 연구에서는 도박중독자의 가족이 정서적 고통과 공동의존증상을 보이는 것으로 나타났다. 공동의존증상이란 도박 중독자의 가족(특히 배우자)이 중독자의 행동에 감정적으로 얽히면서, 도박 문제가 단시간의 갈등으로 끝나기보다는 지속되도록 하는 역할을 하는 것을 의미한다. 이 과정에서 가족은 도박 중독자의 문제를 숨기거나 재정적으로 지원하며, 심지어 도박으로 인해 발생한 빚을 갚아 주기까지 한다. 이러한 공동의존증상으로는 다음과 같은 특징이 있다.

첫째, 중독자의 문제 해결을 위해 지나치게 헌신한다. 즉, 도박자의 빚을 갚아 주거나 도박 문제를 대신 해결하려 한다. 둘째, 자신의 감정보다 중독자의 감정을 우선시하기도 한다. 즉, 도박자의 기분을 맞추기 위해 자신의 감정을 희생한다. 셋째, 중독자와의 관계에서 벗어나지 못한다. 즉, 도박 중독자의 행동이 반복적으로 문제를 일으켜도 관계를 유지한다. 넷째, 문제를 부정(Denial)한다. 즉, 도박 문제가 심각해도 '곧 나아질 것'이라고 위로하며 현실에 직면하지 않으려고 한다. 다섯째, 도박 중독자를 통제하려는 욕구(Control)이다. 즉, 도박자의 행동을 통제하려 하지만, 오히려 중독은 악화되는 결과를 초래하기도 한다.

부부 중 어느 한쪽이 공동 의존에 빠지게 되면 도박자의 빚을 갚아 주면서 가계 경제의 악화를 초래하는 동시에 배우자가 지속적인 불안과 우울을 느끼게 한다. 또한 부부 사이의 신뢰와 가족 간의 의사소통 단절에 영향을 미치게 되며, 이러한 가정의 불안정성은 자녀에게도 심리적 불안 등 행동의 문제를 유발할 수 있다.

도박과 가정의 재정 문제

도박은 개인의 경제적 문제뿐만 아니라 가정 전체의 재정 안정성을 위협하는 주요 요인이다. 특히, 도박 중독이 심화하는 경우, 재산 손실, 부채 증가, 가계 운영의 어려움, 신용 불량 등의 심각한 문제를 초래할 수 있다. 도박 중독으로 인해 개인과 사회가 부담하는 경제적 손실은 연간 78조 원 규모에 달하며 직접적 비용(개인의 도박 지출, 부채 증가 등)뿐만 아니라, 복지·의료 비용, 범죄의 예방 및 수사 비용, 생산성 감소 비용 등 간접적 비용이 사회적으로 큰 영향을 미친다.

실제 사례를 들어 보면, 52세의 김 씨는 자동차 부품 중개업을 하며 비교적 안정적인 삶을 살고 있었다. 성실하게 일했고, 아내와 고등학생 딸과 함께 평범한 가정을 꾸려 왔다. 하지만 몇 년 전, 지인들과의 술자리에서 우연히 들은 이야기가 그의 삶을 흔들기 시작했다. "요즘 스포츠토토로 용돈 벌었다"라는 친구의 말을 흘려들었지만, 그는 어느새 휴대폰에 도박 사이트를 설치하고 있었다. 처음엔 '한두 번 해 보지 뭐'라는 가벼운 마음이었다. 5만 원, 10만 원을 거는 수준이었고, 몇 번 잭팟도 터지면서 "운이 좋다"며 자부심까지 느꼈다. 그러나 시간이 지날수록 도박은 그의 일상이 되었고, 점점 판돈도 커졌다. 코로나19로 사업도 어려워지자, 김 씨는 도박으로 손실을 메우겠다는 생각에 집착했다. 하지만 현실은 달랐다.

이기면 다음 판에 더 걸고, 지면 잃은 돈을 찾기 위해 또 걸었다. 그렇게 수천만 원이 사라졌다. 도박자금이 떨어지자 김 씨는 지인들에게 손을 벌리기 시작했다. "사업 확장하려고, 곧 큰 계약이 있다"라며 꾸며 낸 말을 전하며 돈을 빌렸다. 그는 총 네 명에게서 1억 2천만 원을 빌렸고, 그 돈 역시 도박으로 모두 날렸다. 결국 김 씨는 사기 혐의로 고소를 당했고, 재판도 받게 되었다. 그러는 사이, 가정도 무너지기 시작했다. 아내는 반복되는 거짓말과 금전 문제에 지쳐 결국 이혼 소송을 제기했고, 딸은 아버지에 대한 분노와 불신으로 아버지를 없는 사람 취급했다. 가족 내 갈등은 격해졌고, 김 씨는 점점 사람을 피하게 되었다. 외출도 줄고, 밤낮없이 도박 생각에 사로잡혔다.

깊은 우울감과 자책, 그리고 자신에 대한 혐오가 뒤따랐다. 현재, 김 씨는 보호관찰하에 도박 중독 전문 상담을 받고 있으며, 법원의 명령으로 집단 치료 프로그램에도 참여하고 있다. 비로소 그는 자신이 병적 도박자라는 사실을 인정하게 되었고, 처음으로 "내가 정말 잘못 살았구나"라는 말도 꺼냈다.

도박을 위해 지출하는 금액이 점점 늘어나면서 필수 생활비(주거비, 식비, 교육비 등)보다 도박이 우선시되며, 가족의 기본적인 필요보다 도박을 위한 자금 마련이 중요하게 여겨지는 문제가 발생하게 된다. 도박으로 인해 경제적 여유가 사라지면, 배우자가 추가적인 경제 활동(추가 근무, 아르바이트 등)을 해야 하는 상황이 발생하고, 자녀의 교육비 축소, 기본적인 생활 수준 저하로 이어질 수 있다. 또한 도박을 지속하기 위해 신용카드 대출, 사채, 불법 금융 거래 등을 이용하는 경우가 많아지며, 도박 빚을 갚기 위해 추가적인 돈을 빌리는 악순환(이른바 '빚 돌려막기')이 발생하며, 결국 가정 전체가 신용 불량 상태에 빠질 위험성이 높아진다. 특히 가족 구성원이 연대보증을 서게 되는 경우, 배우자나 자녀에게까지 경제적 피해가 전가될 수 있다. 도박 중독은 개인의 재정적·심리적 문제를 넘어 사기와 같은 이차 범죄로도 이어질 수 있다. 관련 연구를 종합해 보면, 청소년과 성인 모두에서 이러한 경향이 나타나며, 그 심각성은 점점 증가하고 있다. 특히 불법 도박에서 사기 등의 2차 범죄와의 관련성이 높다. 즉, 도박으로 인한 재정적 압박을 받게 되면 이를 해결하기 위해 사기, 절도 등 2차 범죄에 연루되는 사례가 발생하게 된다.

최근 언론 보도에 따르면 30대 성인이 도박자금을 마련하기 위해 공연 티켓을 판매할 것처럼 속여 수백 명에게서 수천만 원을 갈취한 사건이 발생했으며(뉴스원, 2025. 2. 25.), 중고 거래 사이트에서 수억 원대 사기 행각을 벌여 모은 돈을 도박자금으로 활용한 사례가 보도되기도 하였다(강원일보, 2025. 2. 26.).

도박에 중독된 개인은 도박으로 인한 금전적 손실을 만회하기 위해 추가로 절도, 사기 등 불법적인 행동을 선택하는데, 이는 전형적인 도박 중독의 증상이기도 하다. 도박에 중독되면 그것은 단순히 개인의 문제를 넘어 가정에 악영향을 미치며 사회적 범죄로 확대될 수 있다. 따라서 가정의 행복을 위해서는 결혼 전부터 상대가 이와 같은 성향을 지니고 있지는 않은지 철저히 분석할 필요가 있다.

배우자 도박 문제에 대한 대처

앞의 공동 설문 조사에서 도박 경험이 있다고 응답한 비율은 18.3%로, 전혀 없는 상태는 아니었다. 그리고 이들은 잃은 돈을 되찾기 위한 목적으로 다른 날 도박을 한다고 응답함으로써 도박 행동이 연속될 가능성이 있다는 것도 확인되었다. 어떤 가정이든지 이와 같은 도박 문제는 가정에서 재정적·정신적 피폐를 자지고 오기 때문에 경계해야 한다. 배우자의 도박 문제에 대처하고 공동의 존중상에서 벗어나기 위해서는 다음과 같은 개입이 필요하다.

첫째, 자기 인식 및 문제를 인정하도록 한다. 공동의존이 자신의 감정과 행동에 미치는 영향을 냉정하게 인식하고, 현실을 직시하는 것이 중요하다. 상대 배우자는 '내가 도박 중독자의 문제를 해결할 수 없다'는 사실을 받아들여야 한다. 둘째, 건강한 경계 설정이다. 도박 중독자의 행동을 무조건 돕거나 지원하지 않도록 하는 냉정한 자세가 필요하다. 특히, 가정 경제의 안정을 위해서는 빚이나 채무 등 도박 문제에 대한 책임은 반드시 중독자 본인이 지도록 유도하는 것이 효과적이다. 셋째, 심리 상담 및 치료를 받도록 한다. 부부 또는 가족 단위로 상담을 받으면서 도박 문제와 공동 의존 패턴을 해결하는 방법을 학습할 수 있도록 하고, 심리 치료 또는 가족 치료를 통해 전문가의 도움을 받는 것이 필요하다. 또한 'Gam-Anon'과 같은 도박 중독자 가족 지원 모임에 참여하여 유사한 경험을 가진 사람들과 정보를 공유하는 것도 도움이 된다. 넷째, 독립적인 삶을 구축한다. 도박 중독자의 문제에서 벗어나 자신만의 삶과 행복을 찾는 것이 중요하다. 배우자로서의 얽매인 삶으로부터 거리를 두고 개인적인 목표를 설정하여 자기돌봄(Self-care)을 실천하는 것이 필요하다.

한편으로, 부부 관계는 도박 문제의 보호 요인으로 작용하기도 한다. 가족과 배우자가 정서적으로 지원하는 것은 도박 문제를 예방하는 핵심 요소 중 하나다. 즉, 건강한 가정 환경을 조성하고, 가족 구성원 간 정서적으로 지지하는 분위기는 도박 문제가 발생할 것을 미리 예방하거나 조기에 문제를 해결하는 데 중요한 역할을 한다. 그 구체적인 방안을 살펴보면 다음과 같다.

첫 번째, 항상 그렇듯이 부부 간 열린 의사소통을 촉진한다. 배우자와의 정서적 연결이 강하고 도박 문제에 대해 솔직하게 이야기할 수 있는 환경에서는 중독의 회복 가능성이 커진다. 또한 민주적 의사소통이 이루어지는 환경에서는 개인이 충동적 결정을 내리기보다 신중하게 판단하는 습관을 기를 수 있다. 도박 문제를 이야기할 때 감정적으로 대응하면 상대방이 방어적으로 나올 가능성이 크다. 따라서 도박에 대해 비난하지 않고, 경청하고, 공감하면서 도박이 가족에게 미치는 영향을 강조하는 것이 좋다.

두 번째, 건강한 가정 환경을 조성한다. 가정 내 갈등이 잦거나 불안정이 크면 가족 구성원이 도박과 같은 위험한 행동에 빠질 가능성이 증가한다. 사람들은 불안감과 스트레스가 커지면 이를 해소하기 위해 도박을 하게 되는데, 지지적인 가족 환경은 스트레스의 경험을 낮춤으로써 도박에 대한 접근을 방지해 준다. 가족이 함께하는 시간이 많고 유대감이 강한 경우, 도박을 할 시간과 기회는 줄어든다. 도박 대신 함께하는 운동이나 취미 활동을 통해 스트레스를 해소하면 이것 또한 가족 간의 긍정적 경험을 증가시킨다.

세 번째, 재정적 피해를 최소화하는 전략을 세운다. 배우자가 도박을 할 경우에는 가족의 재정이 보호될 수 있도록 주요 계좌와 신용카드 접근을 제한하는 것이 필요하다. 가족이 금융 상담을 받아 대출 및 채무 조정을 할 수 있으며, 법적 재산 보호 조치 등도 검토할 수 있다. 또한 배우자가 도박으로 인해 부채를 지더라도 대신 갚아 주는 것은 문제 해결이 되지 못한다. 오히려 그것은 도박 행동을 지속시키는 결과를 초래할 수 있다는 것을 인식하고 "당신이 만든 빚을 대신 해결해 줄 수는 없어. 하지만 우리가 함께 해결 방법을 찾을 수 있도록 도울게."라고 명확하게 선을 긋는 것이 필요하다.

네 번째, 전문가의 도움을 요청한다. 도박 문제가 지속되거나 심각해질 경우, 가족만의 노력으로 해결하기 어려울 수 있다. 한국도박문제예방치유원(KCGP)에서는 무료 심리 상담 및 재정 상담을 지원하고 있다. 이 외에도 도박 중독자 가족을 위한 자조모임에 참여하면 비슷한 경험을 공유하고 실질적인 도움을 받을 수 있다.

도박 중독은 단순히 개인의 문제가 아니다. 부부 관계와 가족 전체에 깊은 영향을 미치는 복합적인 문제다. 배우자의 도박 문제로 인해 신뢰가 무너지고, 경제적 어려움이 가중되며, 부부 간의 의사소통 단절과 정서적 고통이 커질 수 있다. 특히, 도박에 대한 공동의존 현상이 발생하는 경우에는 도박 문제는 더욱 악화되고, 그 결과 가정의 불안정성이 초래될 가능성이 크다. 그러나 이런 상황에서도 부부 관계는 도박 문제 해결의 중요한 보호 요인이 될 수 있다는 것을 잊어서는 안 된다. 배우자 간의 개방적이고 건강한 의사소통, 정서적 지지, 경제적 피해 최소화 전략 그리고 전문가의 개입을 통한 실질적인 도움은 도박 중독 문제를 극복할 수 있는 중요한 전략이다. 무엇보다 배우자는 도박 중독자의 문제를 무조건 감싸기보다는 건강한 경계를 설정하고, 자신의 삶을 지켜 나가면서 현실적인 해결책을 모색하도록 해야 한다.

실제 사례를 들어 보면, 아내 김은주(가명, 48세) 씨는 남편의 반복적인 도박 문제로 몇 년간 심한 스트레스를 받았다. 남편은 처음엔 소액의 스포츠 도박을 하다가 점차 온라인 카지노 도박까지 손을 뻗었고, 결국 지인들에게까지 돈을 빌려 도박자금을 마련하기에 이르렀다. 처음 1~2년 동안 아내는 남편의 빚을 대신 갚아 주고, 도박 재발을 막기 위해 휴대폰을 검사하거나 동선을 확인하는 등의 감시와 통제를 반복했다. 아내는 그런 노력에 남편이 마음을 돌릴 것이라고 기대했다. 그러나 이러한 대응은 남편의 중독 행동을 막기보다 오히려 은근히 허용하거나 갈등만 키우는 결과를 낳았다. 결국, 심리상담센터의 가족 프로그램에 참여한 후, 아내는 '남편의 중독 문제를 본인이 책임지고 마주하게 하는 것이 가족의 역할'이라는 사실을 인식하게 되었다. 이후에는 경제적 지원을 중단하고, 남편이 치료 프로그램에 참여하지 않는 경우, 가정의 지속 여부에 대한 경계를 명확히 했다. 그 결과 남편은 법원의 보호관찰 하에 중독 치료를 시작하게 되었고, 아내는 자신의 삶을 회복하기 위해 가족 교육과 정서적 자기돌봄을 병행해 나가고 있다.

어느 날 가정에 찾아온 도박 문제를 궁극적으로 예방하고 회복하기 위해서는 개인의 노력뿐만 아니라 가정, 사회, 국가적 차원의 지원이 함께 이루어져야 한다는 것을 알 수 있다. 도박 중독에 대한 인식을 높이고, 예방과 개입을 위한 체계적인 프로그램을 마련하며, 피해자 가족들을 위한 실질적인 지원책을 강화하는 것이 중요하다. 부부가 함께 문제를 직면하고 해결해 나간다면 도박 중독으로 인한 부정적인 영향을 최소화하고 건강한 관계도 회복할 수 있을 것이다.

4장

부부 웰에이징을 위한 지침

상호 존중과 신뢰 쌓기

결혼해서 부부로 살아가면서 서로 얼굴을 마주하면 편안하고 사랑스러운 마음이 드는 시간은 잠깐이라고 한다. 나머지 오랜 시간 동안에는 무언가 어색한 기분이 들 때도 있고, 또는 전쟁하는 것처럼 정신없이 살게 된다고들 말한다. TV에서 부부 간 사랑을 주제로 강연을 많이 하는 국내 한 유명 소통 전문 강사는 우스갯소리로 어릴 때 자기 아버지의 이름이 '그 원수'인 줄 알았다고 한다. 그 사람의 어머니가 아버지를 원망할 때면 입에서 나오는 말이 그랬다는 것이다. 부부는 서로 사랑하는 시간이 많을까, 아니면 서로 갈등하는 시간이 많을까? 부부마다 모두 다르겠지만, 연간 19만 4천 쌍이 결혼하고 9만 2천 쌍이 이혼하는 현실을 볼 때 갈등 속에서 살아가는 부부들이 결코 적은 숫자가 아니다.

갈등은 모든 부부에게서 발생하는 자연스러운 현상이다. 이 세상에서 가장 숭고한 사랑을 주고받는 어머니와 자식 사이에도 갈등이 있는데, 하물며 금성에서 온 남자와 화성에서 온 여자 간에 갈등이 없다는 것이 오히려 이상한 일이다. 갈등은 관계를 맺고 있는 사람 간에 서로 가치관이나 신념이 다르고, 또 성격과 습관이 같지 않기 때문에 발생한다. 서로 다르다 보니 의견일치를 보지 못하고 대립하며, 이해관계가 서로 충돌하기도 한다. 하지만 갈등은 심리적으로 긴장감을 불러온다. 사람이 심리적으로 긴장되면 그것을 풀고 원래대로 돌아가려는 욕구가 생긴다. 이때, 부부 간 어느 누가 먼저 양보하면 갈등이 해결되지만, 그렇지 못하면 갈등상태가 계속되고 집안 분위기도 냉랭해진다.

이러한 갈등을 이기지 못하여 이혼을 선택하는 부부가 있기도 하지만, 갈등을 안고 있으면서 남처럼 살아가는 부부도 증가하고 있다. 과거에 우리 사회의 어머니들은 남편이 술주정뱅이거나 경제적 능력이 없거나, 집안일을 도와주기는커녕 소리나 지르거나, 바람을 피워 대는 '원수'라도 오직 자식들을 바라보면서 이혼하지 않고 인내하면 사는 경우가 참 많았다. 하지만 지금은 그런 시대가 아니다. 남편과 사는 것이 조금만 불편해도 자식을 버리고 가정을 떠나는 아내들도 적지 않다고 한다. 부부란 검은 머리가 파뿌리 될 때까지, 또는 둘이서 호흡을 맞추고 좋은 팀워크를 이루면서 백년해로하기로 약속한 사이가 아닌가? 그럼에도 살다 말고 이혼이라니. '오죽했으면 이혼을 할까?'라는 차원에서 이혼을 생각해 보면, 그것은 필시 남보다도 더 못한 사이가 된 것임이 분명할 것이다.

그렇다면 어떻게 하면 부부 간에 갈등을 최소화하면서 서로 믿고 의지하며 인생이 끝날 때까지 잘 살아갈 수 있을 것인가? 그 첫 번째 중요한 조건이 바로 서로를 존중하는 태도를 갖고 사는 것이다. 부부 간에 반드시 지켜야 할 의무가 있는데, 그중 하나가 상대방 의견을 존중하고, 상대방의 감정을 이해하려고 노력하는 것이다. 이것은 부부 됨의 기본적 조건이다. 어느 한쪽이 '당신은 무조건 나를 따라야 한다'는 의식은 현대 문명사회에서 매우 위험하다. 그것은 독재체제에서나 가능한 분위기다. 어느 한쪽에서만 상대방을 존중하는 것이 아니라 반드시 두 사람이 모두 상대방을 존중하는 마음이라야 행복한 부부 관계가 유지될 수 있다. 이것을 부부 간 균형과 조화를 이루고 있다고 한다. 부부 간 존중이란 상대방의 의견이나 감정, 욕구가 중요하다고 인식하는 것이다. 그리고 그것을 가치 있는 것으로 인정하는 것이다.

부부가 서로 존중하고 있는지를 확인하는 방법을 살펴보면 다음과 같다.

첫 번째, 상대방 의견에 동의하지는 못하더라도 귀를 기울여 주는 것이다. 상대방 의견이 나와 다르다고 해서 불쾌한 감정을 갖거나 드러내기보다는 남편, 또는 아내와 나는 매우 다른 특성의 소유자이므로 당연히 의견이 다를 수 있고, 그래서 경청하는 것이 당연하다는 이해심이 발동되는 것이다. 이런 태도가 아니라 "그 의견은 틀렸다"라고 말하면 그것은 기본적으로 상대방을 이해하려는 자세가 아니다. 오히려 그 사람의 마음속에 상대에 대한 존중감이 없다는 것을 증명하는 것이다. 이와 같은 태도는 상대방의 불신을 조장하게 되고, 갈등의 계기가 된다.

두 번째, 상대방의 감정을 진지하게 받아들이고 이해하려고 노력하는 것이다. 감정이란 어떤 현상이나 일에 대하여 일어나는 마음이나 느끼는 기분을 말한다. 다른 말로는 정서(情緒)라고도 한다.

감정은 주로 상대를 직면하여 발생하는 것으로, 기쁨, 노여움, 슬픔, 즐거움 등이 있다. 남성과 여성은 어떤 대상에 직면하여 느끼는 감정의 기전이 매우 다르다는 것은 다 아는 사실이다. 상대방은 이러한 사실을 알고 이해하면서 대응할 수 있어야 한다. 아내는 어떤 대상에 직면하여 즐겁고 기뻐서 웃는데 남편이 거기에다가 "뭐 그런 것을 가지고 웃고 그러냐?"라고 소음을 보태면 아내의 기분이 좋을 리 없다. 여성과 남성은 서로 다른데 아내는 남편의 감정에 대하여 여성의 방식으로 공감하고, 남편은 아내의 감정에 대하여 남자의 방식으로 공감한다면 그것은 왜곡된 공감이 되어 상대방의 감정을 억압하는 효과를 초래한다.

세 번째, 상대방의 요구를 존중하는 것이다. 부부 간에는 의도적이거나 무심결에든 일상생활에서 여러 가지 요구를 많이 하게 된다. '거기 양말 좀 갖다 달라, 음식물 쓰레기 좀 버려 달라, 담배를 끊어 달라, 그런 사람은 만나지 말아 달라' 등. 이와 같이 부부 간에 일상적으로 발생하는 요구들은 요구자의 사소한 이기심에서 발동되는 것도 있지만, 상대방과 가정의 행복을 지키기 위한 것들도 많다. 우리는 가정 밖에서 사회생활을 하는 동안 다른 사람들의 요구에 응할지 응하지 말지를 선택해야 할 경우가 종종 있다. 보편적으로 우리는 타인의 불합리한 요구에 대하여 응함으로써 나의 가치나 행복을 희생하지 않으려는 방향으로 행동한다. 직장에서 간혹 상사의 불합리한 요구에 응하기는 하지만, 그 일이 기분이 좋을 리 없다. 그런 상사에 대해서는 속으로 분노가 쌓이기도 한다. 하지만 가정에서 부부 사이에는 불합리한 요구에 대하여 부정적 감정을 노출하는 것은 금물이다. 예를 들어, 아내가 남편에게 밖에서 회식을 하더라도 건강을 생각해서 일찍 귀가해 달라고 요청할 때 남편이 아내의 요구가 불합리하다고 생각하여 응하지 못하겠다고 하면, 아내 입장에서는 남편이 자신의 요구를 존중하는 것이 아니라 무시하는 것으로 받아들인다. 부부 간에 이와 같은 부정적 상호 작용이 계속되면 침묵이나 냉담, 상대방 피하기와 같은 부정적 행동이 나타나게 된다. 이런 행동은 부부 간에 금이 가기 시작하는 신호탄이다.

네 번째, 상대방의 장점과 업적을 유쾌하게 인정하는 것이다. 부부 심리를 연구하는 전문가들에 따르면, 남녀가 결혼하여 부부가 되면 남편은 아내로부터 돌봄을 받고 싶은 욕구가 생기고, 아내는 남편으로부터 존중받고 싶은 욕구가 생긴다고 한다. 이러한 욕구가 충족되기 위한 중요한 조건 중의 하나가 부부 간에 상대방의 장점이나 업적을 찾아서 인정하는 것이라고 한다. 이것이 충족되지 못하면 남편은 아내에게 서운한 감정이 생기고, 아내는 남편에 대하여 두려운 마음이 생긴다. 성격적 특성이나 성장 배경에 따라 어떤 사람은 결혼해서도 상대방의 단점을 들춰내서 웃음거리로 삼거나, 심지어는 비판적인 태도를 취하는 경우가 있다. 일반적으로나 사회적으로도 원만한 인간관계를 유지하고자 한다면 상대방의 허물은 덮고 좋은 면만 보도록 해야 한다고 한다. 그런데 하물며 부부 간에 상대방의 허물을 들춰내려고 한다면 그것은 미워한다는 태도와 다름없다. 상대방의 작은 장점이나 업적을 유쾌하게 칭찬하는 것을 습관화해야 금실 좋은 부부가 될 수 있다.

결과적으로 부부 간에는 언제라도 상대가 나에 대하여 호의적이고, 최소한 악의적이지 않을 것이라는 사실을 믿게 만들어야 한다.

그 조건은 바로 평소에 배우자로부터 존중받는 것으로부터 비롯된다. 부부가 상대에 대하여 믿게 되면 그것이 쌓여서 큰 신뢰가 된다. 신뢰는 어떤 사람이 위험에도 불구하고 미래에 내 기대에 부응하도록 협조적으로 행동할 것이라는 주관적인 기대감이다. 이러한 신뢰는 쌓기는 매우 어렵지만 깨지기는 참 쉽다. 부부 간의 신뢰는 가정을 발전시킬 수 있는 중요한 심리적 자본이다. 즉, 부부 간에 신뢰로 뭉쳐지면 하는 일마다 잘될 가능성이 높다. 부부 상담 심리 전문가들은 부부 간에 신뢰를 깨지 않도록 하기 위해서는 늘 서로 칭찬하고 감사하는 것을 생활화하고, 반면에 언어적·신체적·정서적 학대를 해서는 안 된다고 조언한다.

균형감 갖기

 인간관계는 균형을 맞출 때 좋은 관계로 발전하는 경향이 있다. 상호 작용을 해야 하는 사람 사이가 현격한 불균형 상태가 되면 기우는 쪽은 피해의식에 사로잡힐 수 있다. 반면, 높은 곳에 있는 사람은 기울어진 쪽에 있는 사람을 늘 존중하고 공평하게 대하기 어려워진다. 오히려 깔볼 가능성이 크다. 이런 불균형은 부부 간에도 존재하는데, 부부 관계에 나쁜 영향을 미쳐 갈등을 일으키고 이혼에 이르게 만드는 작용을 하기도 한다.
 우선 심리학적인 측면에서 보는 부부 간 불균형이란, 부부 간에 어느 한쪽이 수동적으로 의존적이고, 더 나아가 자학적인 경향까지 보이는 상태를 말한다. 이때 상대적으로 강한 배우자는 보호자로서 상대방을 보호하는 기능을 하는 것처럼 역할을 하는 것을 볼 수 있다. 이런 경우는 성격적인 차이, 건강 문제, 경제적인 문제 등으로부터 영향을 받아서 나타나는 현상이다. 문제는 강한 쪽의 배우자가 약한 쪽의 배우자를 지배하려 들고, 그 결과 부부 간의 갈등은 표면화되지 못한다. 이런 경우, 한쪽은 다른 한쪽에 자기 의견을 표현하지도 못한 채 감옥살이 같은 부부 생활을 하는 것을 볼 수 있다. 이것은 종종 드라마에 비치는 부부 관계로, 매우 비정상적인 결혼이라고 해야 할 것이다.

부부 간 불균형 중에서 경제적 불균형의 문제 역시 행복한 부부 관계를 해치는 나쁜 영향 요인으로 작용한다. 대중 소설의 주제로도 많이 거론되는 사례이지만, 경제력이 낮은 집안에서 자란 사람이 마음껏 돈을 써 보고 싶은 욕구를 가지고 경제력이 높은 배우자와 결혼했을 때 이 욕구가 충족되지 못하면 불만족이 쌓여서 부부 갈등의 원인이 되는 것으로 나타났다. 결혼해서도 부부 간 소득의 차이, 소비 습관의 차이, 어느 한쪽의 책임으로 귀착되는 빚 문제 등은 부부 간 갈등과 이혼의 원인이 된다. 각종 이혼 통계 자료에 따르면, 이러한 경제적 불균형은 이혼의 원인 중 약 30%를 차지하는 것으로 보고되고 있다.

다음으로 개인적 성장의 차이에서 갖게 되는 불균형감이다. 결혼이라는 사건은 한 인간의 라이프 사이클(life cycle)에 있어서 중요한 전환점 중 하나다. 남성의 경우, 결혼은 가정을 꾸려서 안정된 생활로 접어들고, 돈도 모으면서 사회적으로 성장하는 발판으로 여기는 경우가 많다. 이에 비해 한국 사회에서 여성은 결혼하여 성장의 경력 경로를 밟아 간다는 것이 쉽지 않다. 가장 큰 장애가 육아이며, 다음으로는 사회적 편견인 것으로 알려져 있다. 예를 들어, 대학원에서 커플로 만나서 함께 공부하다가 결혼하게 되면 남성은 생활이 안정되어 박사 학위도 받고 일정 기간의 시간 강사를 거처 교수로 임용이 되는 것을 볼 수 있다. 이때 여성은 사회적 통념에 예속되어 육아와 경제적 부담 등을 비롯하여 남편 뒷바라지를 하면서 남편부터 교수 자리를 잡도록 희생하고 헌신하는 경향이 있다. 남편이 교수 자리를 잡고 나면 아내도 빨리 학위 과정을 마치고 교수로 진출하고자 하는 꿈을 실현하기 위해 다시 마음을 다잡고 노력하게 된다. 그 결과 본인의 노력과 운 그리고 남편의 헌신적 뒷받침으로 교수로 임용되는 경우가 있으나, 반면, 실패하는 경우도 많다. 실패하게 되는 주된 이유는 대학 사회에서 요구하는 전공의 진부화 내지는 시간적 격차다. 몇 년 동안 휴학 후 복학을 해 보니 사회적으로 전공의 필요성이 크게 축소되거나 이미 포화가 되어 있는 경우다. 이때 여성이 자신의 꿈을 포기하게 되면 심리적으로 위축되고, 내적 갈등을 겪게 된다. 이것을 원만히 극복해 내지 못하면 심리적으로 우울해지고, 가정불화의 원인으로 작용하기도 한다.

  부부가 함께 살면서 행복하기 위한 중요한 조건 중에는 인생의 목표나 가치관이 유사한 것이 있다. 시간이 지나면서 이것이 충족되면 결혼 생활에 만족감이 높아지지만, 충족되지 못하는 경우 위축과 좌절이 발생하고, 심지어는 결혼을 잘못했다는 근본적인 부정적 심리 상태에 빠지기도 한다. 따라서 부부는 결혼 전에 약속한 서로의 목표나 이상이 달성될 수 있도록 서로의 성장을 위해 지원해야 하고, 변화를 적극적으로 성원해 주어야 한다. 부부는 어느 한쪽이 다른 쪽의 성공을 위해 일방적으로 희생하도록 하는 선택보다는 양쪽이 동시에 성장을 할 수 있도록 계획을 수립하고 힘을 모으도록 하는 것이 모두 행복해지는 지름길이 될 것이다.

불균형적인 부부 관계는 부부 간에 갈등 요인이기도 하지만, 자녀에게도 여러 가지 측면에서 부정적 영향을 미치는 것으로 나타나고 있다. 불균형 상태에서 살아가는 부모를 바라보는 자녀는 부모 중 누구에게 충성심을 보여야 할지 갈등하게 된다. 어떤 자녀들은 위태롭고 불안정해 보이는 부모의 결혼 생활을 지켜 주어야 한다는 압박감을 느끼기도 한다. 또한 부모 중 강한 쪽이 상대적으로 약한 쪽에 있는 배우자에게 한 약속을 번복하는 모습을 통하여 자녀가 일관성 있는 관점을 갖기 어렵게 만들고, 심지어는 혼란스러운 심리적 상태에 빠지게도 한다. 자녀들은 상대적으로 약해 보이는 쪽의 부모를 동정하고 동일시하는 경향이 있다. 이 경우, 약한 부모를 통하여 강한 부모의 관점이 내면화되기 때문에 자신의 정체성을 잃어버릴 가능성도 있다고 전문가들은 주장한다. 불균형 관계에 있는 부부의 자녀가 받는 이러한 부정적인 영향은 자녀의 나이가 어릴수록 부모를 통하여 세상을 경험해야 하는 시기에 더욱 많은 혼란과 갈등을 야기하고, 이것이 교정되지 못하면 정신적인 결함을 갖게 된다는 것이다. 경제적 격차가 크게 나는 가정을 배경으로 있는 부부의 경우에는, 어느 한쪽이 아이들의 교육에 대한 투자를 과도하게 주장함으로써 부부 간에 의견의 불일치를 낳기도 한다.

　이상과 같은 문제점들을 볼 때 부부 간에는 정신적·경제적 성장의 측면에서 균형을 맞출 필요가 있다. 부부 간 행복을 연구하는 전문가들은 균형감을 갖추기 위한 가장 좋은 방법으로 원활한 소통을 제시한다. 소통이란 기본적으로는 의견의 교환이고, 다음으로는 상호 이해며, 결국에는 감정의 교환을 통한 신뢰의 구축이다.

부부 간에 긍정적 소통은 부부 행복도를 30% 이상 높이는 것으로도 조사되었다. 또한 부부가 서로 상대방을 충분히 이해하고 있을 때는 이혼 가능성을 50% 이상 낮춘다는 연구 결과도 있다. 그렇다면 행복한 부부 관계를 구축하기 위해 어떻게 소통할 것인가? 우선, 부부 간 의견을 교환할 때는 100% 열린 마음으로 상대방의 말에 공감하는 자세를 갖는 것이 전제되어야 한다. 열린 마음이란 상대방에 대하여 고정 관념이나 편견이 없이 상대방의 생각을 수용하는 태도를 말한다. 우선 열린 마음이 되어야 상대방이 하는 말에 공감하는 것이 가능하다. 열린 마음과 공감은 말하는 사람 자신이 주관적으로 그렇게 한다고 되는 것이 아니고, 상대 쪽에서 그렇게 인식하는 것을 말한다. 아내나 남편 쪽에서 볼 때 '내 남편은, 내 아내는 열린 마음을 가지고 내 의견을 경청하고 전적으로 공감한다'라고 인식하는 것을 말한다.

또한 부부 간에 원활한 소통을 하기 위해서는 감정 표현이 원활해야 한다. 감정 표현을 원활하게 하는 부부는 그렇지 못한 부부보다 행복도가 약 30% 정도는 더 높은 것으로 나타났다. 잘 알려진 사실이지만, 상대방을 설득할 수 있는 감정 표현 방법은 '나 메시지' 형태로 해야 한다는 것이다. 아내가 남편에게 "담배 좀 끊으세요."라고 표현하는 것이 아니라 "당신이 담배를 피우니 내가 속상하고 걱정이 된다."라고 표현하는 방법을 말한다. 이와 같은 나 메시지 소통법은 대화 시 상대방을 방어적이 안 되도록 하고, 솔직한 감정을 털어놓도록 하는 데 효과적이다. 다음으로는 경청(傾聽)이다. 경청이란 상대방의 말을 귀 기울여 들어 주고 반응하는 것이다. 경청의 방법은 상대방의 말에 집중을 해 주고, 반응을 보이며,

의문이 생길 때는 부드러운 어조로 질문하는 것이다. 그리고 상대방의 말을 들으면서 공감하는 것이다. 상대방의 말에 집중한다는 것은 시선을 딴 곳에 두지 않고 상대방과 마주치도록 하는 것이다. 물론 정면으로 마주치라는 것은 아니다. 물론 상대방이 하는 말에서 의문이 생기면 말이 멈췄을 때 질문을 하여 정확성을 기하도록 하는 것도 포함된다. 질문은 무의식적으로 상대방이 자신에게 관심을 가지고 있다는 것을 나타내 주기 때문에 부부 간에 질문은 부부의 정을 북돋우는 데 기여한다. 경청에서 중요한 내용이 공감하는 것이다. 부부가 대화 중에 어긋나게 되는 이유 중 하나가 아내는 남편이 자기편이 되어 줄 것을 원하는 데 반해, 남편은 아내의 주장에 대하여 객관적이고 이성적으로 대하는 것이다. 이런 대화는 종종 싸움으로 번지게 되는 것을 볼 수 있다. 여성들은 공감을 잘하기 때문에 몇 시간을 재미있게 대화할 수 있고, 남자들은 상대방의 말에 비판적으로 평가를 함으로써 행복한 대화를 하기 어렵다는 말은 사실인 것 같다.

끝으로 부부 간에 균형을 맞추기 위해서는 모든 사안의 해결 방안에서 '승-승'의 방법이 채택되도록 노력해야 한다. 어느 한쪽이 계속 우위에 서고 다른 한쪽은 열위에서는 '승-패' 문제 해결 방식은 필연적으로 갈등을 불러온다. 그러나 '승-승'의 문제 해결 방식은 결코 쉬운 일이 아니다. 왜냐하면, 결혼을 약속한 남녀 모두 결혼하기 전까지 '승-패'의 환경 속에서 살아왔고, 그것을 당연한 것으로 생각하는 게임의 법칙에 길들여져 왔기 때문이다. 기나긴 학교생활에서 상대적으로 높은 성적을 얻기 위해 노력해 왔고, 직장에 취업하기 위한 시험 준비 기간에는 어떻게 하면 경쟁자들을 떨어뜨리고 자신이 합격할 것인가를 고민하고 훈련받았다. 직장에 취업해서는 그야말로 이기는 게임을 하라는 압박을 받으며 생활해야만 했다. 인간의 생각은 행동을 낳고, 행동이 모이면 습관이 되며, 습관이 인생관이 된다는 것은 누구나 다 아는 금언이다. 유치원 때부터 경쟁 우위에 서야 한다는 생각과 행동으로 학습된 인간이 결혼했다고 내가 사랑하는 배우자와는 '승-승' 해결 방안을 찾아야 한다고 생각은 하지만, 그것이 하루아침에 쉽게 행동으로 옮겨지는 일이 아니다. 하지만 이와 같은 습관을 버리지 못하고 부부 생활을 한다면 그것은 행복보다는 긴장과 불행으로 다가올 가능성이 크다. 따라서, 결혼해서는 배우자와 '승-승'의 해결을 해야 한다는 원칙을 세우고, 매번 의무적으로 지키지 않으면 안 된다. 우선 마음을 활짝 열고 상대방의 입장에 귀를 기울여야 한다. 상대방의 입장을 전적으로 이해해야만 이 해결 방식이 가능하다. 부부 웰에이징을 원한다면 부부 간에 '승-패'의 사고는 결국에는 모두 지는 문제 해결 방식이라는 사실을 가슴에 새겨야 할 것이다.

품격 지키기

부부 간 품격의 중요성

품격(品格)이란 무엇인가? 품격의 사전적 의미는 사람이나 사물에서 느껴지는 품위나 격조를 뜻하는 것으로, '사람 된 바탕과 타고난 성품' 또는 '사물 등에서 느껴지는 품위'로 정의된다. 이는 개인이나 사물이 지닌 독특한 특성과 가치를 나타내며, 일반적으로 존경과 존중의 대상이 되는 내면적·외면적 특성을 포함한다. 사회생활에서 품위가 없다는 뜻은 인간관계에서 타인을 존중하지 않고, 서슴없이 막말을 하거나 상대방을 비하하는 무례한 언행을 일삼는 행동을 말한다. 또한, 과도하게 이기주의적으로 행동하는 것이다. 공공장소나 인간관계에서 자기만 생각하고, 타인을 배려하지 않는 태도를 보이는 것을 말한다. 그 외 거칠고 저속한 행동을 하거나 탐욕스러운 모습을 보이거나 예의 없는 태도를 가지며, 거짓과 기만으로 신뢰를 깨는 행동을 하는 것을 말한다. 결국, 품격이 없다거나 또는 떨어진다는 뜻은 인간관계에서 습관적으로 타인을 배려하지 못하고 자기의 이기심이나 욕망의 감정을 드러내는 행위를 하는 것을 말한다.

현대 사회는 다양한 가치와 이해가 엇갈리고 세대 간에 낯선 문화가 뒤섞여 상호 존중과 이해가 사라지면서 갈등이 커지고 있다. 이러한 갈등을 완화하고, 보다 조화롭고 건강한 사회를 구축하는 데 중요한 요소로 고려되는 것이 개인 각자의 품격이다. 품격은 단순히 개인의 덕성을 넘어 더 나은 사회를 만드는 데 필수적 요소로 인식된다. 일부 비평가들은 요즘 한국 사회를 이러한 품격이 무너진 야만과 같은 사회로 평가하기도 한다. 사회적으로 품격을 갖추어서 모범을 삼을 만한 어른이 없다고들 한다. 부자나 권력자나 모두 자기 잇속 챙기기에만 바쁘다. 인간의 품격은 단순한 외적 표현이 아닌 내면의 깊은 존엄과 인간성을 반영한다. 자기 존중과 자존감을 유지하는 것은 품격의 기본 요소이며, 이를 바탕으로 타인과의 긍정적인 관계를 맺는 것이 건강한 사회를 이루기 위한 핵심이다. 이러한 품위 있는 삶의 모습은 미래 세대들이 올바른 가치관과 도덕적 기준을 형성하는 데 중요한 역할을 하기도 한다.

인간의 품격에 대한 연구로 유명한 미국의 철학자이자 교육학자인 존 듀이(John Dewey)가 있다. 그는 실용주의 철학에서 건강한 사회를 위해서는 책임감, 정직, 공정성 등을 직접 경험하고 체득할 수 있는 도덕 교육이 강조되어야 한다고 주장한다. 이것은 나이 든 어른들이 도덕적이고 정직하게 행동하는 솔선수범의 모델이 되어야만 가능한 일이라고 설파했다. 듀이가 강조하는 도덕 교육은 학교에서 끝나기보다는 평생 학습으로 이어져야 한다는 것이다. 각자도생을 존재의 방식으로 여기고 있는 현대인들에게 절실한 덕목이라고 해야 할 것이다. 개인의 품격은 그 사람의 행동이 타인과 사회에 미치는 영향을 고려하여 윤리적 및 도구적 가치를 실천하는 과정에서 형성된다. 미적 가치를 통해 창의성과 감성을 발현하고, 도구적 가치를 통해 실용적 문제를 해결하며, 윤리적 가치를 통해 도덕적 판단을 내리는 과정에서 개인의 품격이 지속적으로 발전하게 된다. 이러한 통합적이고 조화로운 삶이 쌓일 때 인간은 진정한 품격을 갖추고 또 실현할 실천할 수 있게 된다. 또한 고대 그리스 철학자인 아리스토텔레스는 철학적·심리학적·사회적 측면에서 내면적인 덕성을 갖추고, 윤리적 원칙을 포함한 미덕을 지키는 것을 품격을 구성하는 중요한 요소로 보았으며, 정직과 용기 그리고 지혜가 여기에 해당한다고 주장했다. 품격의 외적 요소로는 타인과 사회와 상호 작용을 하는 방식을 포함하여 타인에게 어떻게 인식되는지, 사회적 맥락에서 어떻게 평가되는지를 말하고, 여기에는 존중과 배려, 예의와 같은 행동이 포함된다는 것이다. 삶을 통해 개인의 이런 행동은 자신의 강점과 약점을 이해하고, 이를 바탕으로 성찰과 발전하는 과정을 포함하며, 이는 품격을 형성하는 데 중요하게 기여한다. 품격은 일회성이 아닌, 지속적인 노력과 성찰을 통해 유지되고 발전되는 것이다. 개인의 품격은 단순한 외적 표현이 아니라 내면의 덕성과 사회적 행동, 자기 인식, 상황적 요소 그리고 지속적인 노력이 결합된 복합적인 개념이다. 이렇게 볼 때 품격이란 겉치레 포장만으로 꾸며질 수 없는 것이다. 그럼에도 오늘날 현대인들은 가식적인 품격이라도 유지하려고 애쓴다. 이런 가식적인 품격은 시간이 지나면서 예상치 못한 상황을 만나면 모두 드러나기 마련이고, 옆에 있는 사람이 크게 실망하게 만든다. 부부가 품격에서 서로 크게 차이가 난다면, 품격이 높은 사람은 품격이 낮은 사람의 행동을 계속 감내하기 힘들 수도 있다.

개인이 품격 있는 삶을 살고자 한다면, 우선 자신의 말과 행동을 진실하고 정직하게 함으로써 타인에게 신뢰를 줄 수 있도록 해야 한다. 그리고 다른 사람의 가치, 의견과 권리를 인정하고 배려하는 존중을 실행하는 것이다. 끝으로 자신의 행동과 결정에 책임을 지는 것이다. 이는 스스로 자신의 행동을 인식하고, 그에 따른 결과를 받아들이는 능력을 포함한다. 현대 한국 사회에서 물질주의와 표피적인 인간관계 및 경쟁주의가 만연하고 있다. 이러한 시기에 사회적 리더의 위치에 있는 사람들의 품위 있는 행동을 통해 품격을 갖출 것이 요구된다. 품격 있는 삶의 태도야말로 개인뿐만 아니라 사회 전반에 긍정적인 영향을 미치고, 개인 각자는 평생 조화로운 삶을 살아가는 방식과 태도를 인정받음으로써 행복한 노년기를 보내는 데 도움이 된다.

전통 사상에서 부부 간 덕목

남녀가 만나서 결혼할 때는 어떤 경우에도 서로 사랑하고 양보하여 백년해로할 것을 굳게 약속한다. 하지만 우리나라 부부들이 이혼하는 건수가 연간 결혼하는 건수의 45% 정도에 이르고 있으니 결코 적은 숫자가 아니다. 우리 연구소와 한국여론리서치의 공동 설문 조사 결과에서도, 다시 결혼한다면 지금의 배우자 같은 사람과 결혼하지 않겠다는 응답률이 30.8%를 차지했다. 이혼의 감정은 상대에 대한 실망과 배신감이다. 그것은 기대를 저버렸기 때문에 생기는 불신의 감정이다. 이 세상에서 가장 사랑하는 대상으로서 영원히 함께 살고자 맹세했던 부부 간에 배신이 발생하는 이유에는 여러 가지가 있겠지만, 그중 하나가 상대를 신뢰할 수 없기 때문이다. 신뢰할 수 없는 것은 서로 지켜야 할 의무와 책임을 다하지 못했기 때문이다. 개인은 자신에게 주어진 역할에 비례한 의무와 책임을 다할 때 품격이 생겨난다. 품격을 갖추지 못했다는 것은 바로 역할에 주어진 의무와 책임을 다하지 못한다는 뜻이다. 부부 간 품격의 기본적 요소는 무엇보다 상대에 대한 존중과 정직한 행동이다. 상대가 나를 존중하지도 않고 거짓말을 밥 먹듯이 하는데도 불구하고 매일 얼굴을 맞대고 함께 살 수 있는 부부는 거의 없을 것이다. 이러한 부부 간에 지켜야 할 덕목은 예나 지금이나 크게 다르지 않다. 부부가 서로 존중하고 존경하는 것은 부부 관계를 유지하기 위한 기본적 예의이자 도리라고 해야 할 것이다.

  역사적으로 볼 때, 전통사회에서 한국 부부 간의 품격을 제시한 것은 유불선 사상이다. 여기에 개화기에 수입된 기독교문화의 윤리 덕목이 부부 간에 지켜야 할 덕목에 더해졌다고 볼 수 있다. 우선, 불교 경전에서도 부부가 지켜야 할 윤리 덕목을 자세하게 설명하고 있다. 그 핵심은, 부부가 그들의 가정을 다복하게 이끌고자 할 때 가장 먼저 가족의 중심이 되는 부부 사이가 원만하고 화합해야 한다는 것이다. 즉, 남편은 남편으로서의 직분을 다하고, 아내는 아내로서 자기의 할 일을 다할 때에 그 가정은 평화롭게 유지된다고 설파한다. 또한 남편과 아내 사이는 평등 관계에 있다는 것도 강조된다. 오늘날 한국 사회는 부부 간의 윤리 덕목 실천의 불이행으로 인해 이혼율이 해마다 증가하는 추세에 있다. 따라서 부부는 5백생(五百生)의 지중한 인연으로 만난 공생 공존의 연기적(緣起的) 관계라는 것이다. 연기설이란 모든 존재와 현상은 다양한 원인과 조건에 의하여 생겨나고 사라진다는 것을 주요 내용을 한다. 이 연기설에 따라 남편은 마땅히 5가지 일로 그의 아내를 공경하고, 아내는 10가지 덕목으로 남편을 공경해야 한다(윤성문, 2014)는 것이 불교의 가르침이다. 부부란 서로 여러 가지 다양한 인연으로 얽혀 있고, 여러 가지 조건이 맞는 인연으로 인해 맺어졌다는 뜻일 것이다.

불교에서 주장하는 남편이 아내에게 지켜야 할 5가지 덕목을 보면, 바른 마음으로 아내를 공경하고, 아내를 경멸해서는 안 되며, 한눈을 팔지 않는 것이다. 또한, 아내에게 집안을 다스릴 권위를 주어야 하고, 아내에게 장식품을 사 주어야 한다는 것이다. 또 다른 불교 경전(長阿含經 11권, 善生經)에는 아내의 친족들을 잘 챙겨야 한다는 덕목도 있다. 아내가 지켜야 할 10가지 덕목을 축약해서 보면, 집안의 살림살이를 잘 보살피고, 가족들을 따뜻하게 잘 대하며, 정숙한 아내가 되는 것이다. 또한 모든 재산을 잘 보호해야 하고, 음식 솜씨가 좋아야 하며, 나태하지 않고 근면해야 한다는 것이다.

한편, 조선시대의 국민정신을 지배했고, 현대에도 여전히 그 맥이 이어지고 있는 유교에서 부부 간 품격의 핵심은 삼강오륜(三綱五倫)에서 부부유별(夫婦有別)로 강조된다. 이것은 부부 사이에는 서로의 역할과 분별이 있어야 한다는 뜻으로, 1천 년 이상 한국에서 가정의 조화와 질서를 유지하기 위한 중요한 부부 간의 덕목으로 여겨졌다. 부부유별을 풀이해 보면, 부부 간에는 각자의 역할과 구별이 있어야 한다는 것으로 남편과 아내가 서로에게 주어진 고유한 역할을 잘 수행함으로써 가정의 화목을 이룰 수 있다는 뜻을 내포하고 있다. 그렇다면 부부유별(夫婦有別)은 어떻게 실천해야 하는 걸까? 그것은 부부가 각자가 상대방의 역할을 존중하면서 가정의 조화를 이루는 데 있다고 하겠다. 한국에서는 전통적으로 남편과 아내는 서로 다른 역할과 책임을 지면서 가정을 꾸려 왔다. 남편은 가정을 경제적으로 책임지는 역할을 맡아 사회에서 활동하며, 가족을 올바른 방향으로 이끌어 가는 리더의 역할을 수행해야 하는 사람으로 받아들여졌다. 또한, 아내를 존중하고 가정의 안정을 위해 끊임없이 노력하며 책임감을 가져야 한다. 반면, 아내는 가정의 내적인 안정을 담당하며, 자녀의 교육과 가사 관리를 주도하는 역할을 맡아야 한다는 것이다. 가정이 화목하게 유지될 수 있도록 남편을 내조하며, 조화로운 관계를 위해 헌신하는 것이 아내의 중요한 역할로 여겨졌다. 남편과 아내는 각자의 역할을 조율하며, 서로를 이해하고 존중하는 태도를 가져야 한다는 것이다. 유교적 사상을 대표하는 사상가들이 부부유별의 뜻을 풀이한 것을 살펴보면, 공자는 부부 간에 할 도리를 다해야 한다고 보았다. 이것은 남편과 아내는 자신에게 주어진 책임과 의무를 다해야 한다는 뜻이다. 맹자는 부부 간의 상호 존중을 강조했고, 주자는 상호 간 존중과 조화를 중시했다.

물론, 이런 부부유별의 개념은 현대에 들어와 많이 변화하고 있다. 과거 전통사회에서는 남성과 여성의 역할이 명확히 구분되었지만, 오늘날에는 남녀 구분이 없이 상호 협력과 평등이 강조된다. 부부는 상호 존중을 기반으로 함께 가사를 분담하고, 경제적 책임을 공유하며, 평등한 관계를 형성하는 방향으로 나아가고 있다. 하지만 부부유별의 본래 의미인 '각자의 역할과 책임을 존중하며 조화를 이루는 것'은 현대 사회에서도 여전히 중요한 가치로 여겨질 수 있다. 부부는 서로의 다름을 인정하고 조화로운 관계를 형성할 때 가정의 행복을 유지할 수 있기 때문이다. 부부유별은 단순한 역할의 구분을 넘어 부부 간의 상호 존중과 조화를 이루는 것을 의미하기 때문에 부부가 서로의 역할과 책무를 인정하고 조화를 이루어야 가정이 안정될 수 있고, 나아가 사회의 질서와 조화에도 기여할 수 있다. 이런 점에서 아직까지도 부부유별 정신은 부부가 가져야 할 덕목으로서 중요한 가치를 지닌다고 유학자들은 주장한다.

부부 간 품격 지키기

앞에서 살펴본 것처럼 품격(品格)이란 '사람 된 바탕과 타고난 성품' 또는 '사물 등에서 느껴지는 품위'를 말한다. 이는 개인이나 사물이 지닌 독특한 특성과 가치를 나타내며, 일반적으로 존경과 존중의 대상이 되는 내면적·외면적 특성을 포함한다. 이것은 부부를 이루고 있는 남편과 아내가 가정의 화목을 위해 지켜야 할 역할과 책무와 같은 것이다. 만약, 남편이 경제력이 없고 아내가 가정을 잘 돌보지 못한다면, 그것은 부부가 갖추어야 할 기본적 품격을 갖추지 못했다고 할 수 있다. 이런 남편과 아내가 서로에게 늘 품위 있는 말과 행동을 하기는 어렵다. 결국, 한 개인의 품격은 곧 자신의 역할을 다하는 상태와 평소의 말과 행동이 일치함으로써 드러나고 인정받게 된다.

전통사회 내지는 농경사회에서 부부의 품격을 논의할 때는 남편은 밖에서 일하는 사람, 아내는 가정을 돌보는 사람이라는 가정하에 있었다. 하지만, 현대 사회는 남녀평등의 사회다. 이것은 남녀 간 할 일이 구분되어 있다는 전통사상과는 사뭇 다르다. 부부는 서로 협조하면서 살아가야 하므로 각자의 품격은 기본적으로 상호존중으로부터 드러난다. 부부는 서로를 인격체로서 존중해야 할 뿐 아니라 각자 하는 일에 대해서도 존중해야 한다. 누구든지 상대로부터 존중을 받아야 그 사람이 품격을 갖추고 있다고 인정할 수 있다는 일반적 관점에서 보더라도 부부 간에는 더 말할 나위가 없다. 즉, 아내 편에서 볼 때, 남편이 지켜야 할 덕목을 지키지 않고, 아내를 존중하지 않고 함부로 말하거나 경제적 책임을 회피한다면 절대로 자신의 남편이 품격 있다고 평가할 수 없을 것이다. 서로 입장을 바꾸어 놓고 보더라도 마찬가지다. 부부가 서로 품격을 지키지 않으면 그 결과는 관계의 단절이다. 부부들은 주어진 환경에 맞추어 품격을 지키기 위해 노력해야 하며, 그 기본적인 사항들을 살펴보면 다음과 같다.

1) 존중하는 감정으로 소통하기

　부부 간 품격을 지키기 위해서 무엇보다 중요한 요소는 첫째로 언제나 원활하게 소통하면서 존중하는 것이다. 오늘날 수평과 평등의 부부 관계 속에서 공정한 감정을 유지하기 위해 역할을 구분하는 것도 중요하지만, 그것보다 더 중요한 것은 서로 존중하고 이해하는 태도를 갖추는 것이다. 상대방을 존중하고 이해하려는 자세를 가지고 있어야 품격 있는 소통이 가능하다.
　부부란 하루 24시간, 1년 365일, 아니, 죽어서 헤어지는 날까지는 보지 않고 있어도 감정을 교환하게 되는 관계다. 직장에 출근해서 일하면서도 아침에 서로 주고받는 대화에서 좋았던 감정과 서운한 감정을 돌이켜 생각하면서 저녁에 만나 대응할 방법을 생각하곤 한다. 아침에 출근할 때 아내에게 핀잔을 들은 남편은 집을 나서면서 마당에 묶어 놓은 개를 걷어찬다는 말도 있다. 이처럼 부부는 서로에게 좋은 말을 듣고 싶어 하는 인연의 존재다. 따라서, 부부 간 소통은 타인과의 대화에서보다 감정이 더 예민하게 작동한다. 직장에서 상사에게 핀잔을 들으면 무덤덤하게 넘길 수도 있지만, 배우자에게 그런 일을 당하면 더욱 서글퍼진다. 이런 감정은 말에 실려 전해지는 것 같지만 말보다는 말하는 사람의 태도로부터 이미 더 강하고 깊숙하게 상대방의 가슴에 전달된다. 말이 이성의 언어라면 감정은 존재의 언어라고도 한다. 우리가 누군가와 말이 잘 통한다고 느낄 때는 감정의 공감이 이루어지고 있다는 사실이다. 그래서 의사소통은 감정의 교환이라고 볼 수밖에 없다.
　부부 간 소통 미흡의 문제는 대부분 용어의 선택이나 말하는 방식에도 기인하지만, 감정의 전달과 해석에서 비롯되는 경우가 더 많다는 것을 알 필요가 있다. 즉, 부부간에 아무리 이성적인 말을 하더라도 그 안에 담긴 감정이 차갑거나 따뜻하지 못한 것으로 인식되면 상대는 방어적으로 반응하게 된다. 오히려 표현력은 다소 부족해 보여도 말하는 사람의 태도에서 진심과 따뜻함이 읽힌다면 상대방은 더욱 신뢰하게 된다. 지혜로운 부부라면 따뜻하고 배려하는 감정을 나누는 일이 쉽지 않기 때문에 오히려 부족하다는 점을 인정하고 함께 노력해야 하는 과제라고 생각하고 실행에 옮길 때 관계도 더욱 행복해질 것이다.

한국인들이 따뜻한 감정이 실린 대화를 잘못하는 이유를 살펴보면, 그 첫 번째가 한국 남자들은 자신의 감정을 표현하는 기술이 부족하다고 한다. 어릴 때부터 그런 환경 속에서 자라온 탓이다. 한국의 가정에서는 자라는 아이들이 볼 때 아버지가 엄마에게 다정하고 따뜻하게 표현하는 모습을 보기 어렵다. 아버지들은 엄마에게 퉁명스럽게 말하면서도 자식들이 물으면 '당연히 엄마를 사랑한다'고 한다. 속으로는 사랑하면서도 겉으로 표현은 잘하지 못하는 것은 한국인 남성만의 독특한 전통인지도 모르겠다. 그러다 보니 부부간에 차가운 대화를 주고받고 나서 마음은 상하지만 자존심 때문에 별일 아니라고 말한다. 그러나 마음속으로는 손상된 감정으로 인한 상처를 안고 살아가는 부부가 한국에는 많다고 한다. 이것이 바로 우리가 흔히 말하는 마음의 병이다. 이와는 반대로, 부부간 대화 시에 북받치는 감정을 그대로 상대에게 토해내는 경우가 있다. 이런 방식은 감정을 감추는 것과 마찬가지로 상대방을 존중하는 품격 있는 소통을 방해하는 행동이다. 부부가 서로 존중하는 품격 있는 소통을 어떻게 해야 할까?

첫 번째, 현재 상태의 자신의 감정을 충분히 인식하고 언어로 전환하는 노력을 해 본다. 부부 간에 상대방에 대하여 '화가 난다'는 감정의 이면에는 종종 '실망감', '무시당한 느낌', '기대가 어긋난 좌절'이 숨어 있는 경우가 많다. 따라서 부부 간 대화 시에는 자신의 감정 상태가 어떤지를 명확히 인식하고, 그것을 정확하게 불러낼수록 추가적으로 감정이 고조되는 것을 방지할 수 있다. 즉, 상대방의 태도에 무작정 화났다고 말하기보다는 "내 의견이 무시당한 것처럼 느껴져서 서운하다."라고 표현하는 것, 즉 'I Message' 방법이 품격 있는 부부 간 의사소통의 시작이라고 할 수 있다.

두 번째, 일반 대화에서도 마찬가지지만 부부 간에는 특히 손상된 감정을 상대방 탓으로 돌려서 말하는 것을 자제해야 한다. 말끝마다 당신 때문이라고 주장하면 상대방은 더 이상 대화는 물론 상대를 하려고도 하지 않을 것이다. "당신의 그런 말이 나를 화나게 한다."고 표현하는 것은 절대 금물이다. "내 마음이 당신의 그런 말에 상처를 받았다."라고 표현하는 것이 효과적이다. 화가 났을 때 상대방을 오히려 미안하게 만드는 대화법은 'I Message' 방법일 것이다. 남편이 운전하는 차를 함께 타고 가면서 아내가 "당신이 운전을 거칠게 하니까 너무 불안하다."고 말하면 상대방은 자신이 운전을 거칠게 하고 있다는 것을 알면서도 기분 좋게 대응하지 않으려고 한다. 자존심 때문일까? 이런 때 아내가 "내가 너무 불안하다."고 말하면 남편은 미안한 감정이 들고 차를 얌전하게 운전하려고 노력할 것이다. 감정의 표현에서 주어가 '너'에서 '나'로 바뀌는 순간, 방어적 소통이 공감의 소통으로 바뀌게 되는 것을 알 수 있다. 상대를 민망하게 만들지 않으면서 존중하는 방식으로 감정을 정확하게 드러내는 'I Message' 방법은 어릴 때부터 익히도록 해야 할 것이다.

세 번째, 부부로 매일 얼굴을 마주하고 살다 보면 크고 작은 여러 가지 일로 감정이 상하는 때가 있다. 간혹 상대방의 감정이 상하면 마음이 급한 쪽에서 그 상황을 당장 해결하려고 시도하는 경우가 있으나, 생각처럼 되지 않는다. 왜냐하면 사람의 감정은 어떤 특별한 자극으로 금방 생성되기도 하지만, 자극이 없어졌다고 금방 가라앉거나 없어지지 않기 때문이다. 즉, 감정이 상한 자극의 여운과 잔상(殘像)은 마음속에 남아 있다. 그것이 해소되는 데에는 일정한 시간이 필요하다. 따라서, 금방 상대방의 감정을 해소하려고 노력하기보다는 감정을 가라앉힐 수 있는 시간을 가지면서 감정을 공유하려고 노력하는 것이 오히려 상대방을 안정시키거나 위로하는 데는 더 효과적이다. 감정은 공유의 대상이지 해결의 대상이 아니라는 말도 있다. 어느 한쪽에서 "그거 별일 아니야.", "다 지나가기 마련이야."라고 말하는 것은 별로 위로가 되지 않는 이유다. 감정을 추스르는 데는 조언보다 공감과 경청이 더 필요하다. "그랬구나, 정말 속상하겠네."와 같이 배우자의 공감해 주는 한마디 말이 때로는 그 무엇보다 위로가 되기도 한다.

네 번째, 부부 간 감정을 표출하는 데 있어서 품격을 유지하기 위해서는 감정을 다루는 방식을 훈련해야 한다. 즉, 감정은 상대방의 태도에 대한 즉각적인 반응보다는 상황에 맞는 선택이 되어야 한다. 사람은 훈련을 통해 감정을 다루는 방식과 선택을 이성적으로 통제할 수 있다. 이것은 무조건 감정을 억누르는 것과 다르다. 감정을 다룰 줄 안다는 것은 상황에 맞게 감정을 표현하는 단어를 선택하고 이성적으로 표현할 줄 아는 것을 말한다. 품격이 있는 사람이라야 자신의 감정도 조절이 가능하다. 이런 사람은 부부 관계도 건강하게 만들어 간다. 감정 조절이 잘 훈련되어 감정이 격화된 상황에서도 절제된 용어를 사용하는 경우를 보면 다음과 같다.

- 어떤 경우에도 신경질적으로 말하거나 고함을 지르지 않는다.
- 어떤 경우에도 상대방이나 그 집안을 비난하지 않는다.
- 절대로 욕설을 하지 않는다.
- 극단적인 용어를 사용하지 않는다.
- 상대의 인격을 모독하는 말을 하지 않는다.
- 상대방의 친구를 험담하지 않는다.
- 싸울 때라도 제3자를 개입시키지 않는다.
- 어떤 경우에도 살림살이나 물건을 집어 던지거나 깨지 않는다.
- 부부 싸움은 그 자리에서 끝내며, 결코 연장시키지 않는다.
- 부부 간 서로에게 항상 웃는 낯으로 대한다.

2) 부부 공동 육아

현대 사회의 가정에서 남녀평등이 구현되고 있다고는 하지만, 소중한 자식을 키워야 하는 육아는 종종 부부 간의 갈등을 일으키는 중요한 요소로 작동한다. 작동의 이유는 육아의 방식에서 차이가 나거나 어느 한쪽에 육아를 미루기 때문이다. 매우 가부장적인 집안에서 성장한 사람과 자유분방한 환경 속에서 자란 사람의 육아에 대한 인식은 다를 수밖에 없을 것이다. 부부가 아이를 가운데 두고 다투면 아이에게 정서적으로 나쁜 영향을 미친다는 것은 다 아는 사실이다. 특히, 맞벌이하는 부부의 경우에 서로 나보다는 상대방이 아이를 더 오래 잘 돌봐 주면 좋겠다고 미루면 육아 부담이 한쪽으로 쏠리게 된다. 그 결과는 육아를 더 많이 하게 되는 배우자의 스트레스로 나타난다. 부부 간에는 육아 부담의 무게를 서로 동일하게 지고 있다고 느끼는 경우가 가장 바람직한 부부 관계라고 보아야 한다고 전문가들은 주장한다. 물론, 육아를 친정이나 시댁 및 3자에게 전적으로 의지하는 경우도 있다. 이때는 부부가 잘 협의하여 육아 비용을 책정하는 것이 중요하다. 바람직한 부부 관계를 위해서 육아는 부부가 함께 일과 가정에서의 역할을 잘 조정하는 것도 중요하다. 요즘에는 남자에게도 육아휴직이 주어지고 있다. 따라서 육아는 아내가 전적으로 담당하고, 자신은 조수 역할에 그친다는 사고는 금물이 된 지 오래다. 이렇게 생각하는 것 자체가 부부 간 갈등의 소지가 된다. 사이좋은 공동 육아는 아이의 사회성과 정서적 발달에 매우 긍정적 영향을 미치며, 화목한 부부 관계를 만드는 데도 좋은 영향을 미친다. 아내는 남편의 책임감 있는 육아로부터 신뢰감을 높이고, 더욱 따뜻한 사랑의 감정을 느끼게 된다. 반면, 남편이 육아를 등한시한다고 지각하면 외로움이 쌓이고, 남편이 자신을 존중하지 않게 되면 심지어는 남편이 자신과 아이를 버리지 않을까 하는 걱정에 빠지게 된다고도 한다. 어린아이의 시각에서도 엄마와 아빠가 서로 사이좋게 협의하여 나를 돌보며 상호 작용 한다는 느낌으로부터 긍정적 사회성을 발달시키게 된다. 또한 건강한 성 역할을 정립하게 되며, 자존감을 형성하게 된다고 전문가들은 주장한다.

　육아에 대해서는 부부가 함께 아무리 열심히 공부해도 지나치지 않다. 소중한 자식이 나중에 성장하여 혹시 잘못된 어떤 시점에서 그것이 육아를 잘하지 못한 결과라는 것을 인식하더라도 그때는 이미 늦은 것이다. 육아에 대해서는 자식이 나중에 성장했을 때를 고려하면서 부부가 공동 책임을 가지고 최선을 다해야 한다는 공동체 정신으로 무장하고 있어야 한다. 여기에서 육아를 위한 공동체 정신이란 부부는 상대방이 처해 있는 상황을 깊이 이해하면서 대응하고, 협조해야 한다는 뜻이다. 예를 들어, 해외 지사에 파견 근무를 나간 배우자에게 육아 걱정을 시킬 수는 없을 것이다. 하지만 이 경우에도 국내에 남아 있는 사람이 자신이 육아에 전념한 만큼 상대가 귀국한 후, 헌신적으로 육아에 협조할 것이라고 믿도록 해야 할 것이다. 젊은 부부에게 육아는 생소한 과업이므로 서로 공부하고 좋은 방법을 찾기 위한 공부도 열심히 해야 한다. 현재 사용하고 있는 방법이 바람직한지 부부 간에 서로 소통하고 점검하도록 해야 한다. 실력이 부족하다고 생각하면 좋은 경험을 가진 사람들에게 자문하고, 그 방법을 우리 아이에게 적용하는 것이 좋은 것인지를 서로 확인하는 의견 교환 과정에서 부부 관계도 더욱 돈독해진다고 육아전문가들은 조언한다. 특히 유사시에는 반드시 상대방을 도와줘야 한다는 자세를 가지고 있을 것이 요구된다. 육아에 대한 역할을 나누어서 하고 있더라도 예상치 못한 일은 언제든지 일어날 수 있다. 이때 꺼리는 기색 없이 바로 투입되어 문제를 해결할 때 부부 간에도 신뢰가 쌓이게 된다. 이런 경우, 상대방에 대한 감사의 표시가 있으면 금상첨화다. 아내가 아이를 돌보는 중에 갑자기 병원에 가야 할 일이 있어 남편에게 도움을 요청했다면 남편은 최대한 신속하게 그 요청을 반드시 들어주어야 한다. 이때 아내는 남편에게 감사의 표시를 할 수 있을 것이다. 그것은 아이의 아빠로서 당연히 해야 하는 일이 맞긴 하지만, 아내가 감사의 표현을 한다면 아내에 대한 남편의 사랑과 신뢰는 더욱 깊어질 것이다. 이런 것을 부부 팀워크라고 할 수 있다. 육아에 관심이 떨어지는 사람을 품격 있는 부모라고 말하기 어렵다.

  결론적으로, 현대 사회에서는 부부가 함께 가정과 육아를 책임지는 자세와 실천이 중요하다. 남편과 아내를 구분할 것 없이 육아와 가사에 적극적으로 참여해야 한다. 남편의 적극적인 육아 참여야말로 아내가 자신의 사회적 활동을 남편으로부터 존중받고 지지받는다는 사실을 실제로 느끼게 만든다. 이런 실천적 관계가 부부를 웰에이징으로 인도한다.

3) 상황에 따른 역할의 조절

  부부가 함께 직장을 다니거나 여타 생업에 종사하면서 가사와 육아 등 새로운 환경을 잘 관리해 나간다는 것은 쉬운 일이 아니다. 그래서 부부 간에 종종 불화도 발생한다. 결혼 전부터 바람직한 결혼 생활에 대하여 충분히 학습하고 계획을 세워서, 육아나 가사가 부부 중 어느 한쪽으로 치우쳐서 불공정하다는 것을 느끼지 않도록 역할을 분담하는 편이 효과적일 것이다. 분담된 역할을 잘 수행하게 되었다면 건강한 부부 관계를 위해서 다음으로 해야 할 일은 상황 변화에 따라서 융통성 있게 역할 조정을 해 나가는 것이다.

역할 조정의 핵심은 부부가 평등하고 협력적 관계를 유지해 나간다는 대전제하에서 이루어져야 하며, 긴밀한 소통이 필요하다. 나아가 부부 중 어느 한쪽이 직장 일이나 육아 문제 등으로 매우 힘든 상황에 빠졌을 때는 힘을 합쳐 문제를 해결해야 한다는 묵시적 동의가 이루어져야 한다. 그래야 부부 간에 신뢰가 쌓이고, 더 믿을 수 있게 된다. 살다 보면 육아나 가사가 처음에 계획한 대로 잘 이루어지지 않는 경우가 많다. 특히 아이가 어릴 때는 갑자기 병원으로 달려가야 하는 경우가 종종 발생하기도 한다. 이런 때는 어느 쪽이든지 즉시 협력하지 않으면 안 된다. 이런 팀워크가 이루어지기 위해서는 평소 부부 간에 상호 신뢰가 유지되고 있어야 한다. 그 전제 조건은 부부 관계에 있어서 평소에 서로를 존중하면서 품격을 유지하는 것이다.

실제로 지방의 한 광역시에서 살고 있는 30대 부부의 경우를 보면, 남편은 대기업 부설 연구소에 근무하고, 그의 아내는 일반 기업에 다니다가 육아를 위해 직장을 그만두었다. 엄마의 보살핌을 받아 아이들이 잘 자라고 스스로 밥을 찾아 먹을 수 있을 정도가 되자, 아내는 다시 일이 하고 싶어졌다. 아내는 남편과 긴밀히 상의하여 국내 유명 베이커리 체인점을 차리기로 합의를 보았다. 그 목적은 젊을 때 돈을 더 많이 벌어놓아야 한다는 생각과 함께, 아내가 무엇이라도 일을 하고 싶었기 때문이다. 부부는 그들이 살고 있는 아파트 가까운 곳에 가게를 얻어 베이커리 체인점을 차렸다.

아내는 수시로 가게와 집을 오가면서 아이들도 돌볼 수 있었다. 1년 정도 가게를 운영한 결과, 한 달에 7백만 원 내외의 수익도 발생하여 저축하는 재미도 있었다. 남편도 전보다 더 가사에 협조하는 모습을 보이면서 부부 관계도 서로 격려하고 위로하며 돈독해졌다. 그러나 베이커리 체인점 운영 1년을 넘기면서 두 아이가 아침에 일어나 학교 가기 전에 엄마가 보이지 않는 상황에 잘 적응하지 못하는 사태가 벌어졌다. 베이커리 체인점 특성상 새벽 6시 이전에 본사에서 판매할 제과제빵들이 배달되다 보니 매일 그 시간에 맞추어 부부가 모두 집을 비우게 되었다. 새벽에 화장실을 가기 위해 일어나는 두 아이가 엄마 아빠가 보이지 않자 덜컥 겁이 나서 우는 일도 생겼다. 아빠가 먼저 집에 와서 아이들 아침을 챙겨 주곤 하지만 아내는 아르바이트 근무자가 출근할 때까지 빵 봉지를 씌우는 등 일을 하면서 가게를 지키고 있어야 했다. 아내는 아이들이 학교에 가는 것을 보지 못하는 경우가 많았고, 여기에 대하여 아이들은 정서 불안의 증세를 보이기도 했다. 부부는 한 달에 7백만 원의 수익을 포기하기가 참 아까웠지만 아이들의 정서 안정이 더 중요하다는 것에 의견 일치를 보았다. 부부는 며칠을 고민하고 상의한 끝에 2년 만에 베이커리 체인점을 접었다. 아내는 당분간 아이들을 키우는 일에만 전념하기로 했다.

4) 적정 거리의 유지

품격 있는 부부 관계를 유지해 나가는 또 다른 조건은 부부 간에

적 정거리를 유지하는 것이다. 마치 도로 위를 달리는 자동차들이 사고를 내지 않고 무사히 목적지까지 가기 위해서는 적정 거리를 유지해야 하는 것과 같은 이치다. 인간관계에서 적정 거리를 유지하는 것과 반대되는 현상은 상대에 대한 지나친 집착이다. 부부 관계에서 어느 한쪽의 지나친 집착은 언뜻 보기에 사랑의 표현 같기도 하지만, 장기적으로는 건강한 관계를 해치는 독이 될 수 있다고 전문가들은 진단한다. 과도하게 배우자에 대하여 집착하는 행위는 어느 한쪽의 정신질환을 유발하거나, 심지어는 파혼의 결과를 낳기도 한다. 부부 간에 적정 거리를 유지하는 것이 건강한 부부 관계에 더 좋은 이유는 서로 편안하게 숨 쉴 수 있는 개인적인 공간을 제공하고, 그런 속에서 신뢰와 안정감을 드높이게 된다는 사실에 기반한다.

전문가들의 연구에 따르면 배우자에게 집착하는 이유로는, 첫째, 심리적으로 불안감을 지니고 있으며 자존감이 낮기 때문이라고 한다. 자존감이 낮은 사람은 자신과 친한 사람이 자기를 떠나거나 버릴 것이라는 불안감으로 상대방에 더욱 집착한다고 한다. 부부 중에 이런 정신 상태를 가지고 있는 사람은 배우자가 자기를 버리고 떠나 버릴 수 있다는 의구심으로 전전긍긍하면서 집착하는 모습을 보인다. 둘째, 상대에 대한 자신의 관심과 애정을 증명하는 방법으로 사사건건 확인하는 경향을 보이기도 한다. 시간대별로 상대방의 위치를 확인하는 전화를 한다든지, 누구를 만났는데 그 사람이 어떤 사람이고, 무슨 목적으로 만났는지를 확인해야 직성이 풀리는 사람이 있다. 이런 행동은 상대방이 숨 쉬기 어렵게 만든다는 것은 충분히 예측할 수 있다. 셋째, 과거의 경험으로부터 갖게 된 트라우마와 같은 것 때문일 수도 있다. 이전에 상대로부터 받은 배신이나 이별의 경험이 영향을 미쳐서 상대방에게 집착하게 만드는 경우가 있다는 것이다. 이런 경험을 떨쳐 버리지 못한 사람은 동일한 상처를 입지 않기 위해 상대방에게 필요 이상으로 집착하게 된다. 넷째, 부부 간 신뢰의 부족이다. 부부 간에 신뢰가 쌓여 있지 않으면 배우자의 행동에 대하여 의심하게 되는 경향을 보인다. 신뢰란 누군가를 믿을 때 자기 운명의 일부를 맡길 수 있는 정도라고 말하는 심리학자도 있다. 미국의 저명한 사회심리학자이자 노스이스턴대학교 교수인 데이비드 데스테노(David DeSteno)는 그의 저서 『신뢰의 법칙』에서 '신뢰는 도덕적인 문제로써 신뢰와 관련된 선택은 한 개인의 인생을 송두리째 바꿀 수도 있다'라고 주장한다.

현대 사회에서 젊은 부부들은 결혼하고 나서도 마치 독립적으로 자신의 자유로운 인생을 살아가는 것처럼 보인다. 하지만, 이런 가운데서도 부부 간 집착 때문에 결혼이 파탄에 이르는 경우는 종종 있다. 어떻게 해야 서로 소원하지 않고 적당한 거리를 두면서 건강한 부부 관계를 유지해 나갈 수 있을까? 그 방법으로는 부부가 상대방의 삶을 존중해 주는 것이다. 예를 들어, 어느 한쪽이 일상의 스트레스를 해소하고 건강을 지키기 위해 특정 운동을 시작하거나 휴일에 친한 친구들을 만나러 외출해야 한다면 그와 같은 의사 결정을 하게 되는 것을 존중해 주는 것이다. 부부는 어느 한쪽의 소유물이 절대 아니다. 따라서 어떤 경우에도 존엄한 인간으로서 존중받는 것이 중요하다는 생각으로 부부 생활을 하도록 한다. 특히 개인의 시간과 공간을 존중해 주는 것도 필요하다. 예를 들어, 배우자가 독서할 때 방해하지 않고 조용한 분위기를 유지해 주거나 독서가 잘 될 수 있도록 충분한 공간을 확보해 주는 것 등이 있다.

감정을 다스리는 것도 중요하다. 사람은 살아가면서 여러 가지의 다양한 감정 상태를 경험한다. 하지만 부부 간에 그 감정 상태를 밝혀서 좋지 않을 경우도 있다. 부부는 내 감정 해소를 위해 무심결에 내뱉은 말로 인해 상대의 오해를 사거나 상대가 상처받을 수 있다는 점을 이해할 수 있을 때 진정한 품격도 쌓인다. 그러려면 결혼 생활 내내 감정을 다스리는 훈련을 해야 한다. 훈련을 실천하는 주요 방법은 다음과 같다.

첫 번째, 솔직한 대화를 나눈다. 배우자와는 솔직하게 대화를 나눠야 한다는 것을 의무로 생각하고, 자신의 감정과 생각을 공유하도록 한다.

두 번째, 상대방을 긍정적으로 강화한다. 강화(reinforcement)란 좋은 행동을 계속하도록 매개물을 제공하는 것이다. 배우자가 해 주는 작은 배려와 노력에 대해서도 고마움을 표현하는 것 같은 긍정적인 상호 작용을 늘여 나간다.

세 번째, 부부가 함께 성장해야 한다는 것을 의무적으로 생각하고 실천한다. 부부가 함께 성장하기 위해서는 배우자와 함께 목표를 설정하는 것을 습관화한다. 이를 이루기 위한 전략도 협력하여 만든다. 서로 협력하는 과정에서 부부 관계가 더욱 건강해진다.

네 번째, 상대를 소중하게 여긴다는 것을 확인시키도록 한다. 부부는 상대방의 존재가 소중하다고 느껴야 존중하게 된다는 것은 앞에서 충분히 살펴보았다. 하지만 상대가 나를 소중하게 여긴다는 것을 뚜렷하게 인식하도록 분명하게 증명하기는 쉽지 않다. 그럼에도 그것이 증명될수록 부부 화목에 효과적이다. 그 증명의 방법으로는 진심 어린 말, 배려적 행동, 감사의 표현, 믿음 등이 있지만, 무엇보다 시간과 관심을 투자하는 행동을 해야 한다. 바쁘더라고 상대방의 요청에는 바로 달려와서 응하는 모습을 보여 줘야 하고, 불교의 경전대로라면 맛있는 음식과 보석도 가끔 선물해야 한다. 그러면서도 상대에게 집착하는 모습을 보여서는 안 된다. 이 얼마나 품격이 높고 믿음직한 배우자의 모습인가?

경제적 자유의 확보

경제적 자유의 중요성

　대부분의 인간은 가정에서 태어나 부모의 보호 아래 성장하고, 경제적으로 독립하여 새로운 가정을 꾸리고, 그 속에서 늙고 죽는다. 따라서 개인의 정신적·육체적 건강의 대부분은 가정의 건강과 중요하게 관련을 맺고 있다. 가정의 건강은 개인의 삶에 있어서 중심축이며, 사회의 건강을 지탱하는 기반이라고 할 수 있다. 가정의 구성원이면 누구든지 건강하고 행복한 가정을 원하며, 또 그렇게 살아가고 싶어 한다. 아주 소박하지만, 이와 같은 모습이 바로 건양대학교 웰다잉 융합연구소가 추구하는 부부 웰에이징의 모습이다.

　건강한 가정에서 행복하게 자란 사람들은 상대적으로 자아존중감과 사회적 기술력 및 정서적 안정감이 높다는 연구 결과는 당연한 이치다. 부부를 중심으로 한 가족 구성원 모두가 행복감을 느끼며 살아갈 수 있는 가정을 만들기 위해서는 그에 걸맞는 조건을 갖춰야 할 것이다. 앞에서 우리가 부부 웰에이징 환경을 구축하기 위한 각종 방안에 대하여 기술한 내용으로부터 그 주요한 조건을 종합해 볼 수 있다. 그것은 구성원 간 사랑과 존중, 원활한 의사소통, 경제적 안정, 정서적 지지 및 건강한 생활 습관 등이다. 이처럼 경제적 안정이 중요한 이유는, 기본적으로 그것이 가족 구성원의 기본적인 생활 욕구를 충족시키며, 경제적 빈곤으로부터 받을 수 있는 각종 스트레스나 각종 위험에서 벗어나도록 해 주기 때문이다. 나아가 경제적 안정은 해외여행처럼 가족 구성원이 함께 즐겁게 보낼 수 있는 여유를 제공하며, 대학원 진학과 같은 더 많은 양질의 교육을 받을 수 있도록 기회를 넓혀 주고, 건강을 유지하도록 함으로써 긍정적인 자아상을 확립시키는 데도 크게 기여한다. 가정의 경제적 안정은 가정 속에서 존재하는 모든 인간의 삶의 질에 중요하게 영향을 미친다는 것을 알 수 있다. 따라서 행복한 삶을 살기를 원하는 사람은 누구든지 웰에이징에 필요한 돈을 모아 경제적 자유를 누리려고 애쓴다. 더 나아가 경제적 자유는 사회의 건강한 발전을 위해서도 장점이 있는 것으로 알려져 있다. 포브스 기자 출신으로 시티그룹의 개인자산관리 임원까지 지냈던 조너선 클레먼츠가 『돈의 태도(My money journey)』라는 책에서 언급한 30인의 '경제적 자유인'들이 그 좋은 예다. 이들 '경제적 자유인'들이 남은 생의 목표로 언급한 것은 한결같이 '가족'이었다. 이들은 경제적 자유에 도달하는 데 시간이 좀 더 걸리더라도 자녀들을 위해서는 직장을 포기하기도 했다. 특히, 개인의 사회적 책임을 실천하는 데도 남다른 관심을 보였다. 자녀들에게 돈을 물려주더라도 한꺼번에 주어 흥청망청 쓰게 하기보다는 보통 사람들과는 달리 신탁제도를 활용하는 등의 주의 깊은 행동을 보였다(『브릿지경제』, 2024. 4. 28.).

이와 같은 경제적 자유란, 사전적 의미로 사람이 돈을 벌기 위해서나 돈 때문에 일하지 않아도 되는 상태를 말한다. 더 넓게는 돈을 벌기 위한 노동이 인생에서 필수가 되지 않는 삶을 말하기도 한다. 즉, 경제적 자유란 지극히 주관적 개념이다. 가난하게 살면서도 자신의 삶에 만족하면서 돈의 구애를 전혀 받지 않는 상태라면, 그것도 넓은 의미에서 경제적 자유를 얻었다고 할 수 있을 것이다. 하지만, 결혼하여 자식을 낳고 행복한 가정을 만들기를 원하는 보통 시민들의 대부분은 평생 열심히 일하면서 알뜰살뜰 절약하고, 재테크나 부업을 통하여 노후 경제적 자유를 대비한다. 하지만 평생 열심히 일한다고 해서 모든 사람이 은퇴 후에 그렇게 꿈에 그리던 경제적 자유를 얻을 수 있는 것일까?

경제적 자유는 모든 사람의 꿈이긴 하지만, 노동하지 않고 경제적 자유를 누리는 삶을 살아갈 수 있는 사람은 소수에 지나지 않는다. 그 경제적 소수마저도 죽을 때까지 일하고 싶어 하는 경우는 참으로 많다. 사회적 동물로서의 인간은 돈이 충분한 경우에도 자아 성취를 위해 일하고자 하는 욕구를 지니고 있다. 그 좋은 예로, 우리가 잘 아는 세계 최고의 부자 중 한 사람인 워런 버핏이 있다. 그는 1930년에 출생하여 올해로 95세가 되었다. 그는 여전히 웃는 모습으로 일하고 있다. 그런데 사람이 노동으로서의 일을 하기 위해서는 건강한 육체, 특히 튼튼한 근육을 가질 것이 요구된다. 그러나 어떤 사람에게도 이 상태가 지속될 수는 없다. 열심히 살다 보면 자기가 원하지 않았지만 늙고 병들고 죽어야만 한다. 사람들 모두는 이 사실을 잘 안다. 노동을 하고 싶어도 약화된 육체를 비롯한 여러 가지 이유로 일할 수 없는 상황이 닥쳐오면 어떻게 할 것인지를 고민한다. 지혜로운 사람은 이때를 위해 돈을 모은다. 노후에 어떻게 경제적 자유를 누릴 수 있을 것인가? 이것이 바로 웰에이징의 중요한 조건이 될 수밖에 없는 이유다.

돈과 부부의 행복

경제적 자유가 인간의 삶의 질에 중요하게 영향을 미치는 것이 사실이지만, 과연 돈이 많은 부부가 반드시 행복한가? 그것은 아니다. 우리가 언론에서 자주 접하는 것처럼 보통 사람들이 상상할 수 없을 정도로 큰 재산을 가진 부부들이 이혼을 하기도 하고, 자식들이 대마초나 유흥, 도박에 빠져서 사회적 물의를 일으키고, 부모를 곤경에 빠뜨리는 경우는 많다. 상대적으로 소득이 적은 가정이 꼭 불행하지 않은 것과 같은 이치일 것이다. 다만, 요즘 인기를 끌고 있는 부부 상담 프로그램을 보면 이혼 직전까지 가는 부부 간 갈등의 큰 이유 중 하나가 돈의 문제인 것은 확실하다. 적지 않은 부부들이 가장이 돈벌이를 제대로 하지 못해 수입보다 지출이 많거나, 부부 간에 모르는 빚이 드러나거나, 서로의 씀씀이를 알 수 없거나, 상대적으로 적은 수입 자체를 불행의 원인으로 돌리는 경우는 흔하다. 이른바 이혼 전문 변호사가 소개하는 경제적 이유로 이혼한 사례들을 보면 부채, 경제적 무능력, 소비 패턴이나 액수의 차이, 생활비 압박 등이 있다. 돈이 부부 간 행복의 척도는 아니라고 해도, 그것이 가정의 안정된 삶과 무관하지는 않다는 것을 잘 보여준다.

건양대학교 웰에이징 연구소와 한국리서치연구소가 공동으로 만 19~69세 사이의 1,200명 기혼자를 대상으로 '경제 문제'에 대한 부부의 기초적인 인식을 조사했다. 주요 조사 항목은 부부가 생활하는 데 있어서 '나와 배우자의 돈 사용에 있어 동등한 권리 행사' 문제를 비롯하여 '부부 수입의 공동 사용 여부', '금전적 문제로 갈등을 빚은 경험', '경제적 어려움 때문에 일어난 문제' 등이다. 그 분석 결과 중에는 충분히 예상했던 것도 있었지만, 의외의 결과도 있었다.

우선, '나와 배우자의 돈 사용에 있어 동등한 권리 행사 여부'를 묻는 항목에서 '그렇다'라는 응답이 64.9%, '보통 내지 그렇지 않다'라는 응답도 35.1%였다. 조사 결과를 보면, 상당수 부부가 서로 의논하여 지출하고 있지만, 부부 한 사람이 일방적으로 주도하는 소비 사례도 상당했다. 돈 문제로 갈등을 빚거나 이혼까지 이르는 부부가 엄청나게 많다고 볼 수는 없지만, 35.1%에 속하는 부부는 그런 갈등 요인을 안고 살기 때문에 무시할 수도 없는 수치로 보인다. '부부 수입의 공동 사용 여부'를 묻는 항목에 대해서는 '그렇다'라는 응답이 55.3%였고, '그렇지 않다'라는 응답은 31.3%로 나타났다. 맞벌이든 외벌이든 많은 부부가 수입을 공동으로 관리하고 사용하는 경우가 많지만, 그렇지 않은 경우도 상당히 있는 것을 보면 이 또한 부부 간 갈등 요인으로 작용할 가능성도 상당히 있다. 주변의 사례를 볼 때 반드시 일치하지는 않지만 맞벌이 부부거나, 사업을 하는 경우, 상당히 늦게 결혼하여 서로의 지출 습관에 익숙해진 부부의 경우 어느 한쪽이 수입을 틀어쥐고 있는 경우에 갈등이 발생할 수 있다.

다음으로, '부부가 돈이나 부에 대해 가치관이 비슷한지'를 묻는 항목의 조사도 흥미로운 결과를 보여 준다. 조사 결과를 보면 '그렇다'라는 응답이 48.3%, '보통'이라는 응답은 27.7%, '그렇지 않다'라는 응답은 24.1%로 나타났다. 부부가 돈이나 부에 대해 가치관이 다를 경우, 부부 생활에서 갈등 요인으로 작용하는 일도 비일비재하다. 예를 들어, 부부 한 사람의 주식과 같은 투자에 대한 지나친 몰입, 과할 정도의 사치와 소비 생활, 저축에 대한 서로 다른 입장 등은 단순히 삶의 방식에서 차이를 넘어 부부 생활의 만족도를 크게 떨어뜨리는 요인이 된다. 금전 문제가 경제적 결핍으로 이어지는지에 대해서도 조사해 보았다. 응답자 부부 중 35.8%가 금전적인 문제로 배우자와 다툰 적이 있고, 35.9%는 금전적인 문제로 보험을 해약한 적이 있으며, 27.1%는 금전적인 문제로 재산을 처분한 사례도 있는 것으로 나타났다. 남녀 간에 큰 차이는 없지만, 경제적 갈등에 대해서 남성보다 여성이 좀 더 큰 반응을 보이는 것으로 나타났다. 이것은 가정의 실질적인 장바구니 경제를 여성이 주도하는 경우가 많고, '경제적 결핍'의 결과 역시 여성이 감당하는 사례가 많다는 것을 예측할 수 있다.

마지막으로 결혼 생활 만족도와 부부 경제생활 간의 관련성에 대해서도 알아보았다. 결혼 생활에 만족하고 있는 응답자 대부분은 부부 간 돈 사용에 있어서 동등한 권리를 행사하고, 부부 수입을 공동으로 사용하며, 돈이나 부의 가치에 대한 동등한 생각 등이 만족도에 높은 영향을 미치는 것으로 나타났다. 반면, 부부 간에 금전 문제로 인해 다투거나, 대출과 보험을 해약하는 것 같은 경제적 궁핍을 경험할 때는 결혼 생활의 만족도가 크게 떨어지는 것으로 나타났다.

대인관계에 '不可近不可遠(불가근불가원)'이라는 말이 있다. 부부 간 돈 문제도 마찬가지일 것이다. 행복한 부부 관계를 만들어 가는 데 있어서 돈이 필수 조건은 아니다. 하지만, 한 집안의 수입과 지출은 부부가 함께 의논하여 결정하고, 그 결과에 대해서도 책임을 나눌 때 결혼 생활의 만족도가 높아질 것은 확실해 보인다.

노후의 빈곤

2023년, 우리나라가 전체 인구 가운데 65세 이상 노인 비중이 20% 이상을 차지하는 초고령사회로 진입한 가운데 보건복지부와 통계청 발표 자료에 따르면, 노인들의 재정 상태는 갈수록 악화하여 노인빈곤율이 38.2%로 집계됐다. 성별로 구분할 때 여성 노인들의 빈곤율은 43.2%로, 남성 노인들보다 11% 이상 높았다. 2023년도 우리나라 전체 빈곤율이 14.9%인 데 비하여 노인들의 빈곤율은 상대적으로 높은 편이라는 것을 알 수 있다. 문제는 우리나라 노인빈곤율이 경제협력개발기구(OECD) 기준으로도 최고 수준이라는 점이다. OECD의 〈한눈에 보는 연금 2023(Pension at a glance 2023)〉 자료에 따르면 2020년 기준 한국의 66세 이상 노인 인구의 소득 빈곤율은 40.4%로, OECD 회원국 평균치인 4.2%보다 3배 가까이 높은 것으로 조사되었다.

은퇴 후 행복한 노년을 위해 건강 다음으로 요구되는 것이 경제적 자유라고 할 수 있다. 부부가 젊을 때 열심히 일해서 돈을 모아 자식 교육시키고 사회에 내보낸 다음, 노후에는 누구든지 그동안 모은 돈으로 여생을 편안하게 즐기면서 쉬고 싶어 한다. 하지만, 한국의 많은 노인들은 부족한 생활비를 메우기 위해 늙은 몸으로 노동해야 하는 서글픈 현실에 처해 있다. 이러한 빈곤은 주로 미성숙한 공적·사적 연금 제도, 퇴직금 중간 정산, 기대 수명 증가, 생애를 통한 자녀 부양 및 저축 부족 등에 기인한다. 늙어서도 생활비를 벌기 위한 노동을 이어 가야 하는 관계로, 65세 이상 인구의 고용률도 2021년 이후 35.0%를 넘어서 OECD 국가 중 1위를 차지하고 있다. 한국고용정보원 조사에 따르면, 한국의 68세 근로자들의 평균 근로소득은 180만 원이었다가, 75세 때는 27%의 노인들이 일하고 근로소득은 139만 원으로 낮아졌다(『조선일보』, 2023. 6. 4.). 하지만 도시 지역의 은퇴자들에게 물어보면, 한 달에 필요한 돈이 400~500만 원은 필요하다고 한다(『Chosun Daily』, 2024. 1. 9.). 이와 같은 문제는 통계 조사 대상이나 방법의 문제이기에 앞서 본질적으로는 한국 노인들의 빈곤이 그만큼 심각하다는 것을 보여 주는 것이다. 노인들에게는 객관적 빈곤보다 주관적 빈곤이 더 심각하다. 때문에 Wang(2011) 등은 경제적 빈곤율을 주관적 판단에 의해서 평가하는 것이 노인복지제도 수립과 시행을 위하여 중요하다고 주장한다.

노인들의 경제적 궁핍은 개인적으로나 사회적으로 다양한 문제를 일으키는 원인이 된다. 그것은 기본적으로 정신적·육체적 건강 문제와 직결된다. 실제 한국 노인의 평균 건강 나이는 73.1세로,

거의 10년 동안은 질병의 고통 속에서 살아가야 한다(MHW, 2023). 노인빈곤율이 세계 1위라는 사실은 절대적·상대적 경제력이 빈약하다는 것을 의미한다. 경제적 빈곤은 가장 먼저 개인에게 충분한 영양의 공급과 적시 의료 서비스를 받는 데 있어서 장애가 된다. 특히, 노인들의 역할 상실을 가져와 자발적으로 사회에서 자신을 퇴거시키고, 인간관계를 단절하면서 은둔에 들어가게 만들기도 한다. 이것은 심리적인 위축과 황폐를 불러와 몸과 마음을 병들게 하고, 심지어는 자살의 유혹을 불러오기도 한다.

자본주의 사회에서 인간이 육체적·정신적 건강을 유지하면서 인간다운 생활을 할 수 있는 기초로써 경제력은 매우 중요하다. 노인의 경제생활 만족도는 노인들의 생활 전반에 대한 만족도 및 사회적 친분 관계 만족도와도 긍정적 상관관계를 가지고 있다. 종합적으로 볼 때, 노인들이 경제력을 갖추는 것은 그 나라가 선진국으로 가기 위해서도 기본적으로 갖추어야 할 자격 조건이기도 하다. 노후를 위한 경제력은 전 생애를 통하여 준비해야 하겠지만, 100세 시대에 접어들고 있는 지금, 은퇴 후에도 슬기롭게 경제활동을 영위하는 것 또한 매우 중요한 과제다. 따라서 은퇴 후를 대비한 생애 경제 교육을 통하여 국민 각자가 경제력을 키우고 은퇴 후 슬기로운 경제 활동으로 건강한 노후를 살아가도록 하는 것은 한국 국민 모두의 웰에이징을 위해서 국가가 관심을 기울여야 할 주요 정책적 과제라고 할 수 있다.

경제적 자유의 확보 전략

한국에서 은퇴 후, 돈에 구속되지 않고 자유로운 경제생활을 하기란 쉽지 않다는 것을 알 수 있다. 경제적 자유를 이루기 위해서는 젊어서부터 구체적인 실천을 통해 그 습관이 몸에 스며들도록 해야 한다. 경제적 자유에 대한 객관적인 지표는 있을 수 없다. 경제적 구속으로부터 얼마나 자유를 느끼는지는 개인의 주관적 특성에 따라서 다르기 때문이다. 하지만 가구 소득은 가족들의 심리적 만족과 상관관계가 있다. 한국보건사회연구원의 조사에 따르면, 월 소득 500만 원 이상 가구의 78.3%가 결혼 생활에 만족한다고 응답한 데 반해 월 소득 200만 원 이하 가구는 만족도가 43.2%로, 낮은 것으로 나타났다. 가구 소득이 높다고 해서 반드시 가족들의 행복감이 높아지지는 않겠지만, 가구 소득이 높을수록 가정에 대한 만족도는 높아지는 관계에 있는 것만은 사실이다. 경제적으로 가난한 가정보다는 부자인 가정을 만들어야 하는 당위성이 여기에 있다.

재무설계 전문가들도 은퇴 후 행복한 노후를 위해 가장 중요한 것이 재정 계획과 투자 습관이라고 강조한다. 그 주요 내용을 살펴보면 다음과 같다.

첫 번째, 젊어서부터 지출을 줄이면서 효율적으로 예산을 관리하는 것이다. 이제 막 결혼한 부부가 일상생활에서 지출을 줄이기 위한 예산을 세워 돈을 관리하는 것이 경제적 자유의 첫걸음이라는 것이다. 예를 들어, 매달 써야 할 고정 비용과 변동 비용을 나누고, 불필요한 소비를 줄이는 방식을 선택하여 수행하도록 하는 것이다. 쉽게 말해, 밖에서 커피를 사 마시는 대신 집에서 커피를 내려 마신다면 두 사람이 한 달에 적어도 10만 원을 절약할 수 있다는 계산이 나온다. 이런 작은 절약들이 쌓여 더 큰 재정적 안정으로 이어진다는 사실을 경험하는 것이 중요하다. 그야말로 티끌 모아 태산이 되는 셈이다.

두 번째, 젊어서부터 자신에게 맞는 저축과 투자 습관을 축적한다. 저축은 단순히 돈을 모으는 것 이상의 가치를 지닌다. 경제학적 관점에서 보면 저축은 자녀의 대학 등록금이나 부부의 중증질환 치료와 같은 미래의 중요한 지출을 위해 현재 소비를 제한하는 것이다. 저축은 미래에 대한 불확실성을 줄이는 데 중요한 역할을 한다. 저축해서 모인 큰돈을 이자가 낮은 은행에만 맡길 것이 아니라 효율적으로 투자해 자산을 늘리는 지혜도 필요하다. 예를 들어, 주식이나 부동산 투자는 장기적으로 높은 수익률을 기대할 수 있는 저축의 또 다른 방법이라고 할 수 있다. 2000년 이후에도 한국의 부동산 시장은 장기적으로 상승하는 경향을 보이고 있고, 주식 시장 역시 장기 투자 시 은행 이자보다는 더 높은 수익을 올리게 해 준다. 요즘엔 젊은 층을 중심으로 외국의 주식이나 채권에 투자하여 높은 수익을 올리는 경우도 많다. 심지어는 암호화폐에 투자하여 젊은 시절에 이미 부자가 되는 경우도 종종 있다.

세 번째, 수입의 다변화 전략이다. 부부가 월급에만 의존할 것이 아니라 수입원을 다각화하는 것도 생각해 볼 수 있다. 직장에서 받는 월급에만 의존하지 않고, 부수입을 창출하거나 부부 중 한 사람은 개인 사업을 하는 방법을 모색하도록 한다. 실제로 어떤 젊은 부부는 중소도시에 있는 은행의 직원으로 재직 중 사내 결혼을 했는데, 두 자녀가 커 감에 따라 한 사람은 아이와 함께하는 시간을 많이 갖는 것이 좋겠다는 협의를 하게 되었다. 그에 따라 아내가 개인 사업에 대하여 몇 개월 동안 공부와 조사를 한 끝에 브랜드 아이스크림 체인점을 열게 되었다. 3년이 넘는 체인점 운영에서 아내는 체인점 사업에 경험으로 돈을 벌 수 있는 해박한 지식을 가지게 되었으며, 자신감도 생겼다. 무엇보다 초등학교와 중학교에 다니는 자녀들이 집에 돌아오는 시간에는 아르바이트 근로를 활용하고, 자신은 집에서 아이들에게 식사를 챙겨 주는 등 자녀들을 돌볼 수 있게 되어 두 자녀의 심리적 안정에도 기여하게 되었다. 약 7년 만에 이 부부는 지금 살고 있는 집 외에 아파트 한 채를 더 사서 세를 놓을 수 있게 되었고, 다른 지역에 체인점을 한 개 더 내서 운영하는 문제를 논의하고 있다. 아내의 보살핌 속에서 자녀들도 모두 대학에 진학하여 아이들을 돌보는 일에서도 자유로워졌다. 이들은 그들 스스로 노후 경제적 자유를 확보하기 위한 노력이 결실을 거두고 있다고 자신하게 되었다. 이와 같은 노력은 노후의 경제적 불안감을 줄이고, 경제적 자유로 가는 발판을 만들게 된다. 경제적 자유는 부부의 웰에이징을 보장하기 위한 중요한 조건이라는 것은 두말할 나위가 없다.

경제적 소외와 극복

1) 경제적 소외

　심리학적 연구에 따르면, 개인은 장기적인 안정감과 자율성을 느낄 때 행복감이 더 높아진다고 한다. 우리가 자본주의 사회를 살아가는 한 돈으로부터 구속받는다. 사람에 따라서는 그 구속이 너무 커서 목숨을 버리기도 한다. 따라서, 누구든지 경제적 자유를 이루려고 노력한다. 인간이 경제적 자유를 가져야 하는 이유는 삶의 중요한 의사 결정에서 더 큰 자유를 누릴 수 있기 때문이다. 경제적 자유도가 높을수록 사람은 원하는 물건을 구매할 수 있고, 자유롭게 여행할 수 있으며, 은퇴 시기도 자유롭게 선택할 수 있다. 무엇보다도 자신이 좋아하는 일을 하는 데 많은 시간을 투자할 수 있다는 것이 장점이다. 또한, 경제적 자유는 단순한 물질적 풍요를 넘어서서 인간관계와 자기실현 등 삶의 질적인 부분에서도 긍정적인 변화를 가져다준다. 사랑하는 가족과 함께 더 많은 시간을 보내고, 친구 관계 활성화나 취미 생활 등에도 더 많은 여유를 가질 수 있다. 건강이 받쳐 주는 경제적 자유는 마치 웰에이징의 실현처럼 보일 정도다.

　경제적 자유의 대칭점에 있는 심리 상태는 경제적 구속으로 인한 소외다. 발달심리학자들은 한 개인에게 있어서 은퇴(retirement)란 중년기에서 노년기에 이르는 기간에 적응해야 할 중요한 발달 과업으로 본다. 은퇴에 대한 노인들의 태도를 보면, 3분의 1 정도는 은퇴를 기쁜 마음으로 기대하고, 또 다른 3분의 1은 걱정과 불안을 느끼며, 다른 3분의 1은 은퇴에 대하여 생각조차 하기 어려울 정도로 강한 두려움을 갖는다고 한다(송명자, 1995). 경제적 측면에서 볼 때 사회에서 자신이 하는 일에 만족하지 못하는 사람들이 은퇴 후에 충분히 쓸 돈이 있다면 은퇴를 반기는 것으로 나타났다(Belbin, 1983).

인간의 소외 연구는 정치, 경제, 사회, 종교 및 철학 등 다양한 측면에서 이루어지고 있다. 우선, 정치적 소외란 인간이 만들어 낸 산물인 정치 제도에 보편적이고 타당한 권위가 있다고 간주하고, 여기에 인간이 지배되거나 속박될 때 나타나는 소외를 말한다. 종교적 소외란 인간의 삶을 매우 고통스럽다고 봤기 때문에 인간은 구원을 원하게 된다는 것이다. 인간은 자신의 고통에 대한 보상으로서 욕망을 외부의 환상적 존재에 투사하여, 그 힘에 인간이 매몰될 때 나타나는 소외를 말한다. 중세 때는 이와 같은 종교적 소외를 이용하여 종교인들이 왕보다 더 높은 위치에서 대중을 지배하는 것이 가능했다. 철학적 소외란 인간이 스스로 생각하는 과정에서 나타나는 소외다. 사람은 생각하는 과정에서 절대불변의 진리가 있다고 위임을 해 버리고, 위임된 지식 체계에 인간이 지배당할 때 소외가 발생한다는 것이다. 또한 경제적 소외란 독일의 경제학자이자 철학자인 마르크스가 주장한 이론이다. 그 내용은 인간이 만들어 낸 산물을 인간이 소유하거나 지배하지 못하고, 그 산물이 독립된 외부적 힘을 이루고, 그 힘에 인간이 지배당할 때 소외가 된다는 것이다. 자본주의가 발달할수록 돈이 없어 친구들과의 관계를 단절하거나 결혼하지 않고 독신으로 사는 사람들은 점점 더 증가하고 있다. 우리나라도 홀로 사는 노인들이 증가하고 있고, 이들이 필연적으로 느끼는 소외는 고독사를 불러오고 있다. 인간의 소외에 경제적 문제가 크게 영향을 미치고 있는 것을 알 수 있다.

2) 경제적 소외의 극복

개인적 특성에 따라 차이는 있지만, 자본주의 사회에서 경제적 지위가 낮은 사람들이 소외를 경험하는 것은 당연한 것처럼 보인다. 소외가 건강하지 못한 사회를 만드는 데 중요한 요소라면, 개인의 노력과 함께 국가도 나서서 국민이 겪는 소외를 극복하도록 힘을 보태야 한다.

우선적인 과제는 교육의 혁신이다. 개인의 경제적 자유는 문맹 상태로부터 얻기는 매우 어렵다. 경제적 부가 따르는 교육도 중요하지만, 교육이 사람 중심으로 개편될 필요가 있다. 우리나라에서 인구가 점점 감소하는 원인 중 하나가 경제 양극화 문제다. 이것은 경쟁만을 부추기는 교육 시스템이 그 원인 중 하나다. 경쟁주의 교육은 인간의 착한 심성을 소거시키는 괴물과 같은 사회를 만든 측면이 있다. 주위 사람은 어떻게 되든지 나만 잘되면 그만이라는 극단적 이기주의적 행태가 용인되는 살벌한 문화가 지배하는 사회 속에서 우리는 살고 있다. 우리 사회가 경제적으로 발전하면 할수록 빈부격차는 지금보다 더 커지고, 경제력이 약한 계층의 노인들은 소외감이 더 커질 수밖에 없다. 경제적 약자들을 위해서는 양보와 타협이 미덕이 되는 통합적인 사회를 만들어 내야 한다. 그러기 위해서는 실용 교육과 함께 시간이 걸리더라도 질 높은 인문 교육도 강화해야 할 것이다. 특히, 노후를 대비한 경제 교육은 반드시 필요하다.

한국은 근대 국가 출범 이후 지속적으로 고도성장을 추구하는 정책을 추진해 왔다. 그 결과, 국가 경제 규모는 성장했지만 세계 1위의 저출산 국가가 되었다. 합계출산율은 0.86 수준이고, 이것은 OECD 국가 중 맨 하위에 속한다. 또한, 노인 계층의 경제적 빈곤, 끊임없는 산업 재해로 인한 사망 등은 선진국에 어울리지 않는 어두운 모습이다. 짧은 기간 동안 빛나는 고도성장을 이룩한 나라로 극찬받고 있지만, 그늘에 가려진 어두운 실상 중 하나가 노인 계층의 빈곤과 그로 인한 경제적 소외다. 정부에서 빈곤한 노인 계층을 위한 각종 복지정책을 도입하고 많은 예산을 투자하는 등 힘을 쏟는 것은 사실이다. 하지만, 이와 함께 국민 스스로가 노후 웰에이징을 대비할 수 있는 시스템을 만들어 내는 것도 중요하다. 왜냐하면 증가하는 노인 인구에 대하여 언제까지나 복지 예산을 증액하기는 어렵기 때문이다.

국민 개개인 차원에서 경제적 소외를 극복하는 노력은 반드시 선행되어야 한다. 개인의 삶의 태도나 신념 및 경제적 지위에 따라 방법이 다양하겠지만, 기본적으로는 젊은 시절부터 노후를 고려한 경제적 준비를 철저히 하는 것이 가장 효과적이고 지혜로운 일이다. 노후를 대비한 경제생활이 전 생애에서 체질화되어야 한다. 노후를 위한 소득, 노후를 위한 절약 그리고 길어진 노후를 위하여 증여나 상속의 억제 등은 개인에게 기본적이고 중요한 일이 되었다.

노후에 찾아오는 소외 극복을 위해서는 재테크와 함께 우(友)테

크 역시 중요하다. 미국의 자부심이라고 할 수 있는 소설가 헤밍웨이는 62세에 권총으로 자살해서 죽었다. 그 돈 많고 대중으로부터 찬사를 한 몸에 받고 있던 헤밍웨이가 왜 그렇게 죽었는지에 대한 연구도 많다. 여러 연구에서 도출된 공통 분모는 우울증에 시달리다가 자살을 선택했다는 설이 유력하다. 그는 왜 우울증에 시달렸을까? 돈이 없어서일까, 아니면 건강이 안 좋아서일까? 그런 이유보다는 그는 평소 친하게 지내던 주위 사람들이 죽어 가는 것을 목격하며 극심한 스트레스에 시달렸다고 한다. 그러던 어느 날, 그와 늘 함께하던 편집자가 죽자 급기야 자살을 선택했다고 한다. '친구 따라 강남 간다'고나 할까. 헤밍웨이의 경우에서 보는 것처럼, 사람이 늙어서 삶을 살아가는 데는 돈도 중요하지만, 그것이 전부는 아니라는 사실이다. 가난한 노인들이 종교의 힘으로 건강하게 삶을 살아가는 경우도 얼마든지 있다. 노인에게 있어서 경제적 소외가 있을 수는 있지만, 좋은 친구를 통해 그 극복도 얼마든지 가능하다. 친한 친구는 노후를 건강하게 보낼 수 있는 자산이기도 하다. 하지만 친구보다도 더 소중한 배우자와 함께 죽음에 이르기까지 좋은 관계를 유지한다면 노후의 삶은 더 풍요로워질 것이다.

부부 간 건강 지켜 주기

부부의 건강과 웰에이징

1) 부부 건강과 웰에이징의 의미

　부부는 평생을 함께하는 동반자로서 서로의 삶에 큰 영향을 미친다. '웰에이징(Well-Aging)'은 단순히 오래 사는 것이 아니라, 신체적·정신적·정서적 건강을 균형 있게 유지하면서 활기차고 만족스러운 삶을 지속하는 것을 의미한다. 웰에이징을 위해서는 개인의 건강 관리뿐만 아니라 부부가 함께 건강한 생활 습관을 실천하는 것이 중요하다. 연구에 따르면, 부부가 함께 운동하고 건강한 식습관을 실천할 때 신체 건강뿐만 아니라 정서적 유대감도 강화되는 것으로 나타난다. 또한, 배우자가 건강한 생활 방식을 유지할수록 상대 배우자의 건강 역시 개선되는 경향이 확인된다.

나이가 들면서 신체 기능이 저하되고, 다양한 질병이 발생할 가능성이 커진다. 하지만 부부가 함께 건강을 지키기 위해 노력하면 질병 예방과 건강 증진에 더욱 효과적인 결과를 기대할 수 있다. 이를 위해서는 첫째, 건강한 생활 습관을 함께 실천하고, 둘째, 정기적인 건강 검진을 독려하며, 셋째, 심리적·정서적 지지를 통해 정신 건강을 관리하는 것이 필수적이다.

2) 부부 건강의 핵심 요소- 행복한 노후를 위한 건강한 습관

부부가 함께 건강한 삶을 유지하기 위해서는 신체적 건강뿐만 아니라 정신적·정서적·사회적 건강이 조화를 이루어야 한다. 단순히 질병이 없는 상태를 의미하는 것이 아니라, 신체적 활력과 심리적 안정, 관계의 조화를 유지하면서 건강한 생활을 지속하는 것이 중요하다. 특히 부부가 함께 건강을 관리하는 경우 더 큰 효과를 기대할 수 있으며, 이는 노년기의 삶의 질을 높이는 데 핵심적인 역할을 한다. 건강한 부부 생활을 위해 중요한 네 가지 요소는 첫째, 신체적 건강, 둘째, 정신적 건강, 셋째, 정서적 건강, 넷째, 사회적 건강이다. 이 네 가지 요소가 균형을 이루는 것이 필요하다.

① 신체적 건강: 건강한 몸이 행복한 관계를 만든다
건강한 신체는 행복한 부부 관계를 지속하는 데 필수적인 요소로 작용한다. 부부가 함께 신체적 건강을 관리하는 경우, 혼자 실천하는 것보다 더 쉽게 건강한 습관을 형성할 수 있으며, 서로에게

동기 부여가 되어 꾸준히 실천할 가능성이 커진다.

먼저, 규칙적인 운동이 요구된다. 매일 30분 이상 가벼운 산책을 하거나, 주 3회 이상 유산소 운동(자전거 타기, 수영 등)을 실천하는 경우 심혈관 건강을 유지하는 데 긍정적인 영향을 미칠 수 있다. 또한, 나이가 들수록 근육량이 감소하는 경향이 있기 때문에 근력 운동을 병행하는 것이 근감소증 예방에 효과적이다. 요가나 스트레칭 같은 유연성 운동도 부부가 함께 실천하는 경우, 근육의 긴장을 완화하고 부상을 방지하는 데 도움이 될 수 있다.

다음으로, 건강한 식습관을 유지하는 것이 필수적이다. 인스턴트 음식과 가공식품 섭취를 줄이고, 신선한 채소와 단백질 위주의 균형 잡힌 식사를 실천하는 것이 체중 조절과 대사 건강 유지에 긍정적인 영향을 미칠 수 있다. 특히 부부가 함께 식단을 계획하고 요리를 실천하는 경우 건강한 식습관을 더욱 쉽게 유지할 수 있으며, 식사 시간을 소중한 교류의 시간으로 활용하는 것도 가능하다. 또한, 정기적인 건강 검진을 받는 것은 필수적이다. 건강 검진을 통해 질병을 조기에 발견하는 경우 조기 치료 가능성을 높이고, 적절한 예방 조치를 취하는 것이 가능하다. 부부가 함께 건강 검진을 받으면 서로의 건강을 더욱 신경 쓰게 되고, 필요할 때 적절한 의료적 대응이 가능해진다.

② 정신적 건강: 스트레스 관리를 통한 평온한 삶

정신적 건강은 부부 관계의 질을 결정짓는 중요한 요소로 작용한다. 스트레스와 불안이 지속되는 경우 부부 간 갈등이 증가할 가능성이 있으며, 이는 부부 관계까지 악화시키는 요인으로 작용할 수 있다. 따라서 부부가 함께 정신 건강을 유지하고 스트레스를 효과적으로 관리하는 것은 필수적이다.

그 방법에는 어떤 것들이 있을까? 먼저, 정기적으로 대화를 나누며 서로의 감정을 공유하는 것이 요구된다. 배우자의 고민과 스트레스를 이해하고 공감하는 태도를 가지는 경우, 상대방이 더욱 심리적 안정감을 느낄 수 있다. 감정을 표현하는 것이 어려운 경우, 감사한 일이나 긍정적인 감정을 기록하는 '감사 일기'를 함께 작성하는 것도 효과적인 방법이 된다. 또한, 부부가 함께 스트레스를 해소할 수 있는 활동을 찾는 것이 필요하다. 독서, 음악 감상, 그림 그리기 등의 취미 활동을 함께하거나, 명상과 요가 같은 심신 안정에 도움이 되는 활동을 실천하는 경우 정신적 피로를 줄이고 심리적 균형을 유지하는 데 도움이 될 수 있다. 스트레스를 효과적으로 해소하기 위해서는 부부만의 특별한 시간을 마련하여 함께 여행을 가거나 새로운 경험을 쌓는 것도 좋은 방법이 된다.

무엇보다 긍정적인 사고방식을 유지하는 것은 매우 중요하다. 부부가 서로 격려하고 긍정적인 말을 자주 하는 경우, 심리적으로 안정될 뿐만 아니라 관계의 질도 향상될 가능성이 커진다. 작은 것에도 감사하는 습관을 형성하고, 부정적인 상황에서도 긍정적인 해결책을 찾으려는 태도를 가지는 것은 부부 모두가 정신적으로 더욱 건강한 삶을 사는 데 도움이 된다.

③ 정서적 건강: 부부 사이의 친밀감 유지

부부 간의 정서적 건강은 서로에 대한 애정과 유대감을 지속적으로 유지하는 데 중요한 역할을 한다. 신체적으로 건강하더라도 정서적 유대가 부족한 경우 부부 관계의 만족도가 낮아질 가능성이 크다. 따라서, 부부는 서로에 대한 신뢰를 쌓고 정서적인 유대감을 강화하는 노력이 필요하다.

먼저, 서로를 존중하고 배려하는 태도가 요구된다. 부부가 서로에게 고마운 점을 자주 표현하고, 작은 일에도 칭찬을 아끼지 않는 경우 관계의 만족도가 높아질 가능성이 크다. 특히, 다툼이 발생했을 때 감정을 조절하며 차분하게 대화하는 것이 필요하다.

또한, 부부 간의 애정 표현을 지속하는 것이 필요하다. 손을 잡거나 포옹하는 등의 작은 스킨십만으로도 정서적 유대감이 강화될 수 있으며, 이는 부부 관계를 더욱 돈독하게 만드는 데 긍정적인 영향을 줄 수 있다. 함께하는 시간을 소중히 여기고, 특별한 이벤트를 계획하는 것도 정서적 건강을 유지하는 좋은 방법이 된다.

④ 사회적 건강: 건강한 관계 유지하기

사회적 건강은 부부가 가족, 친구, 지역 사회와의 관계를 유지하면서 활기찬 삶을 영위할 수 있도록 돕는 요소로 작용한다. 사회적 관계가 단절되는 경우 외로움을 느낄 가능성이 커지며, 이는 정신적 건강과 신체적 건강에도 부정적인 영향을 미칠 수 있다.

부부가 함께 사회적 건강을 유지하기 위해서는 먼저 가족 및 친구들과의 관계를 지속적으로 유지하는 것이 요구된다. 정기적으로 연락을 주고받고 가족 행사나 모임에 참여하는 경우, 유대감을 강화하는 데 긍정적인 영향을 미칠 수 있다. 또한, 친구들과의 관계를 지속하거나 새로운 인간관계를 형성하는 것도 삶의 활력을 증진하는 데 기여할 수 있다.

지역 사회 활동에 적극적으로 참여하는 것도 사회적 건강을 유지하는 좋은 방법이 된다. 부부가 함께 자원봉사 활동을 실천하거나 동호회 활동에 참여하는 경우 새로운 사람들과 교류할 기회를 얻을 수 있다. 그런 활동을 통해 삶의 의미를 더욱 깊게 느낄 수 있다. 사회적 관계를 유지하는 것은 정서적 안정과도 연결되며, 노년기에 더욱 중요한 요소로 작용할 수 있다. 부부의 건강은 신체적 건강만 중요한 것이 아니다. 정신적 건강을 위해 서로의 감정을 공유하고 스트레스를 해소하는 노력이 필요하며, 정서적 건강을 위해 친밀감을 유지하고 꾸준히 애정을 표현하는 것이 필수적이다. 또한, 사회적 건강을 위해 가족과 친구, 지역 사회와의 관계를 지속적으로 유지할 것이 요구된다.

부부의 삶에서 이 네 가지 요소가 조화를 이루는 경우, 부부는 더욱 건강하고 행복한 삶을 영위할 수 있다. 배우자와 함께 건강한 습관을 만들어 가면서 더 나은 미래를 준비하는 노력은 부부 웰에이징과 직결되어 있다.

부부 사이의 건강 문제 대응

1) 배우자의 건강 변화 인식하기

부부가 함께 건강을 지키기 위해서는 배우자의 건강 상태를 지속적으로 관찰하고 변화에 민감하게 반응하는 것이 중요하다. 건강 문제는 갑작스럽게 발생하기도 하지만, 대부분은 서서히 진행되며 작은 신호를 통해 경고가 전달된다. 따라서 배우자의 건강 상태를 세심하게 살피고 조기에 대응하는 노력이 요구된다.

특히, 배우자가 일상적인 습관을 바꾸거나 이전과 다른 행동을 보이는 경우 더욱 주의 깊은 관찰이 필요하다. 피로감을 자주 호소하거나 식습관이 변하거나 수면 패턴이 달라지는 경우, 이는 신체적 혹은 정신적 건강에 문제가 발생하고 있다는 신호일 가능성이 크다. 작은 신호라도 놓치지 않고 함께 확인하고 해결하려는 태도가 요구된다. 이를 위해 부부는 서로의 건강을 주기적으로 점검하고 대화를 통해 상태를 공유하는 것이 필요하다. 예를 들어, 하루 일과를 마친 후 저녁 식사 시간에 건강과 관련된 대화를 나누는 습관을 들이면 배우자 건강 변화를 좀 더 쉽게 파악할 수 있다. 이와 함께 정기적인 건강 검진을 함께 받는 것은 건강 문제를 조기에 발견하는 효과적인 방법이다. 건강 검진은 신체 상태를 미리 확인하도록 하고, 필요할 경우 생활 습관을 조정할 수 있는 예방적 조치를 가능하게 한다. 부부가 서로 건강 검진을 독려하고 함께 병원을 방문하면 검진을 더 체계적으로 받을 수 있고, 건강 관련 관심도 더욱 높아진다.

2) 건강 문제를 함께 해결하는 방법

배우자가 건강 문제를 겪게 되면 부부 모두가 영향을 받을 수밖에 없다. 건강한 부부 관계를 유지하기 위해서는 배우자의 건강 문제를 단순히 개인적인 문제가 아니라 부부가 함께 해결해야 할 과제로 인식하는 것이 필요하다. 배우자의 건강 문제가 생활 속에서 어떤 영향을 미치는지 이해하고, 이를 함께 극복하기 위한 노력이 요구된다.

먼저, 배우자가 건강 문제로 인해 신체적·정신적으로 어려움을 겪을 때는 공감하고 지지하는 태도가 필요하다. 질병의 원인이 생활 습관 때문이라고 하더라도 비난보다는 이해와 격려가 요구된다. 예를 들어, 배우자가 당뇨병 진단을 받았다면 "왜 그렇게 먹었어?"라는 말은 금물이다. "앞으로 함께 건강한 식습관을 실천해 보자."라는 말처럼 긍정적이고 격려하는 태도라야 좋은 부부 관계를 이끈다.

또한, 진료나 치료 과정에서도 배우자의 동반자로서 적극적인 역할이 필요하다. 병원 방문을 함께하며 의료진의 설명을 같이 듣고, 치료 계획을 함께 세우는 것이 효과적이다. 이 과정에서 배우자의 건강 상태를 정확히 이해하고, 필요한 경우 약물 복용을 돕거나 생활 습관을 조정하는 역할이 요구된다.

건강 문제로 인해 부부 간 갈등이 발생할 수도 있다. 예를 들어, 배우자가 건강상의 이유로 식단 조절을 해야 하는데 상대방이 이를 지키지 못하는 경우, 갈등이 생길 가능성이 높아진다. 이런 때는 서로를 존중하며 해결책을 찾아가는 태도가 우선이다. 함께 식단을 계획하고 요리를 하거나, 함께 운동하는 등 실천 가능한 방법들을 모색하면 갈등도 줄이면서 건강한 생활을 지속할 수 있다. 건강한 부부 생활을 위한 실천 과제를 살펴보면 다음과 같다.

첫 번째, 건강 관련 대화를 정기적으로 나눈다. 배우자의 건강 상태를 체크하고 함께 해결책을 찾는 대화 습관을 기르는 것이 필요하다.

　두 번째, 함께 실천할 수 있는 운동을 정하고 규칙적으로 실천한다. 기, 요가, 스트레칭 등 부부가 함께할 수 있는 운동을 선택하는 것이 효과적이다.

　세 번째, 건강한 식습관을 유지하기 위한 공동의 목표를 설정한다. 부부가 함께 건강한 식사를 준비하고, 건강한 식재료를 선택하는 습관을 실천하도록 한다.

　네 번째, 정기적인 건강 검진을 받고 결과를 공유한다. 건강 상태 점검에 따른 필요한 조치를 미리 취하는 것이 중요하다.

　다섯째, 스트레스 해소를 위한 부부만의 특별한 시간을 만든다. 여행, 취미 활동, 산책 등을 통해 부부 관계를 더욱 돈독하게 만들기 위한 노력이 필요하다.

　건강은 부부의 행복과 웰에이징을 위해 함께 지켜야 하는 가장 중요한 자산이라고 해도 지나치지 않다. 배우자의 건강 변화에 관심을 기울이고, 건강 문제가 발생했을 때 함께 해결하려는 태도를 가지면 더 행복하고 건강한 삶을 실천할 수 있다. 부부가 함께 운동하고, 건강한 식습관을 실천하며, 스트레스를 관리하고, 정기적으로 건강을 점검하는 것은 노년기에도 활기찬 삶을 유지하는 최고의 전략으로 작용한다. 건강한 몸과 마음을 유지하는 것이야말로 배우자에게 줄 수 있는 최고의 선물이라 할 수 있다.

부부 간 건강 생활 실천하기

1) 동반자적 건강 체크

초고령사회에 접어든 지금 이젠 100세 인생 시대라는 말도 낯설지 않게 들린다. 얼마 전까지만 해도 100세 이상의 장수 어르신에게는 청려장(명아주로 만든 지팡이)을 주는 것이 뉴스가 될 만큼 화젯거리였다. 그러나 2023년 통계청에서 발표한 〈100세 이상 인구 현황〉에 따르면, 우리나라 100세 이상 인구가 2019년 4,874명에서 2023년 7,634명으로 56.63% 급격한 증가세를 보이고 있다. 이른바 장수 시대에 살고는 있지만 개인의 행복을 위해서는 유병장수(有病長守)가 아닌 건강장수(健康長壽)로 살아야 한다. 그래야 행복한 가정과 건강 사회가 유지될 수 있다.

이를 위해서는 건강에 이상 신호가 오기 전에 부부가 함께 건강 확인을 하는 것이 필수적이다. 부부가 건강해야 가정이 행복해지며 행복은 삶의 질을 높이는 원동력이다. 세계보건기구(WHO)는 건강의 정의를 신체적, 정서적 그리고 영적인 안녕(Well-being)이라고 정의한다. 인간이 건강하게 산다는 것은 건강 수명을 의미한다. 건강한 노후를 위한 부부의 건강 체크는 일상생활을 통한 즐거움과 행복을 느낄 수 있는 첫걸음이라고 할 수 있다. 부부가 관심을 두고 상대방을 관찰하다 보면 건강뿐 아니라 자연스럽게 미래를 향한 계획과 가치 있는 자기 성찰을 통한 올바른 부부 생활을 할 수 있는 계도가 된다. 상호 돌봄과 유대감 강화로 건강 상태를 공유하고 이해하는 과정에서 배우자 건강을 염려하고 보살피는 행동은 상호 신뢰를 쌓고 관계를 더욱 돈독히 만드는 동력으로 작동한다. 그 구체적 행동으로는 건강 검진, 균형 잡힌 식생활, 꾸준한 봉사 활동과 같은 것들이 있을 수 있다.

우리나라 부부들은 이를 위해 얼마나 노력하고 있을까? 이 문제에 대한 해답을 찾기 위한 연구소와 한국여론리서치의 공동 설문 조사 결과, 부부 중 한쪽이 건강 문제로 어려움을 겪을 때는 함께 해결하기 위해 노력한다는 응답률이 70.6%로 가장 높게 나타났다. 또한, 신체적 이상 징후나 질병 증상을 서로 살피고 적절한 치료를 받도록 돕는다는 응답이 69.1%로 나타났으며, 배우자와 신체적 건강에 대한 정보를 함께 공유하고, 서로에게 필요한 건강 정보를 적극적으로 전달한다는 응답은 65.3%로 나타났다. 이에 비해 배우자와 체중을 관리하는 문제를 이야기하면서 건강한 체중 유지를 위한 설명을 함께 듣는다는 응답률은 51.2%로 나타났고, 배우자와 일상적으로 함께 활동하는 시간을 보내면서 서로의 건강을 유지하려고 노력한다는 응답률은 50.5%로 나타났다. 그리고 서로 운동을 독려하고 함께 운동하려고 노력한다는 응답률은 49.6%로 비교적 낮게 나타났다.

부부 간 성별에 따른 건강 문제에 대한 대응을 조사한 결과에서는 남편이 아내보다는 건강 문제에 더 적극적으로 대응하는 것으로 나타났다. 부부의 건강 문제에 대한 대응에서 서로 격차가 큰 항목을 살펴보면, 첫째, 서로의 건강 상태에 대해 주기적으로 대화를 나누고 필요한 조치를 함께 결정하기. 둘째, 서로에게 과도한 음주나 흡연을 피하도록 권유하거나 함께 건강한 생활 습관을 실천하기. 셋째, 식단에 대해 서로 의견을 나누고 함께 건강한 식습관을 유지하기. 넷째, 체중 관리에 대해 서로 이야기하면서 건강한 체중 유지를 함께 돕기. 다섯째, 서로의 운동을 독려하고 함께 운동하려고 노력하기 등이다.

2) 함께하는 건강 검진 전략

 부부가 서로를 아끼고 사랑하는 마음이 있는지 없는지를 가늠하는 항목 중에는 반드시 배우자의 건강을 체크하고 대응하는 것이 포함된다. 이것은 100세 장수시대를 맞아 부부의 행복을 보장하기 위한 중요한 전략이 되어야 한다. 건강을 유지하기 위한 가장 기본적인 행동이 건강 검진을 받는 것이다. 이것은 서로의 건강 상태를 확인하고, 미리 예방할 수 있도록 기회를 제공하기 때문이다. 따라서 60세가 넘은 부부라면 매년 정기적으로 건강 검진을 예약하고 함께 병원을 방문하여 검진하는 것이 바람직하다. 검진의 결과에 대해서는 함께 확인하고, 질병이 있는 경우에는 조석한 치료는 물론 생활 습관도 개선하도록 노력해야 한다. 건강 검진 결과를 바탕으로 함께 식단을 조절하는 것과 같은 구체적인 건강 관리 계획을 수립하고 실천해야 한다. 그 주요 내용은 첫째, 정기 검진을 습관화하는 것이다. 부부가 처한 건강 상태에 따라서 매년 1회 이상 건강 검진 일정을 잡는 것은 효과적이라고 한다. 암 검진, 혈액 검사, 심혈관 검사, 치매 검사 등 필수 항목에 대한 검사와 그 결과를 통해 식생활을 개선도 할 수 있어야 한다. 둘째, 검진 후 피드백이다. 검진 결과를 솔직하게 공유하는 것은 부부 관계의 신뢰를 강화한다. 예를 들어, 한쪽이 고지혈증 진단을 받은 것을 확인하게 되었다면, 함께 저지방 식단을 실천하거나 유산소 운동 계획을 세우는 등의 노력을 하도록 한다. 셋째, 맞춤형 관리 프로그램을 활용하는 것이다. 병원에서 제공하는 부부 동반 검진 패키지나 맞춤 상담을 이용해 전문가의 조언을 받고 실천하는 것도 효과적이다. 예를 들어, 검진 전날 함께 금식하고, 검진 당일 아침 병원에 동행하며 서로 응원하는 작은 배려가 부부 관계에 따뜻함을 더하게 된다.

3) 슬기로운 식생활 실천

부부가 함께 식단을 계획하고 요리하는 것은 신체적 건강과 정신적 안정과 행복감을 증진한다. 또한, 건강한 식생활은 단순히 몸에 좋을 뿐만 아니라 함께 요리하는 시간을 통해 부부 간의 유대감을 강화할 수 있다. 공동 식단 계획을 짜는 방법은 각각 기능에 효과적인 식품을 균형 있게 주간 메뉴를 함께 정하고, 장보기부터 요리까지 분담하도록 한다. 신선한 계절 채소, 단백질, 견과류, 통곡물 등을 균형 있게 배치하며, 가공식품과 인스턴트 음식은 최소화함으로써 부부는 한 끼 식탁에서도 건강의 동반자가 될 수 있다. 건강 식탁과 그 주요 기능을 살펴보면 다음과 같다.

- 들깨는 혈관 건강에 좋다. 국립농업과학원에 따르면 들기름의 지방산 중 오메가 3가 차지하는 비율이 무려 63% 이상으로 식물 기름 중 가장 높은 것으로 확인되었다. 이 성분은 혈

중 콜레스테롤을 낮출 뿐만 아니라 뇌세포 기능을 좋게 하며 적절한 양을 먹으면 뇌졸중(뇌경색-뇌출혈), 심장병(협심증-심근경색) 등 혈관 질환 예방에 좋고, 기억력 증진에 도움을 준다. 들깻잎은 각종 나물무침 등 다양한 음식 조리에 사용하면 건강을 향상에 도움이 된다.

- 블루베리는 치매 예방에 좋고, 딸기는 항산화 물질이 뇌세포의 손상을 방지하고 기억력을 향상한다. 또한, 호두, 아몬드의 성분에 들어 있는 비타민 E는 뇌 건강을 보호하고 인지 기능을 유지한다. 녹색 잎채소, 생선의 엽산과 오메가-3 지방산이 뇌 기능을 지원한다.

- 바나나는 근육 강화에 좋고, 키위는 칼륨이 풍부하여 근육 경련을 예방하고, 약해진 근육을 회복시켜 준다. 땅콩과 캐슈너트에 들어 있는 단백질과 마그네슘은 근육 성장과 회복에 기여하고, 닭가슴살과 계란에 함유된 고품질 단백질은 근육 형성을 돕는다.

- 아보카도는 피부 건강에 좋고, 오렌지는 비타민 C와 E가 피부 탄력을 유지하고 주름을 예방해 준다. 아몬드, 해바라기씨는 비타민 E와 아연이 풍부하여 피부 재생을 촉진하고 염증을 줄이며, 연어, 당근은 오메가-3 지방산과 베타카로틴이 피부 보습과 탄력을 유지해 준다.

이 밖에 간식을 먹고자 할 때는 과일, 견과류, 요구르트 등을 준비하고 단것은 피하는 것이 좋다. 나이가 들수록 야식이나 단것에 대한 충동을 억제해야 하며, 특히 당뇨나 고혈압이 있다면 저당과 저염의 레시피를 연구하여 간식이 건강을 유지하는 데 도움이 되도록 해야 한다. 현대인은 외식을 자주 하게 되는데, 단순히 인터넷에 소개된 맛집을 찾기보다는 영양 성분을 고려한 식당을 찾도록 하는 것이 좋다. 예를 들어, 불게 직접 굽는 구이 요리보다는 삶는 요리를 찾아보고, 튀김보다는 신선한 채소가 있는 곳을 선택하는 것이 건강을 유지하는 데 좋을 것이다. 좋은 식단은 어릴 때부터 식탁 교육을 통하여 인식하고 행동하여 습관을 갖도록 하는 것이 효과적이다. 실제로, 지방 광역시에서 내과의원을 30년 넘게 운영해 온 65세의 의사가 어릴 때 자기 어머니로부터 '음식은 뭐든지 가리지 않고 골고루 먹어야 한다'라는 말씀을 듣고 평생 그것을 실천하고, 자식들에게도 그렇게 교육했다. 그러나 최근 통풍이 생기고 나서부터는 어릴 때부터 몸에 도움이 되는 음식을 골고루 먹었어야 한다는 것을 깨달았다고 한다.

4) 즐거운 봉사 활동

부부가 함께 사회적 나눔 활동에 참여하는 것은 사회적 책임을 실천하는 동시에, 서로의 가치관을 공유할 좋은 기회가 된다. 부모의 봉사 활동 모습은 성장하는 자식들에게도 좋은 본보기이자 자부심이다. 지역 사회의 복지 시설, 환경 보호, 어려운 이웃을 돕는 등 다양한 봉사 활동의 대상은 점점 증가하는 추세이다. 이런 환경 변화 속에서 부부가 함께 봉사 활동에 참여하는 행동은 서로 협력과 소통을 강화하고, 더 큰 의미는 만족감과 보람을 느끼도록 해 주며, 나아가 부부 관계를 더욱 견고하게 만들어 준다. 부부가 함께 참여할 수 있는 봉사 활동에는 다음과 같은 것들이 있다. 첫째, 금전이나 물품 기부 행위이다. 비영리 단체, 복지 기관, 장학재단 등에 직접 후원금이나, 의류, 식품, 도서, 생활용품 등을 필요로 하는 기관이나 개인에게 제공할 수 있다. 둘째, 노동력 기부다. 봉사 활동에 직접 참여하여 일정한 시간 동안 노동력을 제공할 수 있다. 그 예를 보면, 매월, 매주 일정한 횟수와 시간을 정해 지역 복지관에서 일정 시간 동안 장애인들을 돌보거나 환경 정화 활동에 참여할 수 있고, 어린이 교육 멘토링에 참여하는 일 등이 있다. 셋째, 이웃과 함께하는 작은 나눔의 봉사이다. 예를 들어, 직접 재배한 채소를 좀 더 가난한 이웃에 나누어 주거나, 폐의류 수거함에 옷을 기부하는 행위 등이 있다.

　이러한 부부 동반 봉사활동은 타인을 돕는 과정에서 자신의 삶에 감사함을 느끼고, 부부가 공동의 가치관을 형성하여 더욱 건강한 부부 관계를 만드는 데 도움을 준다. 건강한 부부는 '함께' 성장하는 것이다. 부부의 건강은 신체적 관리를 잘하는 데서 오는 것만은 아니다. 정신적·사회적 건강과 조화를 이룰 때 가능하다. 따라서 결혼 후 서로가 충분한 논의와 협의를 거쳐 단계적으로 실천하도록 하며, 부부가 함께 가장 잘할 수 있는 1~2개 항목부터 시작해서 지속함으로써 습관화하도록 한다. 진행 과정에서는 상대방의 노력을 칭찬하고, 지치면 쉬어 가는 여유를 갖도록 한다. 건강이나 봉사 활동은 일기를 공유하면 상대방이 처한 상황을 이해하고, 상호 보완할 수 있도록 기회를 얻을 수도 있다. 6개월마다 목표를 재설정하도록 하고, 서로 동기를 새롭게 부여함으로써 부부가 함께 사는 보람도 더할 수 있다. 하지만, 최종 목표를 '완벽함'에 두는 것은 위험하다. 이와 같은 일들은 완성이 목표가 아니라 '지속 가능한 행복'이 되어야 하기 때문이다. 지속 가능한 행복만이 지속 가능한 웰에이징을 가능하게 만들기 때문이다.

부부의 건강을 지키기 위한 운동

가족 전체의 건강을 잘 지키기 위해 부부는 평소 식생활뿐만 아니라 규칙적으로 운동하는 습관은 매우 중요하다. 2020년 세계보건기구(WHO) 보고에 따르면, 전 세계적으로 15세 이상인 사람 중 약 31%가 신체 활동이 불충분하고, 매년 약 320만 명이 불충분한 신체 활동에 관련된 원인으로 사망한다. 2019년 질병관리청의 〈만성질환 건강 통계〉에 의하면, 우리나라 19세 이상 성인의 신체 활동 실천율, 유산소 운동, 근력 강화 운동 모두 감소 추세다. 그 결과, 2019년 기준 유산소 운동을 충분히 하는 성인은 47.8%, 근력 운동을 충분히 하는 성인은 23.9%로 나타났다. 특히, 2019년 기준으로 근력 운동과 유산소 운동을 충분히 하는 경우는 16.8% 수준으로, 매우 낮다. 많은 한국인의 운동량이 불충분한 수준이라는 사실을 알 수 있다. 앞에서 부부가 웰에이징을 달성하기 위한 가장 첫 번째 조건이 건강 관리를 함께 해 나가는 것이라고 했는데, 실상은 이와 거리가 멀다.

운동 실천율이 낮은 이유로 환경적 요인과 개인적 요인이 있다. 환경적 요인에는 복잡한 교통 상황, 대기 오염, 공원이나 인도, 스포츠 시설 부족 등이 해당한다. 개인적 요인에는 운동할 시간이 없거나, 운동을 어떻게 해야 하는지 모르기 때문인 것이 주요 이유이며, 때로는 운동 자체에 관심이 없어서 그런 경우도 있다. 반면, 텔레비전, 스마트폰, PC의 보급 등의 요인은 사람이 앉아 있는 시간을 증가시켜 운동 실천율을 낮추는 것으로 알려져 있다. 현대 사회에서 환경적·개인적 요인은 인간을 자연스럽게 운동을 덜 하는 방향으로 우리를 이끈다는 것을 알 수 있다. 개인적이나 사회적으로 볼 때, 개인의 특별한 노력이 없다면, 앞으로도 인간이 앉아서 보내는 시간은 늘어나고 운동량은 점점 줄어들 것을 예상할 수 있다.

인간은 특별한 질병이 없어도 나이가 들면 점점 신체 기능이 떨어지고 여기저기 아픈 곳은 늘어 간다. 이러한 노화 과정에 더해 사회 문화적·경제적 요인의 작용으로 운동하지 않고 지내면 노화나 질병의 발생 시기는 더 빨라질 수 있다. 한국인의 평균 수명이 크게 연장된 요즘은 노화로 인해 과거에 겪지 못했던 문제들에 부닥치는 경우가 많아졌다. 특히, 노화에 따라 전신 근육이 감소하는 근감소증, 골다공증, 치매 등은 노년기 건강과 직결된 중요한 문제다. 적절한 운동을 통해 근육과 관절, 대사 기능을 끊임없이 발달시키고 개선하지 않으면 나이가 들수록 이런 문제에 더 쉽게 노출된다. 젊은 시절에 운동을 꾸준히 한 사람은 나이가 들어도 근감소증이 쉽게 생기지 않고, 치매 위험도 낮다. 젊은 시절의 운동은 그 당시에도 건강에 여러 가지 긍정적인 영향을 미치지만, 노년기 건강을 위한 연금저축 같은 효과가 있다. 규칙적으로 운동을 하면 근육 및 심폐 건강, 뼈 건강, 기능적 건강이 개선되며, 고혈압, 관상동맥 심장질환, 뇌졸중, 당뇨병, 다양한 암(유방암 및 결장암 포함), 우울증의 위험이 줄어든다. 낙상과 이로 인한 고관절 또는 척추 골절의 위험이 줄어들고, 체중을 적절하게 유지하는 데 도움이 된다.

부부 건강을 지키기 위해 운동을 실행해 나가는 데 있어서 목적에 따른 분류, 장단점, 건강에 미치는 영향을 파악하고, 또한, 세대별, 질환별 적절한 운동 방법 및 주의점 등을 살펴보면 다음과 같다. 운동은 얼마나 힘이 드는가에 따라 저강도, 중강도, 고강도 운동으로 분류하며, 신체 활동에 이용하는 에너지 대사 체계나 이와 관련된 운동의 목적에 따라 유산소 운동과 무산소 운동(근력강화운동)으로 나눈다.

1) 강도에 따른 분류

건강 증진을 위해서는 중강도 이상의 운동을 권장하는데, 중요한 것은 같은 종류의 운동도 어떻게 하느냐에 따라 강도가 달라진다. 예를 들어 천천히 걸으면 저강도 운동이지만, 속도를 높여 빨리 걸으면 중강도 운동이 된다.

운동 강도에 따른 분류

운동의 강도	분류
저강도 (수정 보그 척도 1~3점, 0점은 휴식 상태)	- 저강도 운동은 매우 쉽고, 낮은 강도의 운동
중강도 (수정 보그 척도 4~6점)	- 중강도 운동은 '노래를 부르면서 하기 힘든 정도'의 강도 - 가만히 앉아 있을 때보다 3~6배의 에너지를 소모하는 활동 예: 건강한 사람이 빠르게 걷는다든지(시속 4.5~8km 수준), 탁구, 배드민턴, 볼룸댄스 등
고강도 (수정 보그 척도 7~10점)	- 고강도 운동은 '대화를 나누기 힘든 정도' - 가만히 앉아 있을 때보다 6배 이상의 에너지를 소모 예: 조깅과 달리기(시속 8km 이상), 자전거로 오르막길을 오르기, 분당 100회 이상의 줄넘기 등

2) 운동의 목적에 따른 분류

운동의 목적에 따른 분류

목적	분류
유산소 운동	- 지구력 운동 또는 심장 운동이라고도 한다. - 특정 시간 동안 율동적으로 대근육을 움직인다. - 심박수가 증가하고 호흡이 가빠진다.
근력 강화 운동	- 저항 운동을 포함하는 근육 강화 운동이다. - 체중을 들어 올리면 몸의 근육에 힘을 주어 움직이게 된다. - 여러 근육을 강화하기 위해 무거운 물체를 여러 번 들기도 한다. - 탄성 밴드나 체중을 이용해 저항을 유발할 수도 있다. - 강도, 빈도, 세트와 반복 수라는 세 가지 요소로 이루어진다. - 강도는 얼마의 무게를 들어 올리는지(무게 또는 힘의 양)를 말한다. - 빈도는 얼마나 자주 근력 강화 운동을 하는지를 말한다. - 세트와 반복은 몇 회 반복하는지를 나타내는 것이다.
뼈 강화 운동	- 체중 부하 운동이라고도 하며 뼈의 성장과 강화를 촉진하는 활동이다. - 일반적으로 지면과의 충돌에 따라 생기는 힘을 말한다. - 에어로빅이나 줄넘기, 달리기 등이 이에 해당한다.
균형 운동	정지해 있거나 움직이는 동안 넘어지려는 힘에 저항하는 능력을 향상시키는 운동이다. 등, 복부 및 다리의 근육을 강화하면 균형 역시 향상되는데, 런지, 뒤로 걷기 등이다.
다중 복합 운동	유산소, 근력 강화, 균형 운동이 한 가지 이상 복합적으로 포함된 운동이다. 춤이나 요가, 원예, 스포츠 등은 여러 유형의 운동을 포함하는 다중 복합 운동이다.

3) 운동이 건강에 미치는 영향

운동은 모든 원인의 사망률을 줄여 준다. 특히, 심혈관 질환 및 암으로 인한 사망률을 낮춰 준다. 심혈관 질환, 암 및 제2형 당뇨병 위험을 줄이고, 낙상을 방지하며, 우울증이나 불안증과 같은 정신질환의 위험도 줄여 준다. 알츠하이머 치매나 혈관성 치매, 인지기능 장애 같은 인지 건강을 개선하는 효과도 있다. 나아가 잠을 잘 자고 비만 문제를 해결하는 데도 도움이 된다.

4) 운동 전 위험도 사전 검사

꾸준히 운동하지 않은 상태에서 새로 운동을 시작할 때 그냥 생각나는 대로 하기보다는 과학적인 사전 평가가 도움이 된다. 운동 전 위험도 검사는 신체 활동 준비도 설문(Physical Activity Readiness Questionnaire, PAR-Q)을 통해 간략히 해 볼 수 있다. 하나의 문항이라도 '예'라는 답이 있으면, 운동 시작 전에 전문가 상담과 평가를 통해 현재 신체 상태에 맞는 적절한 운동의 종류와 양을 결정하도록 하는 것이 부부 건강을 위해 바람직하다.

○ PAR-Q(신체활동 준비도 설문) ○

PAR-Q(신체활동 준비도 설문)

예	아니오	
☐	☐	1. 귀하는 의사가 권하는 운동만 하라는 말을 담당의로부터 들은 적이 있습니까?
☐	☐	2. 귀하는 운동을 할 때 가슴에 통증을 느끼십니까?
☐	☐	3. 귀하는 지난 한 달 동안 운동을 하지 않는 상태에서 가슴에 통증을 느낀 적이 있습니까?
☐	☐	4. 귀하는 현기증으로 균형을 잃거나 의식을 잃은 적이 있습니까?
☐	☐	5. 귀하는 뼈나 관절에 운동할 때 장애가 되는 문제가 있습니까?
☐	☐	6. 귀하는 현재 고혈압이나 심장질환으로 의사의 처방을 받았습니까?
☐	☐	7. 그 밖에 귀하가 운동을 해서는 안 되는 다른 이유가 있습니까?

● 위 질문에 하나라도 "예"라고 답하였다면
강도 높은 신체활동을 시작하기 전이나 체력을 평가하기 전에 의사와 전화로 상담하거나 직접 찾아가 위 설문지에 "예"라고 답한 질문에 대해 상의하고 신체활동을 시작해도 좋은지 확인해야 합니다.

● 위 질문에 모두 "아니오"라고 답하였다면
강도 높은 신체활동을 시작해도 되지만 명심할 것은 점진적으로 시작해야 한다는 것입니다. 그것이 가장 안전하고 쉬운 방법이기 때문입니다.

5) 실천 방법

주요 실천 방법을 살펴보면 다음과 같다.
- 운동 전, 건강상 위험이 의심되면 전문가와 상의해 적절한 운동량을 결정해야 한다.
- 신체 활동은 유산소 운동, 근력 강화 운동, 뼈 강화 운동, 균형 운동, 다중 신체 활동으로 나눌 수 있다.
- 본 운동을 전후하여 준비 운동과 정리 운동을 함께한다.

- 심폐 기능 향상을 위해 주 3회 이상, 총 150분 이상 실시하는 것을 목표로 하며, 단계적으로 운동 빈도와 시간을 늘린다.
- 개인의 운동 능력에 따라 올바른 자세로 전신 근육을 골고루 발달시킨다.
- 지나친 근력 운동과 유산소 운동은 다양한 부작용을 일으킬 수 있으므로 개인의 운동 능력을 고려해야 한다.

운동은 준비 운동(5~10분), 본 운동(20~60분), 정리 운동(5~10분)으로 구성된다. 준비 운동 단계에서는 근육의 온도가 상승하면서 운동할 근육으로 혈액이 더 많이 흘러가 운동 중 심장과 근골격계 손상을 예방한다. 본 운동 단계는 유연성 운동, 유산소 운동, 저항성 운동, 복합·서킷 운동 등으로 구성된다. 그리고 정리 운동 단계는 운동 후 근육 통증을 감소시키고, 피로 물질(젖산 농도)을 감소시켜 피로를 방지하는 것이 목적이다.

① 준비 운동
- 일반적인 운동 참여에 따른 준비 운동 프로그램

일반적인 운동참여에 따른 준비운동 프로그램

순서	내용	방법	비고
맨손체조 및 순환운동	관절풀기 후 조정	가볍게 관절을 푼 후 7.2~8.4km/h의 속도로 (분당 120~140m) 조깅 실시	5분
스트레칭	부위별 스트레칭 실시	항목별로 6~12초의 정지시간 유지 필요에 따라 2~3회 실시 운동특성에 적합한 스트레칭 방법 이용	10~15분

- 준비 운동의 기본 지침

최소 5~10분 정도 관절 가동 범위 전체에 걸쳐 실시한다. 본 운동보다 낮은 강도로 진행하며, 본 운동의 특성을 고려하도록 한다.

② 본 운동

일반적으로 운동 시에는 운동의 빈도, 강도, 종류, 시간(frequency, intensity, type, time, FITT)의 원칙에 따라 운동 내용을 구성한다. 유산소 운동이든 근력 강화 운동이든, 모든 운동이 마찬가지다. 본 운동은 운동 프로그램의 목적에 해당하며, 목적에 따라서 운동을 선택하도록 한다.

- 유산소 운동

중강도 유산소 운동을 1주일에 150분(2시간 30분 이상), 또는 고강도 유산소 운동을 1주일에 75분(1시간 15분) 이상 시행한다. 고강도 운동의 1분은 중강도 운동의 2분과 동일하다. 따라서 중강도 운동과 고강도 운동을 섞어서 상응하는 시간만큼 운동해도 된다. 유산소 운동은 한 번에 30분 이상 하거나, 10분 이상 3번에 나누어서 해도 그 효과에는 큰 차이가 없다. 주관적 자각도 RPE 4~5 사이(수정 보그 척도 기준)에서 시행하며, 강도가 높은 유산소 운동을 긴 시간 하는 것을 되도록 피하는 것이 효과적이다. 여기에서 RPE란 보그(Borg, 1982)가 고안한 운동 자각도(Ratings of Perceived Exertion, RPE)로 젊은 사람의 심박수 범위인 60~200bpm를 기초로 한 수치를 말한다. RPE 4~5는 앞서 설명한 수정 보그 척도에 따른 강도다.

- 근력 강화 운동

　근력을 강화하고자 하는 운동은 무엇보다 올바른 자세로 전신의 근육을 골고루 발달시키는 것이 중요하다. 8~12회를 겨우 들 수 있는 무게 정도의 강도가 적당하다. 대근육 운동을 먼저 한 후 소근육 운동을 하며, 동일한 근육을 연이어 운동하는 것은 피하도록 한다. 안전을 위해 피라미드 세트(세트를 진행할수록 무게를 높이고 반복 횟수는 줄이는 훈련 방법)로 시행하고, 어려운 운동 후 쉬운 운동을 하고, 다중 관절 운동 후 단순 관절 운동을 한다. 예를 들면, 2개 이상의 관절을 사용하는 벤치프레스 운동 후, 덤벨플라이 1개의 관절을 사용하는 운동을 하는 것이다. 근육의 발달에는 휴식과 영양이 필요하므로 운동 사이에는 충분한 휴식을 취하도록 하여 영양을 공급한다. 근력 강화 운동은 1주일에 2일 이상 신체 각 부위를 모두 포함해 시행하며, 운동을 한 신체 부위는 하루 이상 휴식을 취해 근육이 회복한 후 다시 하도록 한다. 해당 운동이 쉽게 느껴진다면 운동 시에 다루는 무게를 늘리거나 운동 세트 수를 더 늘린다.

③ 정리 운동

본 운동의 특성을 고려해 최소 5~10분 정도 긴장을 풀 수 있는 걷기, 가벼운 조깅, 스트레칭과 같은 운동 위주로 한다. 운동을 하면서 회복 정도를 알 수 있도록 심박수를 지속적으로 확인한다.

④ 안전한 운동을 위한 가이드라인

운동을 하는 과정에서 의도치 않게 발생하는 부상과 부작용의 위험을 줄이는 것도 중요한 일이다. 안전한 신체 활동을 위해서는 다음의 사항에 유의하도록 한다.
- 운동의 위험을 이해하고, 거의 모든 사람에게 안전한 운동을 선택한다.
- 현재의 운동 수준 및 건강 목표에 적합한 운동을 선택한다.
- 점진적으로 운동 강도를 늘려 가이드라인이나 건강 목표를 달성합니다. 평상시 활동이 적은 사람은 낮은 강도로 시작해 점차 운동 빈도와 강도를 늘린다.
- 적절한 운동 장비를 사용하고, 안전한 환경에서 규칙에 따라 언제, 어디서, 어떻게 운동을 할 것인지 선택해 스스로를 보호한다.
- 만성질환이나 증상이 있다면 의료진의 도움을 받는다. 적절한

운동 유형이나 운동량에 대한 정보를 얻을 수 있다.

6) 맞춤형 운동의 실천 방법

성인의 운동은 만성질환과 암, 다양한 정신질환의 위험을 감소시켜 주는 효과가 있다. 그렇다고 해서 자신의 신체적 조건이나 연령대에 맞지 않는 운동을 할 경우, 오히려 해로울 수가 있다. 예를 들어, 노인은 개인의 건강 상태에 따라 운동의 종류, 횟수, 강도, 빈도를 달리해야 한다. 임산부 경우에는 규칙적인 운동을 통해 임신 중 및 출산 후 건강상 이익을 얻을 수 있을 것이다. 기본적인 맞춤형 운동에 대하여 살펴보면 다음과 같다.

① 성인의 운동

성인 운동은 한 번의 운동으로 얻을 수 있는 단기적인 이익에서 만성질환의 발병이나 진행 위험 감소 같은 장기적 이익까지 다양한 장점이 있다. 성인은 더 많이 움직이고 활동해야 한다. 가만히 있는 것보다 조금씩이라도 운동을 하는 것이 좋다. 중강도 이상의 운동을 할 때 건강상 이익을 얻을 수 있다. 건강상 이익을 얻으려면 중등도 이상의 강도로 주당 최소 150~300분, 또는 주당 75~150분 이상의 고강도 운동 또는 중등도와 고강도 운동이 결합한 형태의 유산소 운동을 하도록 한다. 중등도로 주당 300분 이상 운동을 하면 건강상 이익을 더 많이 얻을 수 있다. 성인은 주 2회 이상 모든 대근육과 관련된 중등도 이상의 근력 강화 운동을 해야 하며, 이 역시 더 많은 건강상 이익을 가져온다.

② 노인의 운동

　무엇보다 사고의 위험을 최소화하면서 운동 강도를 조절하도록 한다. 피로하지 않은 범위 내에서 팔과 다리를 많이 사용하도록 하고, 이때 노인의 욕구, 건강 상태, 장비와 시설, 개인의 기호나 가능한 운동 시간을 고려하여 시행하도록 한다. 또한, 관절 부위와 활동 근육에 무리를 주지 않는 운동을 선택하고, 한 시간 정도 지속할 수 있는 강도로 운동한다. 운동 전후에는 반드시 가벼운 보행이나 스트레칭 같은 가벼운 몸풀기와 정리 운동을 하도록 한다.

　성인을 위한 주요 운동 지침은 노인에게도 적용되는데, 성인 운동 지침에 더해 유의해야 할 점은, 첫째, 유산도 운동과 근력 강화 운동뿐만 아니라 균형 훈련을 포함한 종합적인 운동이 필요하다. 둘째, 개인적으로 운동을 소화할 수 있는 수준에 따라서 운동 수준을 결정한다. 셋째, 만성질환을 지닌 노인의 경우에는 정기적인 운동을 안전하게 할 수 있는지 세심하게 고려해 운동 여부와 방법을 선택하도록 한다. 마지막으로는 만성질환으로 인해 중등도 이상의 유산소 운동을 일주일에 150분 이상 할 수 없더라도 개인의 신체 조건과 능력이 허용하는 만큼 운동을 하는 것이 좋다.

③ 고혈압 환자의 운동

• 운동의 필요성
　우리나라의 경우 혈압을 낮추기 위해서는 일주일에 5회 이상, 한

번에 30분 이상의 유산소 운동을 권고하고 있다. 규칙적인 운동을 하면 수축기 혈압이 평균 5mmHg, 이완기 혈압이 평균 4mmHg 감소하는 효과가 있다. 고혈압 위험인자인 비만, 동맥경화 등을 예방하는 부가적인 효과도 기대할 수 있다.

• 고혈압 환자의 운동요법

고혈압 환자의 운동은 유산소 운동에 근력 강화 운동이 복합된 프로그램이 권장된다. 예를 들어, 속보(빨리 걷기), 조깅, 자전거 타기, 수영, 줄넘기, 에어로빅 체조 등의 유산소 운동을 기본으로 하고, 동시에 근력 강화 운동을 가벼운 무게로 여러 번 반복하면 좋다는 것이다. 아령 등 기구를 이용한 근력 강화 운동은 일주일에 2~3회 하도록 권고한다. 또한, 고강도가 아닌 저중강도 운동을 권장하며, 개인의 상태에 따라 운동 강도를 조절한다. 운동의 강도는 최대 심박수(220-연령)의 60~80% 또는 그 이하가 바람직하다. 처음에는 10~20분 정도로 시작하고, 천천히 연장해 30~60분 정도 지속하며, 주당 90~150분 이상 운동하면 좋다. 운동 전후 5분 이상 준비 운동과 마무리 운동을 하도록 한다.

• 고혈압 환자의 운동에서 주의 사항

합병증이 없는 고혈압 환자는 대부분 사전에 특별한 검사를 받지 않아도 안전하게 운동량을 늘릴 수 있다. 하지만, 특수한 상황에서는 주의해야 할 점들이 있다. 첫째, 심장병 과거력, 가슴 통증, 어지러움, 심한 운동을 해 본 적 없는 65세 이상의 환자, 혈압이 조절되지 않는 환자는 운동 시작 전에 전문의와 상담하는 것이 좋다.

둘째, 수축기 혈압 > 200mmHg, 또는 이완기 혈압 > 115mmHg 인 경우, 운동을 금한다. 셋째, 혈압이 180/110mmHg 이상인 사람은 약물 치료를 시작한 후 근력 강화 운동을 추가한다.

④ 당뇨병 환자의 운동

• 운동의 필요성

당뇨병 환자에게 운동요법은 체중 및 인슐린 저항성을 줄여 혈당 조절에 중요한 역할을 한다. 운동 자체는 체중 감소와 무관하게 당화혈색소를 낮춘다. 고강도 운동을 하면 당화혈색소 개선 효과가 더 두드러지며, 유산소 운동과 근력 강화 운동을 함께하면 혈당 조절 면에서 추가적인 효과가 있다. 최근에는 운동 시간보다 중강도~고강도 운동의 총량이 건강 증진과 관련이 있다. 생활 속 움직임을 늘리는 신체 활동도 운동 효과가 있을 수 있다.

• 당뇨병 환자의 운동요법

당뇨병 환자가 유산소 운동을 하고자 할 때는 강도 조절이 쉽고, 일정한 리듬을 유지할 수 있으며, 전신 근육을 사용하는 운동을 권장한다. 예를 들어, 걷기, 조깅, 맨손체조, 자전거 타기, 계단 운동, 수영 등이 있다. 계단 오르내리기와 같은 운동은 운동을 처음 시작하거나 당뇨병 합병증이 있는 사람에서 심박수와 혈압을 급격히 증가시킬 가능성이 있어 적절하지 않다. 무릎 관절에 장애가 있는 경우에도 이것은 피해야 한다. 자전거 타기는 조깅보다 근골격계 부담이 적으며 강도도 낮아 당뇨병성 망막병증 환자에게 적합하다. 운동은 일주일에 적어도 3일 이상 해야 하며, 연속 이틀 이상 쉬지 않아야 한다.

운동 강도에 있어서는 중등도 강도(최대 심박수의 50~70%, 최대 심박수= 220-나이)의 유산소 운동을 일주일에 150분 이상 혹은 고강도(최대 심박수의 70% 이상) 유산소 운동을 일주일에 75분 이상 하는 것이 좋다. 운동은 일주일에 적어도 3일 이상 해야 하며, 연속해서 이틀 이상 쉬지 않도록 한다. 혈당 조절 및 인슐린 감수성 개선을 위해 중강도 근력 강화 운동도 병행하도록 한다. 세트당 10~15회 정도 반복할 수 있는 강도를 기본으로 개인 운동 수준에 따라 반복 횟수를 15~20회로 점차 늘린다. 금기가 없는 한 일주일에 2회 이상 저항성 운동을 권고한다. 최대 근력(한번에 들 수 있는 가장 무거운 무게)의 75~85% 강도로 8회~10회 반복해 3세트 시행하면 좋을 것이다. 아령, 건강밴드 등을 이용한 운동이 근력 강화 운동에 해당한다.

• 주의 사항

당뇨병 환자가 운동하는 데 있어서 주의할 점은 첫째, 빠르게 걷기 이상의 강도로 운동할 때는 운동 시작 전 환자의 나이와 신체 활동 정도를 고려해 심혈관 질환 위험, 심한 고혈압, 당뇨병 합병증 유무를 평가하도록 한다. 둘째, 인슐린 분비 촉진제나 인슐린을 사용하면 운동 시 저혈당이 생길 수 있다. 운동 중 혈당 변화를 알기 위해 운동 전후 혈당을 측정하도록 한다. 운동 전 혈당이 100mg/dL 미만이라면 탄수화물을 섭취해야 한다. 셋째, 심한 당뇨병성 망막병증이 있는 경우 망막출혈이나 망막 박리 위험이 크다. 따라서 고강도 운동은 피해야 한다. 넷째, 상지나 하지의 통증

감각이 줄어들면 피부궤양, 감염 등의 위험이 크다. 따라서 심한 신경병증이 있는 경우에는 수영, 자전거 타기, 팔 운동 등 체중이 실리지 않는 운동이 바람직할 것이다.

⑤ 이상지질혈증 환자의 운동

• 운동의 필요성

이상지질혈증 환자에게서 운동은 중성지방을 낮추고, 총콜레스테롤과 LDL(저밀도지단백질, Low Density Lipoprotein) 콜레스테롤을 낮추며, HDL(고밀도지단백질, High Density Lipoprotein) 콜레스테롤을 높이는 효과가 있다. 그러나 운동이 콜레스테롤 수치에는 긍정적이지 않다는 연구도 있어 논란이 있다. 이는 대상자의 성별, 나이, 인종, 지질 농도뿐 아니라 운동의 종류, 양, 강도, 빈도, 횟수 그리고 운동과 함께 생활 습관 변화 여부와 체중 변화에 따라 다양한 결과가 나타나며, 실질적으로 운동이 혈중 지질에 미치는 영향 자체가 그리 크지 않기 때문으로 분석되고 있다. 운동은 심혈관계질환 예방에 중요한 비약물적 치료 지침으로 받아들여지고 있다. 지질 개선뿐 아니라 혈압 안정, 인슐린 감수성 개선, 염증 지표 개선, 체지방 감소, 심폐 능력 강화, 심장 근육 기능 개선을 통해 심혈관계질환 위험을 감소시키며, 심혈관계질환 사망률 및 전체 사망률을 감소시킨다. 운동요법이 심혈관계질환을 예방한다는 것은 논쟁의 여지가 없다. 지질대사 이상을 조절하는 목표가 결국 심혈관계질환의 예방이므로 지질대사 이상 환자에게 운동요법은 중요하다.

- 이상지질혈증 환자의 운동요법

이상지질혈증 환자의 운동요법 중 첫째, 유산소 운동의 경우에는 보통 30분 이상 지속이 가능한 속보, 조깅, 수영, 자전거 타기 등을 권고한다. 근력 강화 운동이 이상지질혈증의 조절에 미치는 효과에 대해서는 논란이 있다. 하지만 인슐린 저항성을 개선하고, 근육량을 늘리고, 근력을 강화해 활동량을 늘릴 수 있기로 유용하다. 특히 노인에게서 일상생활 수행 능력이 개선되므로 유용하다. 둘째, 근력을 이용해 무게나 저항력에 대항하는 운동에서는 체중을 저항으로 이용하거나, 탄성력이 있는 도구나 중량을 선택할 수 있는 운동 기구를 이용하도록 한다. 이상지질혈증 조절을 위해 특별한 운동 처방은 없으며, 심혈관계질환을 예방하기 위한 운동 방법과 동일하다. 일반적으로는 중등도로 주 5회 30분 이상 또는 고강도로 주 3회 20분 이상의 유산소 운동을 권장한다. 셋째, 운동 시간은 준비 운동을 10분 정도 하고(5분간 가벼운 스트레칭, 5분간 가볍게 걷기) 본 운동으로 들어가 러닝머신(트레드밀)을 30~60분 하되 체중 감량을 목표로 하는 경우 50~60분 정도를 유지하도록 한다. 한꺼번에 운동 시간을 채우기 힘들다면 최소 10분씩 여러 번에 나누어서 하고, 중간에 2~3분간 가볍게 걸으면서 휴식을 취한다. 운동의 유형으로는 주로 걷기, 파워 워킹, 자전거 같은 유산소 운동을 추천한다.

이상지질혈증 환자의 운동요법

운동 유형 및 순서	운동 강도	운동 시간	운동 빈도
준비운동: 스트레칭 이후 가볍게 걷기	최대 심박수의 55~57%	준비운동: 5~10분	4~6일 / 주
본운동: 속보, 파워워킹, 고정식 자전거, 스텝퍼, 사이클론, 가벼운 등산		본운동: 30~60분	
정리운동: 가볍게 걷기 이후 스트레칭		정리운동: 5~10분	

※출처: 한국지질동맥경화학회, 이상지질혈증 치료지침 2018

- 주의 사항

　심혈관 질환의 위험도가 높거나 심혈관 질환이 있는 경우에는 반드시 운동부하검사를 통해 정확한 강도를 설정하는 것이 효과적이다. 그러나 운동부하검사를 받지 않았을 경우, 중간 정도 힘들다는 느낌으로 시작해 강도를 서서히 높여 약간 힘들다는 느낌으로 운동을 유지하는 방법이 있다. 이때는 운동 시작 전에 의학적 판단이 필요하다.

⑥ 골다공증 환자의 운동

- 운동의 필요성

　골다공증 환자에게 운동은 근력을 강화하고 균형 감각을 증진하는 효과가 있다. 이것은 신체 활동 능력을 증가시키고 삶의 질을 높이는 데 기여한다. 운동으로 골절을 직접 예방할 수 있다는 근거는 아직 부족하지만, 여러 연구에서 지속적인 운동으로 골밀도를 증가시키고 낙상 위험을 감소시킬 수 있다고 보고 있다.

• 골다공증 환자의 운동요법

골절 예방을 위해 걷기 등 유산소 운동과 함께 병행하는 운동은 크게 근력 강화를 위한 저항성 운동과 균형 감각 강화를 위한 안정성 운동으로 나누어진다. 하지만 저항성 운동을 무리하게 하면 오히려 근육이 손상될 수 있다. 가벼운 아령 들기, 팔굽혀펴기, 무릎 굽혔다 펴기 등도 좋은 근력 운동이다. 운동 효과를 얻기 위해서는 지속적으로 하는 것이 중요하다. 10~18주간 저항성 운동을 하면 근력이 약 20% 증가하지만, 12주간 운동을 하지 않으면 늘어난 근력의 70% 정도가 소실된다. 운동 강도와 운동량은 개인의 나이와 운동 능력을 감안하여 적용하도록 한다. 골다공증을 지니고 있으나 현재 골다공증성 골절이 없는 60대 여성을 위한 저항성 운동과 걷기 등 유산소 운동의 병행 예는 다음과 같다.

운동은 준비 운동, 근력 강화 운동, 유산소 운동, 정리 운동으로 구성되어 있다. 첫째, 준비 운동은 운동에 필요한 혈액을 공급하기 위해 심박수를 증가시키고, 관절과 근육의 손상을 최소화하기 위해 스트레칭이나 걷기 운동으로 시행한다. 둘째, 근력 강화 운동은 기구나 맨손으로 근력을 향상시키는 운동으로 운동 부하를 너무 크게 하지 않는 것이 좋다. 근력 강화 운동은 한 번에 8~12회 반복하고 1~2분 정도 휴식을 취한 후 다시 8~12회 반복하는 형태가 도움이 된다. 셋째, 유산소 운동으로는 자전거 타기, 빠르게 걷기, 조깅 등이 있다. 넷째, 정리 운동은 느리게 걷기 등 회복 운동이나 스트레칭 등으로 근육의 긴장을 이완시키는 효과가 있다.

운동을 할 때 정해진 운동량의 구성 비율도 중요하므로 잘 조절하여 수행하도록 한다. 즉, 50분 동안 운동한다고 가정하면, 준비

운동 10분(20%), 근력 강화 운동 20분(40%), 유산소 운동 15분(30%), 정리 운동 5분(10%)의 비율로 할 수 있을 것이다. 또한, 척추 관련 운동으로는 주로 신전 운동(extension exercise)을 추천한다. 신전 운동이란 일어서 허리를 뒤로 젖히는 운동을 말하는 것으로 대흉근 늘리기, 등 펴기, 복근과 등 근육 강화 운동, 고양이 스트레칭 등이 있다. 그러나 골다공증 환자는 몸을 앞으로 구부리거나 숙이는 등 척추의 굴곡 운동을 피하도록 해야 한다.

• 주의 사항

골다공증 환자는 운동을 시작하기 전에 전문의로부터 상담을 받아 보는 것이 좋다. 운동 프로그램을 계획할 때 위험 요인과 관련된 의학적 검사가 필요하고, 때로는 체력 검사도 고려될 수 있다. 심한 골다공증 환자는 제자리 뛰기나 줄넘기처럼 무릎이나 허리 관절에 충격을 주는 운동은 피하고, 몸을 뒤트는 격렬한 운동이나 역기를 드는 운동 역시 척추의 압박 골절을 일으킬 수 있으므로 피하도록 해야 한다.

○ 골다공증 골절이 없는 60대 여성을 위한 운동요법 ○

1단계	운동을 시작하는 단계, 주 2회, 1회 50분 운동			
	준비운동	10분	스트레칭, 천천히 걷기	
	저항성운동	20분	(아령을 이용하여) 가슴근육운동, 팔근육운동, 어깨근육운동, 무릎굽혔다 펴기 등	
	유산소운동	15분	시속 4km의 속도로 걷기 또는 자전거타기	
	정리운동	5분	스트레칭, 천천히 걷기	
2단계	3주 정도 운동을 진행하여 운동능력이 향상된 단계, 주3회, 1회 50분 운동			
	준비운동	10분	스트레칭, 천천히 걷기	
	저항성운동	20분	(아령을 이용하여) 가슴근육운동, 팔근육운동, 어깨근육운동, 무릎굽혔다 펴기 등	
	유산소운동	15분	시속 5km의 속도로 빠르게 걷기 또는 자전거 타기	
	정리운동	5분	스트레칭, 천천히 걷기	
3단계	2개월 정도 운동을 진행하여 운동능력이 향상된 단계, 주3회, 1회 60분 운동			
	준비운동	10분	스트레칭, 천천히 걷기	
	저항성운동	25분	(아령을 이용하여) 가슴근육운동, 팔근육운동, 어깨근육운동, 무릎굽혔다 펴기 등	
	유산소운동	20분	시속 6km의 속도로 빠르게 걷기 또는 자전거 타기	
	정리운동	5분	스트레칭, 천천히 걷기	
4단계	3개월 이상 지속적으로 운동을 진행한 단계, 주3회, 1회 80분 운동			
	준비운동	15분	스트레칭, 천천히 걷기	
	저항성운동	30분	(아령을 이용하여) 가슴근육운동, 팔근육운동, 어깨근육운동, 무릎굽혔다 펴기 등	
	유산소운동	25분	시속 6km의 속도로 빠르게 걷기 또는 자전거 타기, 스테퍼	
	정리운동	5분	스트레칭, 천천히 걷기	

출처: 대한골대사학회 골다공증 진료지침 2018

존엄한 죽음의 준비

인간 존엄성의 의의

존엄(尊嚴)이란, 사전적 의미로 볼 때 인물이나 지위 따위가 함부로 범할 수 없이 높고 엄숙한 것으로 정의된다. 제도적으로 인간의 존엄을 정의하고 있는 것은 1948년에 이루어진 세계인권선언 제1조다. 그 내용은 다음과 같다.

> **제1조** 모든 인간은 태어날 때부터 자유로우며 그 존엄과 권리에 있어 동등하다. 인간은 천부적으로 이성과 양심을 부여받았으며, 서로 형제애의 정신으로 행동하여야 한다.

또한, 우리나라 헌법 제10조에도 인간의 존엄을 다음과 같이 기록하고 있다.

> **제10조** 모든 국민은 인간으로서의 존엄과 가치를 가지며, 행복을 추구할 권리를 가진다. 국가는 개인이 가지는 불가침의 기본적 인권을 확인하고, 이를 보장할 의무를 진다.

이러한 내용을 정리하면, 인간의 존엄은 태어날 때부터 천부적으로 부여받은 것이며, 그 어떤 것으로도 침해되어서는 안 된다. 따라서 인간의 존엄을 보장하기 위한 기본 전제는 자유와 평등의 실현이라고 할 수 있다. 즉, 일반적 개념의 관점에서 인간의 존엄성을 논의하면, 인간의 존엄성은 모든 사람이 단지 인간이라는 이유만으로 존중받고, 그 가치를 인정받아야 한다는 철학적·윤리적 개념이다. 이 개념은 인류 역사상 다양한 문화와 사상에서 공통으로 중요한 가치로 인식되었으며, 특히 18세기 칸트의 윤리 철학으로 발전했다. 인간의 존엄과 관련된 그의 핵심적인 윤리적·철학적·사상적 논점은 인간은 존엄성이 있는 자율적 개인으로 대우받아야 한다는 것이다. 여기에서 자율성이란, 자기 자신과 외부 세계에 늘 동일한 보편적 도덕 기준을 적용하는 것으로, 본인의 양심에 따라 행동하는 것을 말한다. 따라서 인간의 존엄은 그 자체가 목적이 되어야 하며, 어떤 다른 목적을 달성하기 위한 수단으로 취급되어서는 안 된다는 것이다. 그러나 오늘날 현대 산업화 사회 속에서도 자본주의 체제가 갖는 여러 가지 한계로 인하여 인간의 존엄성에 대한 침해는 수시로 발생한다. 생산 현장에서 인간이 한 개의 부속처럼 취급받거나 노인들이 카페 분위기를 흐린다는 이유로 쫓겨나기도 한다. 심지어 허름한 옷을 입었다고 명품 백화점 출입을 금지하는 경우도 있다. 특히, 오늘날 한국의 초고령사회 속에서 홀로 사는 노인들은 인간으로서 존엄성을 갖기는커녕 아무도 돌보지 않는 상황에서 혼자 죽어 가는 경우도 늘어나고 있다.

따라서 선진국일수록 인간의 존엄성은 개인의 인권과 불가분의 관계를 맺고 있다는 것이 강조되고 있고, 법률과 사회복지 정책으로 인간 존엄성을 지켜 주기 위한 제도적 보안을 강화하기 위해 커다란 노력을 기울이고 있다. 사회복지 정책의 맥락에서 인간의 존엄을 살펴보면, 인간의 존엄을 지키는 것이 복지 정책 설계의 근본적인 원칙으로 작용하는 것을 볼 수 있다. 이는 모든 사람이 존엄한 삶을 영위할 수 있도록 국가가 정책적으로 지원하는 것을 목표로 하며, 사회적 불평등을 완화하고, 모든 국민이 최소한의 삶의 질을 유지할 수 있도록 보장하는 역할을 한다. 또한, 복지 대상자가 단순히 도움을 받는 대상이 아니라 자신의 삶을 개선할 수 있는 권리를 가진 주체로 인식되도록 한다. 이에 따라 선진국들이 인간의 존엄성이 잘 반영된 사회복지제도로써 기초 생활 보장 제도를 확고히 하고 있는 것을 볼 수 있다.

한국에 있어서 기초 생활 보장 제도는 인간의 존엄성을 보호하기 위한 대표적인 사회 복지 제도 중 하나다. 이 제도는 경제적 어려움을 겪는 국민에게 최소한의 생계를 보장함으로써, 그들이 인간으로서 존엄성을 유지하며 살아갈 수 있도록 지원하는 것을 목적으로 하고 있다. 또한 자활 프로그램을 운영하여 복지 대상자가 자립할 수 있도록 돕고 있다. 이것은 단순한 금전적 지원에 그치는 것이 아니라 그들의 존엄성을 보호하면서도 자립을 촉진하기 위한 사회 복지 제도다.

이처럼 인간의 존엄성은 국가가 나서서 법률이나 각종 복지 정책의 강화를 통해 그것을 더욱 향상하기 위해 큰 노력을 기울이고 있다. 국가가 국민 개개인의 존엄성을 지키기 위해 노력하는 이유는 그것이 보편적이고 절대적인 가치로 인정받아야 하기 때문이다. 인간의 존엄성은 그 어떤 다른 것과도 비교할 수 없는 절대적 가치를 지니고 있다. 거리의 부랑자로부터 대통령에 이르기까지 그 나라 국적을 가지고 있으면 누구에게나 적용되어야 하고, 비교할 수 없는 소중한, 그 어떤 다른 것과 바꿀 수도 없다는 것을 말한다. 또한, 보편성과 절대적 가치를 지닌 인간의 존엄성은 어떤 예외도 허용되지 않는다. 즉, 국가 재난과 같은 위급한 상황에서도 인간의 존엄성이 지켜져야 한다는 뜻이다. 인간의 존엄성과 그것으로부터 파생된 인권은 사회를 지탱하는 기준이 된다. 각 개인은 스스로 인권을 지켜야 하며, 다른 사람의 인권을 침해하는 말과 행동을 해서도 안 된다. 왜냐하면 그것이 사회를 지탱하는 기준이 되기 때문이다. 우리나라는 인간의 인권 보호를 통한 인간의 존엄성을 지키기 위하여 '국가인권위원회'를 설치하고 있다.

인간의 존엄한 죽음

인간으로서 살다가 죽는 것 역시 인간은 존엄하다는 연속선상에서, 인물이나 지위 따위가 함부로 범할 수 없이 높고 엄숙하고 보아야 하는 것은 당연하다. 이것은 인간이 살아 있는 경우뿐만 아니라 죽음에 닥쳐서도 1948년 세계인권선언, 우리나라 헌법 제10조의 내용을 그대로 적용해야 하는 것으로 해석된다. 이것은 인간의 존엄한 죽음을 침해하는 행위인 살인, 또는 죽음에 이를 수 있는 직간접적인 상해 행위에 대해 국가가 강력한 법적인 규제를 적용할 수 있다는 것을 뜻한다.

최근 한국 사회에서 웰빙에 이은 웰다잉의 분위기 속에서 인간의 존엄한 죽음에 대한 담론이 진행되고 있다. 존엄한 죽음(존엄사)에 대한 담론의 시작은 의료 기술의 발달에 따른 연명치료 문제가 의료계와 사회 전반으로부터 제기되면서부터다. 이런 흐름은 결국 한국 사회가 2018년 2월 '웰다잉법(Well-Dying: 호스피스 완화 의료 및 임종 과정에 있는 환자의 연명 의료 결정에 관한 법)'을 실행하도록 만들었다. 웰다잉법은 회생 가능성이 없는 환자에 대한 무의미한 연명치료 중단을 법제화한 것이다. 웰다잉법의 제정은 중증 질환의 환자가 자기 스스로 존엄한 죽음을 맞이하기 위한 의사 결정을 자율적으로 할 수 있도록 법적인 제도를 마련했다는 평가를 받고 있다. 칸트가 주장한 대로 한 인간이 죽음에 당면해서도 존엄성이 지켜질 수 있도록 자율성이 보장된 조치라고 보아야 할 것이다.

한편, 한국보건사회연구원이 2024년에 발표한 〈미래 사회 대비를 위한 웰다잉 논의의 경향 및 과제〉 보고서에 의하면, 우리나라 성인 10명 중 8명이 조력 존엄사 합법화에 찬성하는 것으로 조사되었다. 지난 2022년 7월 한국리서치 조사 결과, '조력 존엄사 입법화' 찬성 비율이 82%에 이르렀던 것을 고려하면, 이러한 조사 결과는 한국 사회에서 조력 존엄사에 대한 담론이 여전히 진행되고 있음을 보여 준다. 조력 존엄사의 찬성 이유로는 무의미한 치료를 계속하는 것이 필요하지 않다고 생각하기 때문이라는 응답률이 41.2%, 인간은 누구나 스스로 자신의 죽음을 결정할 권리가 있기 때문이라는 응답률이 27.3%, 그리고 죽음의 고통을 줄일 수 있기 때문이라는 응답률이 19.0% 등이다. 또한 좋은 죽음과 관련해서는 죽을 때 가급적 신체적인 통증을 느끼지 않는 것에 대해 97.0%가 중요하다고 응답했다. 이러한 응답 결과는 무의미한 연명 치료 거부라는 보수적 의미의 존엄사법인 웰다잉법보다 한 걸음 더 나아가 죽음의 선택권에 대한 인식이 널리 확산되고 있다는 것을 보여 준다. 물론 조력 존엄사는 생명 경시, 본래의 취지에서 벗어나 범죄 등에 악용될 소지가 잠재되어 있다는 점은 부정할 수 없다. 그럼에도 인간의 죽음에 있어서 각 개인의 의미 추구와 자기 선택은 존엄성을 담보하는 중요한 요소임이 분명하다.

이러한 웰다잉의 문제는 부부 간의 관계에도 중요하게 영향을 미치고 있다. 2019년 네델란드 드리스 판 아흐트 전 총리가 뇌출혈로 쓰러지면서 70년을 함께 산 아내 외제니 여사와 고향으로 돌아가 안락사를 택했다. 아흐트 전 총리는 아내가 자신을 간병할 만한 건강 상태에 있지 못해 혼자 안락사를 하려고 했으나 아내인 외제니 여사가 동반 안락사에 동의하여 실행에 옮겨졌다. 2002년도에 네델란드 의회는 '회복 가능성 없는 사람들에게 가장 인간적인 방법으로 죽을 수 있는 기회를 주는 것이 필요하다'며 안락사 관련 법을 통과시켰다. 이처럼 고통스러운 삶 대신에 죽음을 선택하는 사람들은 전 세계적으로 증가하고 있다. 선진국을 중심으로든지 종교적인 문제로든지 안락사를 비롯한 죽음을 선택할 권리에 대한 관심이 높아졌기 때문이다. 현재, 스위스, 독일, 네덜란드, 벨기에, 룩셈부르크, 캐나다, 스페인, 포르투갈, 오스트리아, 뉴질랜드, 콜롬비아 등 11개국이 존엄사법을 시행하고 있다. 미국과 호주는 각

주의 판단에 맡기고 있다. 특히, 스위스 같은 경우는 인간이 견딜 수 없는 고통에 시달리고 있다면 꼭 시한부가 아니어도 존엄사를 인정하고 있다. 예를 들어, 미국의 오레곤주에 살던 에머릭 부부는 존엄사법을 통해 함께 눈을 감았다. 심장 질환으로 고통받던 88세 아내가 먼저 처방 약을 복용한 후 임종했고, 곧바로 87세 남편도 전립선암, 파킨슨병으로 인한 6년의 투병 생활을 끝내고 세상과 작별했다. 부부는 임종 전 가족들과 이별의 시간을 가졌고, 유족들은 부모가 임종을 준비하는 순간을 담은 다큐멘터리 영화 〈삶과 죽음: 러브스토리〉를 세상에 공개해 감동을 전했다. 이처럼 부부가 상호 간에 간병이 어려운 중증질환으로 고통받을 때 개인의 자율적 선택 또는 부부 간 합의에 따라 동반 안락사하는 사례는 늘어나는 추세에 있다.

우리나라 경우도 적극적인 안락사 수준은 사회적 합의가 이루어지지 못하고 있는 관계로 소극적 안락사 형태인 웰다잉법이 제정되어 실행에 들어갔다. 2016년 '연명의료결정법'이 통과되었고, 2018년도부터 존엄사가 인정되었다. 이 법은 담당 의사가 임종 과정에 있는 환자 중 일정한 요건을 갖춘 환자에 대하여 연명 의료를 중단하는 것을 허용하고 있다. 2018년부터 2022년 말까지 우리나라에서 연명 의료 중단을 신청한 사례는 20만 건을 넘었다는 보도다(『문화일보』, 2024. 2. 21.). 여기에 대하여 종교단체를 비롯한 사회 일각에서는 생명을 경시하는 풍토가 생길 수 있고, 의료비나 간병 부담 등 경제적 이유로 환자가 스스로 죽음을 선택하거나 가족들이 이를 적극 유도할 수 있는 부작용이 있을 수는 있다는 우려를 제기하고 있다. 인간 사회에서 최고의 가치인 생명 존중의 측면에서 볼 때 당연한 의견이다. 하지만, 국민 82%가 조력 존엄사법까지 지지하고 있는 것이 현실이다.

존엄한 죽음의 매뉴얼과 전제 조건

2024년, 75세 이상 노인들의 존엄사를 다룬 일본 영화 〈플랜 75〉가 개봉되었다. 이 영화는 초고령사회에서 국가가 노인들이 스스로 죽음을 선택할 수 있도록 지원한다는 내용을 다루었다. 결과적으로 고령화 시대에 인간의 삶과 죽음이 무엇인가를 성찰하게 하는 영화라는 평가를 받았다.

우리 사회에서 웰다잉 담론이 진행되는 과정에서 한국 죽음학회는 연구를 통해 2010년 『한국인의 웰다잉 가이드라인』을 발간했다. 한국에서 최초로 웰다잉을 위한 기본적인 매뉴얼을 제공한 것이다. 이 책의 내용은 죽음의 준비에서부터 병의 말기 진단 전에 해야 할 일, 말기 질환을 알리는 바람직한 방법, 말기 질환 판정을 받은 환자에게 도움이 되는 글, 말기 환자를 돌보는 가족에게 도움이 되는 글, 임종 직전 죽음이 가까웠을 때의 증상, 떠나는 것 받아들이기와 작별 인사, 망자 보내기, 장례, 고인을 보낸 이의 슬픔을 치유하는 데 도움이 되는 글' 등으로 구성되어 있다. 책의 내용과는 별개로 '웰다잉 가이드라인'이라는 용어는 인간의 죽음을 '실존적 차원'에서가 아니라 '처리해야 할 업무' 정도로 접근하고 있다는 인상을 준다.

과연 존엄한 죽음을 위한 매뉴얼이 필요한가, 그리고 가능한가?

무의미한 연명치료 중단을 위한 사전연명의료의향서, 생전 유언장, 장기기증 서약서, 생전 장례 계획서 등을 작성하면 존엄한 죽음을 맞이할 수 있을까? 더 나아가 말기 환자에게 조력 존엄사가 허용된다면 존엄한 죽음의 실현이 가능한가? 이들 질문에 대한 답은 '가능할 수 있다'이다. 죽음에 대해 사전에 준비한다면 가능할 수 있다. 그리고 법적인 장치가 마련된다면 정당성이 확보되어 윤리적·도덕적·인간적인 책임에서도 자유로울 수 있을 것이다.

존엄한 죽음과 관련하여 한 가지 놓치지 말아야 할 것이 있다. 즉, 죽음이란 인간이 실존적 존재로서 누구나 경험해야 하는 어떤 것이다. 이러한 사실을 가장 먼저 인식하는 주체는 죽음을 인식하고, 죽음에 이르는 과정을 경험하고, 죽음을 맞이하는 당사자다. 존엄한 죽음이란 처리해야 할 업무가 아니다. 존엄한 죽음 그 자체가 되려면 실존적 존재로서의 인간에 대한 존엄이 전제되어야 한다. 그렇다면 부부가 존엄한 죽음을 맞기 위해서 준비해야 할 것은 무엇인가? 그것은 평생 함께 사는 동안 상대의 실존적 존재로서 존엄성을 인정하고 지켜 주는 것이다.

존엄한 죽음과 부부 웰에이징

1) 신체적 고통과 존엄한 죽음

앞에서 살펴본 것처럼 존엄한 죽음이란, 삶의 마지막 순간까지 인간으로서의 가치를 잃지 않고 죽는 상태를 말한다. 이른바 '죽음보다 더 두려운 숨만 붙어 있는 임종'을 피하려는 노력이다. 이것은 단순히 신체적·정신적 고통 없이 죽는 것을 넘어서 자기 삶을 사랑하고 주변 사람들과 좋은 기억을 남기면서 죽음을 준비하는 과정을 포함한다. 사람은 누구든지 태어나면 생로병사의 과정을 겪는다. 하지만 이 세상에서 가장 가까운 거리에서 늘 공기처럼 옆을 지켜 줄 것만 같던 소중한 배우자가 병이 깊어지고, 그로 인한 신체적·정신적 고통을 호소하는 것을 지켜본다는 것은 너무 고통스러운 일이다. 죽음을 앞둔 배우자가 고통으로 울부짖는 모습은 옆에서 지켜보는 배우자에게도 고스란히 전해져서 지우기 어려운 트라우마로 남게 된다.

한국보건사회연구원이 우리나라 성인남녀 1,021명에 대한 설문조사 결과에 따르면, 응답자의 90%가 말기 환자가 되었을 때 연명의료를 중단할 의사를 가지고 있는 것으로 나타났다. 또한, 80% 이상의 응답자는 조력 존엄사의 합법화에 찬성한다고 밝혔다. 존엄한 죽음의 세부 질문 내용 중에서는 통증을 느끼지 않는 죽음을 선택하고 싶다는 응답이 20.1%로 가장 높았고, 가족이 병 수발을 오랫동안 하지 않도록 하는 것이 18.5%, 그리고 간병 과정에서 가족에게 경제적 부담을 주지 않는 것은 17.5%로 그 뒤를 이었다(핀포인트뉴스, 2025. 2. 23.). 이런 조사 결과는 우리 사회에서 편안하면서도 존엄한 죽음에 대한 관심이 높아지고 있고, 신체적 고통이 적으면서 가족에게도 부담을 주지 않는 죽음이 좋은 죽음으로 받아들여지고 있다는 것을 보여 준다.

존엄한 죽음에 대해 국립암센터 완화의료실 박소정 실장은 오랫동안 말기 환자들을 보살피는 과정을 통해 "존엄한 죽음이란 무엇일까요?"라는 물음에 대하여 "신체적 고통에서 자유롭고, 원하는 곳에서, 배우자나 자녀 등 원하는 사람과 마지막 시간을 보낼 수 있는 것이 가장 이상적이라고 생각한다"라고 답했다. 또한, 정복례·조영화(2017)는 "존엄한 죽음의 의미 연구를 통해 "존엄한 죽음은 고통 없이 편안하게 죽으면서 다른 사람에게 피해를 주지 않고 남아 있는 생애 동안 모든 일을 해결하고 가족을 포함한 다른 사람과의 관계 속에서 좋은 이미지로 남아야 하는 것"이라고 기술하고 있다. 결국 존엄한 죽음에 대해 다양한 의견이 있을 수 있겠으나, 그 첫 번째 조건은 '신체적 고통'에서 벗어나는 것이라고 볼 수 있다. 존엄한 죽음과 관련하여 신체적 고통에서 벗어난다는 뜻은 고통을 줄이기보다는 아예 차단하는 것이다. 그것의 실행 방안으로써 우리나라에서는 연명 의료 중단이 법제화되었다. 여기에서 더 나아가 스위스 같은 나라에서는 안락사까지 법적으로 허용되고 있다는 것은 전 세계적으로 알려진 사실이다. 한국 사람들도 스위스에 가서 안락사를 선택했다는 뉴스가 나오기도 한다. 최근 스위스에는 '안락사 캡슐' 도입이 사회적으로 논란이 되고 있다. 안락사 캡슐이란 안락사를 원하는 이용자가 정신 능력을 포함한 의학적·법적 요건에 따른 평가를 받은 뒤, '사르코'라고 불리는 캡슐에 들어가 스스로 캡슐의 뚜껑을 닫고 편안하게 죽을 수 있도록 고안된 기계 장치다. 이용자가 기계 속에 들어가면 기계에서는 "당신은 누구입니까", "어디에 있습니까", "버튼을 누르면 무슨 일이 일어납니까" 같은 질문이 흘러나오고, 여기에 대해 대답을 마친 사람에게 사르코는 "만약 당신이 죽기를 원한다면, 이 버튼을 누르세요."라고 안내한다. 이용자가 해당 버튼을 누르면 공기 중 산소의 양이

30초 만에 21%에서 0.05%로 떨어지고, 그 사람은 고통 없이 죽을 수 있다. 스위스에서 이 문제는 자살을 돕는 것과 다름없다는 논란이 일고 있지만, 캡슐 제조회사에서는 조만간 도입될 수 있을 것으로 본다고 주장하고 있다. 이 문제는 아직 죽음에 대한 우리 사회의 정서와는 거리가 멀지만, 사람들이 얼마나 고통 없이 죽기를 원하는지는 엿볼 수 있다.

우리나라에서는 2025년 1월에 암 투병으로 시달리는 어머니의 조력 사망 기록을 담은 남유하 작가의 에세이집 『오늘이 내일이면 좋겠다』이 출간되어 잔잔한 파문을 일으켰다. 아직 한국에는 없지만, 스위스에서 합법적으로 시행되는 조력 사망은 다른 어떤 외적인 요인에 의해서가 아니라 오직 자신의 주체적인 결정이라는 점을 입증해야 실행할 수 있다고 한다. 이 에세이는 고령화 시대에 죽음, 죽음을 맞이한다는 것은 무엇인가, 그리고 존엄한 죽음이란 무엇인가를 생각하게 한다. 남유하 작가는 조력 사망은 '육체적 고통에서 벗어나고 싶어 하는 어머니 자신의 선택이었으며, 아버지는 신체적 고통으로 힘들어하시는 어머니 모습을 보면서 무엇이 진정으로 아내를 위하는 것인가를 고민하시다가 결국 스위스로 가는 것을 결정하게 되었다'라고 적었다. 평생토록 어머니를 가장 사랑한 아버지와 가족이 충분히 숙고하고 고통을 차단하기 위한 존엄한 죽음을 선택한 어머니의 결정을 존중하여 결행한 일이긴 하지만, 그 선택이 마냥 기쁘고 감사할 만한 일은 아니라고 남유하 작가는 적고 있다.

이처럼 존엄한 죽음은 기본적으로는 죽음에 이르는 과정에서 오는 육체적 고통으로부터의 벗어나게 하는 것이라고 볼 수 있다. 또한, 존엄한 죽음은 자신의 주체적인 의지가 선결 조건이며, 남은 배우자와 가족들과 충분한 대화 속에서 이루어지는 동의하에 가능하다는 점이다. 우리나라의 경우 2024년 존엄한 죽음을 맞을 수 있도록 하는 방안으로 병원 내에 임종실 설치를 의무화했다. 그해 8월 1일에 개정된 의료법 시행 규칙은 300병상 이상 종합병원과 요양병원에 임종실 설치를 의무화하여 존엄한 죽음에 대한 제도적인 장치를 마련했다는 점에서 의의가 있다. 존엄한 죽음이란 의학적으로 소생이 전혀 불가능하여 죽음에 이르러 가는 과정에서 죽음을 수용하고, 참기 어려운 육체적 고통으로부터 해방되기 위한 하나의 방안으로 제시될 수 있다. 남유하 작가가 고통스럽게 적고 있듯이 존엄한 죽음은 생의 마지막에 비참한 꼴을 보이느니 오히려 깨끗하게 죽는 것이 낫다는 의사 결정이 아니며, 낭만적으로 생각하는 고통 전의 마무리는 더욱 아니다. 존엄한 죽음을 원하는 사람이라면 누구든지 유한한 실존적 존재로서 인간의 삶과 죽음에 대한 물음과 답변, 그리고 행동 양식에 대한 깊은 성찰이 필요하다.

2) 죽음의 수용 측면

죽음은 인간의 어떤 의지와 능력으로도 거부할 수 없는 불변의 진리와 같다. 전 세계 의학계를 중심으로 노화 연구가 활발하게 이루어지고 있지만, 인간이 늙지 않고 죽지 않는다는 일은 꿈에서나 가능한 일이다. 그 유명한 진시황조차도 전 세계를 뒤져서라도 불노초(不老草)를 구해 죽음을 막아 보려고 노력했으나 결국 허사로

끝났다.

미국 시카고대학교 빌링스병원 정신과 엘리자베스 퀴블러 로스 교수는 임종을 맞이하는 사람들의 심리적인 변화에 대한 연구서 『죽음의 순간(On Death and Dying)』에서 환자가 죽음을 앞두고 겪는 다섯 가지 심리적 변화를 제시했다. 그것은 '부정 → 분노 → 타협 → 우울 → 수용'의 순서대로 변화를 겪는다는 것이다. 물론, 이러한 단계는 순차적으로 진행되는 것이 아니라 순서가 뒤바뀌기도 한다. 예를 들어, 타협에서 다시 이전 단계로 돌아가기도 한다. 하지만, 죽음 앞에 다다른 사람의 대부분 심리적인 변화의 큰 흐름은 이와 같은 순서의 범위 내에서 결국에는 '죽음의 수용'에 이르게 된다는 것이다.

인간은 죽음 앞에서 그리고 죽음의 수용 앞에서 자신이 실존적 존재라는 점을 명확하기 인식하게 된다. 또한 인간은 타인의 죽음을 묵도하면서 자신의 죽음에 대해서도 생각하게 되고, 유한한 존재로서 삶의 의미를 생각해 보는 기회를 갖기도 한다. 퀴블러 로스 박사의 연구에서도 나타났듯이 죽음의 수용은 결국 죽음을 어떻게 맞이하고 받아들일 것인가에 대한 물음을 던지게 한다. 죽음의 수용은 이전과는 전혀 다른 모습의 죽음 문화를 발생하게 만든다. 이것이 과연 바람직한 방향인지에 대한 논란도 있지만, 이런 양상이 때로는 존엄한 죽음을 위한 하나의 방법으로 논의되기도 한다. 존엄한 죽음을 위한 기본 전제로 '죽음의 수용' 측면에서 몇 가지 사례를 살펴보고자 한다.

첫 번째 사례로, 2018년 8월 14일 한국 사회에서는 선례를 찾아보기 힘든 생전(生前) 장례식이 치러졌다. 말 그대로 살아 있는 사람에 대한 장례가 치러진 것이다. 고 김병국 씨는 당시 말기 암 환자로, 1~2주 이후의 생명 연장을 장담하기 어려운 상황에 이르게 되었다. 생전 장례식을 치르면서 고 김병국 씨는 장례식이라고 해서 검은 옷을 입을 것이 아니라 고운 평상복을 입고 자신의 장례식에 참석해 달라는 부고장도 보냈다. 장례식에 참석한 사람들에게 "죽고 나서 장례 지내는 것이 무슨 의미가 있는가, 살아 있을 때 작별 인사를 해야지.", "아니, 왜 꼭 죽은 다음에 장사(葬事)를 지내. 한번은 죽어야 하는 거 너무 슬퍼하지 마시고. 이렇게 많이 와 주셔서 감사합니다."라는 말을 건넸다. 김 씨는 부고장에 "죽은 다음 장례는 아무 의미 없습니다. 임종 전 지인과 함께 이별 인사를 나누고 싶습니다. 검은 옷 대신 밝고 예쁜 옷을 입고 함께 춤추고 노래 부릅시다."라고 작성했다(조선일보, 2018. 8. 15.).

또 다른 사례로, 2024년도에는 어느 한 가정에서 맏딸의 준비로 치매에 걸린 어머니의 생전 장례식의 한 형태로 '엔딩 파티'가 열리기도 했다. 생전 장례식을 기획한 첫째 딸은 어머니의 생전 장례식을 준비하고 진행하는 데 가장 큰 어려움은 가족들을 설득하는 일이었다고 한다. 여러 가지 어려움이 있었음에도 어머니가 조금이라도 정신이 있을 때 진행하는 것이 적절하다고 판단했고, 오로지 어머니만 생각하는 자리를 만들어 보자고 가족들을 설득하여 진행할 수 있게 되었다는 것이다(매일경제, 2024. 12. 29.).

이런 특별한 사례들은 죽음의 수용이라는 측면이 작용한 존엄한 죽음과 관련된 대응이라고 할 수 있다. 그 핵심은 바로 살아 있는 사람이 생을 마감하고 떠나가는 사람의 죽음을 수용하는 것을 말한다. 죽음을 묵도하는 사람, 즉 떠나보내는 사람의 죽음 수용이다. 이처럼 존엄한 죽음을 위한 생전 장례식은 당사자와 그를 둘러싸고 있는 부부, 가족과의 관계에서 진행될 수 있다는 점을 보여준다.

참고문헌

건양대학교 웰에이징 융합연구소, 『한국인의 웰에이징의 조건』, 북랩, 2024.

공진수, 『결혼은 환상이고, 부부는 현실이다』, 마음책방, 2021.

국민건강보험공단, 〈함께해요 고혈압 관리〉, 2017.

국민건강지식센터, 〈임산부를 위한 운동 가이드라인〉, 2015.

김동일, 류철식, 박임선, 김병남, 『노인교육을 위한 웰빙과 웰다잉 그리고 웰에이징』, 동문사, 2023.

김성은, 「도박중독 남편에 대한 아내의 신뢰 상실 경험에 관한 현상학적 연구」, 『한국가족복지학』, 29(2), 357-382, 2024.

김소임, 「르네상스 시대의 여성의 지위」, 『건국대학교 중원인문연구소 논문집』, 12, 49-65, 1993.

김영희, 「현대 한국 사회의 이혼 동향과 특성」, 『한국가족 관계학회지』, 25(2), 3-22, 2020.

김용태, 『부부 같이 사는 게 기적입니다』, Denstory, 2017.

김현창, 임상 고혈압(Clinical hypertension), 2022.

남유하, 『오늘이 내일이면 좋겠다』, 사계절, 2025, p.85.

뉴스원, "싸이 공연 티켓 팔아요" 5,800만 원 사기 친 20대 구속 기소(2025. 2. 25.)(https://www.news1.kr/local/gyeonggi/5700860)(검색일: 2025. 5. 25.)

대한고혈압학회, 〈고혈압진료지침〉, 2018.

대한골대사학회, 〈골다공증 진료지침〉, 2018.

대한당뇨병학회, 〈진료지침〉, 2015.

대한의학회, 질병관리본부, 〈일차 의료용 당뇨병Quick Reference Guide〉, 2018.

'근대 최초의 페미니즘 저작', 『레디앙』(http://www.redian.org/news/articleView.html?idxno=37488)(검색일: 2025. 5. 25.)

박석현, 『부부의 품격』, 바이북스, 2022.

박성연, 「세대별 이혼 원인 분석 및 정책적 함의」, 『한국사회복지학』, 70(3), 35-58, 2018.

박세연 역, 『신뢰의 법칙: 누구를 어떻게 믿을 것인가』, 웅진지식하우스, 2018.

박윤진, 「웰빙(Well-being)문화속의 노년기 건강관리」, 『한국웰니스학회지』, 7(1), 45-57, 2012.

배준하, 최영미, 『대한민국 부부 행복하신가요?』, 미다스북스, 2021.

보건복지부, 〈2023년 치매역학조사 및 실태조사 결과 발표〉 보도자료, 2025. 3. 15.(https://www.mohw.go.kr/board.es?mid=a10503000000&bid=0027&act=view&list_no=1484959)(검색일: 2025. 5. 25.)

보건복지부, 〈한국인을 위한 신체활동 지침서〉, 2013.(http://www.mohw.go.kr/react/jb/sjb030301vw.jsp?PAR_MENU_ID=03&MENU_ID=032901&CONT_SEQ=337139)

서경현, 이재구, 「운동이 스트레스로부터의 심장 반응과 정서 반응에 미치는 영향」, 『보건교육건강증진학회지』, 24(3), 21-34, 2007.

신지영, 「미래 사회 대비를 위한 웰다잉 논의의 경향 및 과제」, 한국보건사회연구원, 2024.

씨익북스 편집부, 『함께하는 마음, 함께하는 삶』, 씨익북스, 2025.

안병철, 서동인, 『가족사회학』, 을유문화사, 2006.

유동균, 이소영, 이태용, 이은희, 「일부 농촌지역 주민들의 부부간 고혈압 위험요인의 일치성」, 『한국산학기술학회논문지』, 10(3), 634-641, 2009.

윤성문, 「불교적 관점에서 본 부부간의 윤리와 이혼문제」, 『동아시아불교문화』, 20, 567-600, 2014.

이상원, 「지역별 이혼율 차이와 사회경제적 요인 분석」, 『한국인구학』, 42(4), 91-116, 2019.

이은남, 「골다공증의 운동금기 및 주의사항」, 『아시아 운동학 학술지』, 6, 31-38, 2000.

이지혜, 최현정, 「도박중독자 가족의 경험 과정과 심리사회적 개입 결과에 대한 체계적 문헌고찰」, 『한국심리학회지: 임상심리 연구와 실제』, 7(2), 103-126, 2021.

정복례, 조영화, 「존엄한 죽음의 의미」, 『한국호스피스완화의료학회지』, 20(2), 100-110, 2017.

정영해, 조유향, 「전·후기 노인의 건강행위, 건강상태와 건강관련 삶의 질」, 『대한보건연구』, 40(1), 55-64, 2014.

한국지질동맥경화학회, 〈이상지질혈증 치료지침〉, 2018.

Chen, R., Hu, Z., Qin, X., Xu, X., Copeland, J. R. M., *A community-based study of depression in older people in Hefei, China—the GMS-AGECAT prevalence, case validation and socio-economic correlates*, International Journal of Geriatric Psychiatry, 19(5), 407-413, 2004.

ChoSun Daily, 2023. 6. 4.

ChoSun Daily, 2024. 1. 9.

Desrosiers, J., Noreau, L., Rochette, A., Bravo, G., Boutin, C., *Predictors of handicap situations following post-stroke rehabilitation*, Disability and Rehabilitation, 24(15), 774-785, 2002.

Flint, L. A., Sudore, R. L., Widera, E., *Assessing financial capacity importantin in older adults*, Journal of American Society on Aging, 36(2), 59-65, 2012.

Hwang, K. J., *The effect elderly age preparation in successful aging : The mediating effects of Self-Efficacy and Social participation activities*, Doctoral Thesis of ChungAng University Graduate School, 2020.

Hyun, J. E., Kwon, H. J., *Time Analysis on the Economic and Social Participation of the Elderly*, The Korea Association for Policy Studies, 21(2), 277-300, 2012.

Jung, K. H. et al., *A survey on living conditions and welfare needs of senior living across the country*, Korea Institute For Health and Social Affairs, 2005.

Kim, J. E., Lee, I. S., Choo, J. a., Noh, S. W., Park, H. N., Gweon, S. H., Lee, K. H., Kim, K. O., *Job Analysis of Visiting Nurses in the Process of Change Using FGI and DACUM*, Research in Community and Public Health Nursing, 33(1), 13-31, 2022.

Lee, K. Y., Song, W. H., Kang, J. S., Lee, J. H., Cho, Y. K., *Study on Economic Activities of Old People in Aging Society*, Management Consulting Review, 1(1), 147-162, 2010.

Lee, S. H., *The elderly poverty and policy direction diagnosed by income and assets*, KDI FOCUS, 126, 2023.

Ministry of health and welfare. OECD Health Statistics 2023, 2023.

Shin, B. K., Lee, S. J., *Factors Influencing on the Length of Time When the Subjective and Economic Poverty Occurs to the Elderly after Retirement*, Korean Journal of Gerontological Social Welfare, 71(4), 61-89, 2016.

Tiger, Lioncl and Fox Robin. *The Emperical Animal*, New York, Holt, Rinchart & Winston, 1971.

Wang, X., Shang, X., Xu, L., *Subjective Well-being Poverty of the Elderly Population in China*, Social Policy & Administration, 45(6), 714-731. 2011.

- 서울시50플러스포털, 배우자와 건강의 상관관계 9가지(https://50plus. or.kr/detail.do?id=23514)
- 연합뉴스, "부부끼리 닮아가는 질환 '대사증후군'…10쌍 중 1쌍꼴 동반"(https://m.yna.co.kr/view/AKR20240607083100530)(검색일: 2025. 5. 25.)
- KBS 뉴스, '결혼 필요성' 남성이 여성보다 20%↑…결정 요건도 남녀 차(https://news.kbs.co.kr/news/pc/view/view.do?ncd=5501853)(검색일: 2025. 5. 25.)
- 조선일보, 어느 말기 암환자의 생전 장례식(https://v.daum.net/v/20180815030435052)(검색일: 2025. 5. 25.)
- 매일경제, 여든살 옥자씨의 생전 장례식… 가족들도 옥자씨도 웃음꽃(https://v.daum.net/v/20241229174215225)(검색일: 2025. 5. 25.)
- 데일리인사이트, 결혼에 도대체 무슨 이점이 있는 것일까?(https://www.dailyinsight.co.kr/news/article.html?no=23409)(검색일: 2025. 5. 25.)
- 한겨레, 결혼의 가장 큰 이점은 '정신적 의지'…단점은 '개인 삶 축소'(https://www.hani.co.kr/arti/society/society_general/944276.html)(검색일: 2025. 5. 25.)
- 한국일보, '돌봄=여자 일' 규정하고 임금 후려치기 팽배(https://www.hankookilbo.com/News/Read/A2021110411020005863)(검색일: 2025. 5. 25.)
- 매일경제, 그놈의 세금 때문에…차라리 '헤어질 결심'(https://www.mk.co.kr/economy/view/2025/155677)(검색일: 2025. 5. 25.)
- 문화일보, "생명존엄" vs "웰다잉" 끝없는 논쟁… 한국은 '연명의료 중단'만 허용(https://www.munhwa.com/article/11413749)(검색일: 2025. 5. 25.)
- 핀포인트뉴스, 한국인, '고통 없는 편안한 죽음' 갈망…조력 존엄사 80%

이상 찬성(https://www.pinpointnews.co.kr/news/articleView.html?idxno=323041)(검색일: 2025. 5. 25.)

- 브릿지경제, 은퇴 후 '경제적 자유인'이 되는 5가지 비결은?(https://www.viva100.com/20240426010008709)(검색일: 2025. 5. 25.)